미디어 커뮤니케이션 이론

사 회 과 학 적 이 론 의 이 해

미디어 커뮤니케이션 이론

》》》》 유승관 지음

한국학술정보

서문 »»»

휴먼커뮤니케이션(human communication)에 대한 연구의 전통은 아리스토텔레스(Aristoteles)가 '수사학(rhetoric)'에 대한 책을 서술한 고대 그리스 시대로 거슬러 올라가지만 매스커뮤니케이션에 대한 연구는 20세기 초반 양차 세계대전과 대중매체의 확산 그리고 대중사회론의 등장과 함께 본격적으로 주목을 받기 시작했다. 처음에는 정치학, 사회학, 심리학 분야 학자들의 연구로 시작되었지만 지금은 독립적인 학문 분야가 되었다. 즉 커다란 사회변동과 인쇄술의 출현, 그리고 기술 발전의 증폭으로 인해 전자매체가 본격적으로 확산되면서 정치, 경제, 사회, 문화의 다양한 측면에서 매스미디어가 지대한 역할을 발휘하면서 관심이 촉발된 것이다. 20세기 중반 본격적으로 아카데미아에 편입되면서 이에 대한 사회과학적 이론도 본격화되었다. 커뮤니케이션학은 태생적으로도 그랬듯이 지금도 학제적인 성격을 띠고 있고, 이에 대한 이론도 양적연구와 질적연구 분야에서 크게 진전되었다.

사회과학연구만이 커뮤니케이션 이론의 전부가 결코 아니고 다양한 접근과 이론이 존재한다. 그리고 휴먼커뮤니케이션 분야의 이론도 있다. 하지만 이 책은 미디어를 중심으로 연구한 매스미디어 중심의 사회과학 이론을 중심으로 다루었다. 그 이유는 무엇보다 전통적으로 오래된 휴먼커뮤니케이션 연구와 질적연구가 사회과학연구보다 더욱 다양하고 개별적 속성과 주제를 다루고 있기에 모두 포괄하기에는 역부족이기 때문이다.

이 책은 과학주의, 객관주의, 경험주의, 실증주의, 행동주의, 양화주의, 환원주의 등의 전통과 속성을 가진 사회과학 분야에서의 미디어와 커뮤니케이션과 관련된 이론을 다루고 있다. 사회과학이론은 뉴턴(Newton)과 갈릴레이(Galilei) 그리고 콩트(Auguste Comte)의 전통을 바탕으로 경험실증주의를 지향하는 자연과학의 연구방법을 사회현상 설명에 그대로 적용하고자 한 시도다. 변인을 중심으로 한 인과관계의 규명에 치중하고, 유기체적 인간의 해석능력을 상대적으로 도외시하고, 커뮤니케이션을 자극과 반응의 선형적 패턴으로 설명하려는 특성을 지닌다. 그런 이유로 인간의 주체성, 목적지향성을 고려하기 힘들다는 한계가 있다. 특히 질적 연구자들로부터 비판을 받고 있지만(사회과학연구자들도 질적 연구의 효용성에 대해 비판하지만) 어차피 인식론적 방법론적 차이가 있기 때문에 이런 부분에 대해서는 이 책에서 큰 비중을 할애하지 않았다. 평가를 통해 일정 부분 이론의 한계를 지적한 부분이 있지만, 최대한 사회과학적 방법 적용상의 내부적 문제에 집중하고자 노력했다.

20세기 시작된 커뮤니케이션 분야에서의 사회과학적 주요 이론은 그동안 미디어 환경이 크게 변화하면서 타당성과 설명력 면에서 많은 한계를 가질 수밖에 없다. 그리고 기본적으로 고정된 자연과 물리를 다루는 자연과학이론보다 사회과학이론은 역동적이고 변동가능성이 큰 인간과 사회를 대상으로 삼기 때문에 한시적이라는 한계가 있다. 쿤(Thomas Kuhn)의 용어대로라면 패러다임 쉬프트(paradigm shift)가 일어날 가능성도 상대적으로 크다.

사회과학연구의 특성 중 하나가 이론의 재검증 가능성에 있기도 하고, 길게 보면 어느덧 한 세기가 지난 시점이지만 상당 수의 이론들에 대해 현대 커뮤니케이션 연구자들에 의해 지속적인 검증과 적용을 통한 수정도 이루어지고 있기에, 과거 발표된 이론을 요약하고 현재 진화한 연구들을 통해 돌아보는 것은 매우 필요한 과정일 것이다. 사회과학적 관점에서 미디어 환경이라는 중요한 독립변수의 변화가 있는 상황에서 기존의 이론은 적합성이 떨어지는 한계가 있지만 여전히 유효한 부분도 있다. 특히 미디어 변화에 대해 기존의 이론을 통해 그 변화를 알아보는 것도 의미가 있으리라 생각한다.

이 책에서는 일부 휴먼커뮤니케이션적 요인과 조직과 공중커뮤니케이션과 관련이 있는 이론이 포함되어 있지만 그 중에서 주로 미디어를 중심으로 연구한 사회과학이론의 대표적인 이론을 리뷰하고 최근 연구를 업데이트하고자 하였다. 따라서 수사학, 체계이론, 귀인이론, 상징적 상용이론, 연극학적 이론 등 대표적인 휴먼커뮤케이션 이론 등과 그보다 더욱 다양한 질적이론(해석이론, 현상학, 비판이론 등)은 포함시키지 못했다. 단 미디어결정론은 사회과학 이론으로 보기 어렵지만 미디어가 태생적으로 기술발전의 산물인 특성이 있고, 대중매체의 발전을 크게 이끈 인쇄술의 발전 이후 각종 디지털 미디어가 속속 출현하면서 오늘날에도 '과학기술'이 우리 인간과 사회에 어떤 방식으로 지대한 영향을 주고 있는지에 대해 많은 영감을 주기 때문에 상징적으로 포함시켰다.

이 책은 커뮤니케이션 학문의 태동기에 기본적인 아이디어와 이론을 제시한 많은 연구자들의 이론과 최근까지 이루어진 기존 연구를 요약하고 있다. 이러한 훌륭한 이론가들과 연구자들의 결과물을 씨줄과 날줄로 엮었을 뿐이다. 따라서 외국과 국내에서 발표되고 발행된 기존 저작물에 상당 부분 의존하였고 또한 크게 빚지고 있다.

기술지향적인 미디어의 속성상 미디어 환경은 부단히 변화하고 있고, 개인과 사회적 차원에서 영향을 주고받고 있다. 최근 이론을 많이 포함시키지 못한 것은 일차적으로 필자의 능력의 한계 반, 최근 이론의 경우 검증의 기회가 상대적으로 짧아 ad-hoc 가설일 가능성이 많아 평가하기 어렵다는 이유에서가 반이다. 미디어 환경이라는 커다란 독립변수가 크게 변화하는 상황을 고려해서 향후 온라인, 모바일 환경에서 저널리즘과 수용자 변화, AI, 가상현실, OTT 콘텐츠와 소비행태 등 다양한 분야에서 새로운 커뮤니케이션 현상을 설명하는 이론들이 더욱 풍성하게 발표되기를 기대한다. 이 책을 통해 개별적인 이론 나름의 유용성과 시사점을 파악하고 이런 과정에서 독자들도 즐거운 기회가 되기를 희망한다.

마지막으로 필자를 커뮤니케이션학의 세계로 인도해 주셨던 한국외국어대학교 대학원 신문방송학과의 당시 교수님들께 마음 깊은 곳에서 우러나오는 감사의 말씀을 드린다. 이 책은 이 분들의 가르침의 소산이다. '커뮤니케이션학' 분야에서의 사회과학적 이론뿐만 아니라 질적 접근에 대해 통찰력 있는 저술과 세미나를 통해 많은 영감을 주신 조종혁 교수님, 방송학의 모든 이론적 토대를 제공해 주신 김우룡 교수님, 이 책에서도 많은 참고와 인용을 했던 리틀존(Stephen Littlejohn)의 두꺼운 책을 일찍이 번역해 소개해 주신 故 김홍규 교수님, 커뮤니케이션 정책과 법제이론에 대해 다양한 주제와 연구를 소개해 주신 故 김진홍 교수님께 특별히 감사의 말씀을 전하고 싶다. 또한 미국 유학 중 서던일리노이 대학(Southern Illinois University)에서 만난 의제설정이론의 time-lag를 검증한 연구자이자 한국학자들도 많이 참고하는 *Clarifying Communication Theories*의 대표 저자이신 Dr. Gerlald Stone과 많은 미디어 이론 수업을 통해 가르침을 주신 지도교수 Dr. Walter Jaehnig에게도 멀리서나마 깊은 감사의 말씀을 전한다. 마지막으로 졸고가 책으로 탄생해 세상에 나올 기회를 제공해주신 한국학술정보사와 편집자님께도 깊이 감사하다는 말씀을 드린다.

2025년 3월
유승관

목차 <small>››››</small>

1장

·

2단계 유통 이론

이론 개요

양차 세계대전이 있었던 기간은 매스미디어의 막강한 힘에 대해 무한한 관심과 두려움을 목격한 시기였다. 1920년대 많은 사람은 제1차 세계대전 기간에 선전이 얼마나 광범위하고 효과적으로 활용되었는지 알게 되었다. 1930년대에는 라디오가 대서양 양편의 수용자들에게 연설 도구로 사용되는 빈도가 급격히 증가하는 것도 목격했다. 미국에서 프랭클린 루스벨트 대통령이 라디오를 통해 미국 국민들과 국정 현안에 대해서 친근하게 직접 대화를 나누는, 이른바 노변정담(fireside chats) 프로그램으로 자신에게 적대적이던 언론과 의회를 극복한 사례도 있다.

일반 대중이 라디오의 위력을 실감하게 된 또 하나의 계기는 1938년 핼러윈 데이에 오선 웰스(Orson Welles)의 소설을 각색해서 방송되었던 〈세계의 전쟁〉(War of the Worlds)의 효과로 설명할 수 있다. 이 방송은 실제 미국 여러 지역에서 시민들에게 공포를 불러일으켰다. 한편 유럽에서는 히틀러가 세계 정복을 위해 라디오를 또한 매우 다른 방법으로 위험하게 이용했다.

이러한 상황을 종합해 볼 때 매스미디어가 주는 주요 이미지가 피하주사나 탄환과 같다는 논리는 그리 놀랍지 않다. 이는 미디어가 어떠한 개인에 대해서도 직접적이고 즉각적이며 강력한 효과를 미친다는 것을 의미하는 것으로, 1930년대와 1940년대 심리학 연구의 주요 논리였던 자극과 반응의 원리와도 일치하는 것이다(세버린 & 탠카드, 2004).

1940년대에 들어서는 유럽과 아시아에서 전쟁이 발발했다. 전쟁 초기 일본 군대는 중국 대륙 깊숙하게 들어가 있었고, 히틀러는 폴란드에 대한 전면적인 침공 작전을 전개한 후 서쪽으로는 덴마크와 노르웨이를 침략했고, 6주 만에 프랑스를 물리쳤으며, 영국이 자국을 방어하기 위해 주둔하던 덩케르크(Dunkirk) 해안에 잔류 부대를 철수하도록 하는 등 대성공을 거두고 있었다. 이런 상황에서 루스벨트 대통령은 미국 역사에 전례 없던 3선 출마를 발표했다.

이러한 역사적 상황에서 콜롬비아 대학 응용사회과학연구소의 사회과학자들은 개인에 침투하는 미디어의 직접적이고 일방적인 영향력을 우려하기 시작했는데, 이것은 주고받는 민주주의 과정에 대한 고민에서 비롯된 것이다.

콜롬비아 대학 응용사회과학연구소의 사회과학자들은 개인에게 미치는 매스미디어의 광범위하고 직접적인 영향력과 이러한 영향력이 정치 과정의 의견 교환에 어떤 의미를 주는지에 관해서 관심을 가지기 시작했다(Lazasfeld, Berelson & Gaudet, 1948). 정치적 행동에 대한 매스미디어의 영향력을 연구하기 위해서 이 연구자들은 오하이오주 에리(Erie) 카운티 (county)에서 유권자 집단을 선정해서 조사를 하였다. 이 지역은 이때까지의 모든 대통령 선거에서 전국의 투표 결과와 똑같은 결과가 나온 전형적인 곳이었기 때문에 선택되었다.

선거와 관련하여 유권자들의 의사결정에 가장 큰 영향력을 미치는 요인들을 찾기 위해서 캠페인 기간 동안 간격을 두고 면접 조사를 했다. 연구 결과 "개인 간의 접촉이 매스미디어보다 더 빈번하게 일어나고, 투표 결정에 더 큰 영향을 미치는 것"으로 나타났다(Katz, 1957, p. 96). 5월의 첫 면접과 11월의 마지막 면접 사이에 다른 후보자로 투표에 대해 의사결정을 실제로 바꾼 응답자는 단지 8%에 불과한 것으로 나타났다.

이러한 연구 결과를 토대로 이 연구자들은 미디어의 메시지는 여론 지도자에게 먼저 전달되고, 이들은 자신을 영향력 있는 사람으로 여기는 동료나 추종자들에게 미디어를 통해 읽거나 들은 내용을 전달한다고 주장했다. 이러한 과정을 커뮤니케이션의 2단계 흐름(2단계 유통)이라고 부른다.

이 연구 설계는 투표 결정에서 대인관계의 중요성을 전혀 예측하지 못했기 때문에 2단계 흐름이라는 개념이 충분히 입증되지는 못했다. 그 결과 이 개념을 증명하고 다듬기 위해서 많은 후속 연구가 진행되었다. 1940년 투표 연구에서는 유권자 패널이 무작위로 추출됐다. 응답자들에게 자신의 정치적 생각을 다른 사람에게 확신시키려 했는지, 아니면 정치 문제에 관해서 다른 사람의 조언을 구했는지 물어보았다. 그러나 이 연구도 이러한 방법으로 여론 지도자를 규명하는 것이 타당한가를 비롯해서 여러 가지 문제점이 있었다. 연구의 자료는 결과적으로 2개의 하부 집단, 즉 자신을 여론 지도자로 보고한 사람들과 그렇지 않은 사람들로 구분하였지만, 개별적 여론 지도자들과 이들에게 조언을 구하는 개인들을 명확히 구분해서 비교할 수 없는 한계가 있었다.

1940년 투표 연구가 완료될 즈음에 뉴저지(New Jersey)주의 작은 도시 로베르(Robertet)에서 또 다른 연구가 시작되었다. 이 연구에서는 86명의 응답자에게 정보와 조언을 구했던 사람의 이름을 말하도록 하고, 네 번 이상 이름이 언급된 사람을 여론 지도자로 간주해서 심층 면접을 했다. 이 연구는 여론 지도자를 지정하는데 에리(Erie)에서의 연구보다 분명히 타당도가 높았고, 여기서 선정된 여론 지도자는 의심할 여지가 없이 많은 사람에게 영향력을 행사했다. 표본에 대한 첫 관심은 누가 여론 지도자인지를 찾는 데 초점을 두었고, 이후 모든 관심은 여론 지도자의 속성을 규명하는 데 집중되었다.

전쟁이 끝난 후에 연구자들은 일리노이(Illinois) 데카투르(Decatur)에서 여론 지도력에 관한 연구를 다시 시작했다. 이 연구에서는 지도자와 지도자의 이름을 대는 사람을 비교할 수 있었는데, 보다 기술적으로는 조언자와 조언을 받는 사람 간의 양자 관계를 검증할 수 있게 되었다. 예를 들어 '조언자와 조언을 받는 사람은 같은 사회적 계급, 연령, 성별에 속해 있는 경향이 있는가?' '여론 지도자는 추종자보다 매스미디어에 좀 더 많이 노출되는가?' '영향력을 행사하는 주제에 관해 여론 지도자는 추종자보다 더 많은 흥미를 느끼고 있는가?'와 같은 질문들에 대해서 분석했다.

이 연구의 의의는 여론 지도자와 추종자의 양자 관계보다는 상호 영향력 과정을 장기적으로 검증할 필요가 있다고 인식한 데에 있다. 이 연구에서는 여론 지도자들은 또 다른 여론 지도자들에 의해 영향을 받으며 어떤 특정한 시기나 문제에 대해서만 영향력을 행사하는 것으로 나타났다. 즉, 여론 지도자들은 자신이 누구인지, 예를 들어 사회적 지위나 연령, 성별 등 때문만이 아니라 자신이 속한 집단의 구조나 가치 때문에도 영향력을 행사하게 된다는 것이다.

그래서 이후 의사결정에서 공동체의 역할에 관한 연구도 중요해졌는데, 초기 연구의 한계는 개인 차원의 의사결정에 중점을 두었을 뿐, 공동체 수준에서 일어나는 의사결정에 대해서는 다루지 못한 데 있었기 때문이다. 후속 연구를 통해서 공동체의 사회적 구조 속에서 새로운 아이디어가 시간이 흐를수록 어떻게 확대 또는 확산하는지에 주목하기 시작했다.

이러한 확산 연구는 의사들이 새로운 의약품을 선택하기 위한 결정을 어떻게 내리는지 조사하는 데서 비롯되었고, 그 결과 의사들은 일반적인 인구학적 자료와 본인의 전반적 태도, 의약품에 대한 처방, 정보원에 대한 노출과 그 영향력 등에 대한 관련 정보를 제공하고, 의료 행위에 대해서 가장 이야기하기 쉽고 정보와 조언을 구하기 쉬운 친분 관계가 가장 높은 동료 3명의 이름을 적어내도록 요청받았다.

연구자는 의사들 사이에 이루어지는 상호작용에 대해서 질문함으로써 의료계의 대인관계를 파악할 수 있었다. 이 연구는 또한 사용하기로 채택된 특정 품목과 의약품 사용 기간의 기록을 파악하는 데도 초점을 두었다(세버린 & 탠카드, 2004).

1. 여론 지도력에 대한 발견들

누가 이끌고 누가 따르는가 하는 것은 상당 부분 그때그때의 사안에 따라 결정된다. 시장에서 물건을 살 경우에는 장년의 여성 계층이 여론 지도력을 이끄는 것으로 보인다. 로베르 연구에 따르면 어떤 사람들은 지역 관련 일에 여론 지도자인 데 반해서 국제 정세에서는 다른 사람들이 영향력이 있었다. 유행이나 영화 관람에서는 젊은 미혼 여성이 여론 지도자인 경우가 많았다. 그러므로 연구자들은 특정 분야의 여론 지도자가 그와 상관없는 다른 분야에서도 여론 지도자가 될 가능성은 적다고 결론지었다. 그러나 사람들은 자신과 비슷한 사람들과 자주 대화를 나눈다. 상품 구매나 유행, 영화 관람 및 시사 문제 등 모든 영역에서 여론 지도자는 모든 사회적, 경제적 수준과 직업적 수준에서 발견되었다. 만일 모든 수준에서 여론 지도자가 발견된다면 지도자와 추종자는 어떻게 구분할 수 있을까?

연구자들은 다음과 같은 요인들이 지도자와 추종자를 구분한다고 결론지었다. 첫째, 가치의 의인화(그는 누구인가?) 둘째, 능력(그는 무엇을 알고 있는가?) 셋째, 전략적인 사회적 위치(그는 누구를 알고 있는가?)

전략적인 사회적 위치는 두 가지 접촉을 내포하고 있다. 집단 내에서 누가 여론을 주도하고, 지도력을 발휘하고 있는지 알고 있는가와 집단 내에서 도출된 문제에 관한 정보를 얻기 위해서 외부 집단에서 누군가를 알고 있는가로 나뉜다. 가치의 의인화에서 영향력이 있는 사람은 추종자들이 본받기를 원하는 사람이다. 즉 영향을 받는 사람은 영향을 주는 사람을 존경하며 가능한 한 그와 비슷해지길 원한다. 한편, 여론 지도자는 지도력이 요구되는 분야에서 지식이 있거나 유능하다고 인정받아야 한다. 만일 어떤 사람이 다른 사람과 닮길 원하고 또 유능하다고 인정할지라도 그는 자신이 지도력을 발휘하는 분야에 관심을 두고 있는 사람들에게 미리 접근해야 한다.

지도자가 되려면 반드시 추종자가 있어야 한다. 집단 구성원들이 관심을 두고 있는 정보와 의견을 제공하기 위해서 외부 집단과 계속 접촉하는 사람이 여론 지도자가 될 가능성이 가장 크다. 이러한 사실은 여론 지도력이 미치는 정치나 의학이나 농사 등 다양한 분야에서 발견되었다. 그리고 여론 지도자들은 추종자들보다 자신이 영향력을 행사하는 분야를 적절하게 보도하는 미디어를 더 많이 접하는 것으로 나타났다. 로베르 연구에 따르면, 국제적 사건에 관한 여론 지도자들은 지역 문제에 영향력이 있는 사람들보다 전국적인 뉴스나 잡지를 더 많이 읽었고, 의약품의 경우 영향력 있는 의사들은 영향력이 없는 동료 의사보다 많은 수의 전문 잡지를 읽고 그 내용을 좀 더 가치 있게 여기는 것으로 나타났다 (Lowery & DeFleur, 1995).

2. 대인 환경

여론 지도자와 추종자들은 매우 유사한 속성을 지니며 대개 동일한 집단에 속해 있다. 그러나 주어진 특정 주제에 대한 관심도에서 여론 지도자들이 추종자들보다 훨씬 앞서 있는 것만은 아니다. 대인관계는 커뮤니케이션의 망일 뿐만 아니라 집단 규범에 동조하도록 하는 사회적 압력의 원천이며, 개인이 갖는 가치와 의견에 대한 사회적 지지의 근원이다. 커뮤니케이션 과정에서 미디어와 사회적 심리적 변인 간의 상호작용에 대해서 드플로어와 라스(DeFleur & Larsen, 1958)는 다음과 같이 기술하고 있다.

정보의 흐름이 발생할 때 정보 전달과 수용자의 여러 지점에서 다양한 사회적, 사회심리학적 체계가 작동하여 매스미디어 정보가 사람들에게 전달되거나 지나치기도 하고, 왜곡되거나 동화되기도 하며 거부되거나 영향을 미치기도 한다는 사실을 깨달은 것은 비교적 최근의 일이다. 따라서 1차 집단 역할, 구조, 자발적 연합체, 퍼스낼리티(personality) 등의 변인들의 작동, 그리고 전파(확산), 네트워크의 작용과 관련된 방대한 기타 변인들의 복합 등은 매스커뮤니케이션 연구자들에게 새로운 연구 영역이 되었다. 매스미디어 작동에 대한 모델의 개발은 매스커뮤니케이션 과정을 가족, 직장, 놀이, 학교, 그리고 지역사회 등의 사회적 네트워크와 연결하는 것이다(p. xiii).

1930년대와 1940년대 대부분의 연구자들은 미디어 효과를 이해하는 데 그 효과가 직접적이고 즉각적이며 강력하다는 '피하주사 모형'에 근거하였다. 그러나 미디어 연구자들이 보다 정교한 방법을 개발함에 따라 피하주사 모형은 너무 단순한 것으로 인식되게 되었다. 즉 연구자들은 미디어와 수용자의 마음 사이에 개입되는 수많은 심리적, 사회적 변인들을 인식하기 시작한 것이다(예, 선택적 노출, 주목, 지각, 기억력, 집단 소속감, 규범, 현저성, 여론 지도력 등). 카츠와 라자스펠드(Katz & Lazarsfeld, 1955, p. 133)는 "전체적 교훈은 한 개인의 개인 환경을 파악하는 것이 그 개인의 매스미디어에 대한 노출과 반응을 이해하는 기초가 된다"라고 결론지었다(세버린 & 탠카드, 2004, p. 291 재인용).

의견지도자란 많은 사람의 의견이나 행동을 변화시킬 수 있을 만큼 대인적 영향력이 있는 사람이라고 정의 내릴 수 있다. 특히 의견지도자는 그가 가진 '소통 능력'을 가지고 커뮤니케이션 활동을 통해 타인의 행동이나 결정에 영향을 끼칠 수 있는 존재이다. 커뮤니케이션학에서 의견지도자 혹은 의견 지도력 개념이 연구의 주제가 된 것은 대중매체가 본격적으로 확산하던 20세기 중반부터다. 의견지도자 이론이 등장한 계기는 대중매체 효과연구의 흐름이 1920년대 강효과이론에서 1940년대 이후의 제한효과이론으로 이행하는 과정으로 거슬러 올라간다. 1920~30년대에는 슈람(W. Schramm)이 주장한 '마법의 탄환 이론'처럼 미디어의 메시지가 대중에게 직접적으로 주입되고 영향을 끼친다는 관점이 지배적이었다.

그러나 카츠와 라자스펠드는 유권자의 투표 행위 관찰을 통해 강효과이론을 반박하는 주장을 펼치게 된다. 즉 대중매체의 메시지가 '의견지도자'를 거쳐 대중에게 전달된다는 주장을 펼치며 2단계 유통 이론(Two step flow of communication)을 주장했다(Katz & Lazarsfeld, 1955). 카츠와 라자스펠드는 20세기 중반 대중매체의 영향력을 연구하며 사회적 여론에 영향을 미치는 사람들에게 주목했는데, 선거철 미디어와 유권자를 연구하던 중 대중매체의 정보를 수용자에게 적극적으로 전달하고 매개해 줌으로써 유권자의 투표 결정에 영향을 끼치는 의견지도자의 존재를 발견하고 대인 커뮤니케이션의 중요성을 강조했던 것이다(Lazarsfeld, Berelson & Gaudet, 1948).

당시 연구자들에 따르면 한 사회에서 '의견지도자'가 되기 위해서는 몇 가지 조건을 갖춰야 하는데 그중 한 가지는 의견지도자가 가지고 있는 성격적 특성, 즉 자질에 관한 것이다(Katz & Lazarsfeld, 1955; Weimann, 1994). 정보의 전파나 여론 형성 과정에 나타나는 '대인적 영향력'에 주목했던 카츠와 라자스펠드는 의견지도자가 '일반 시민에 비해 정치적 대화에 적극적으로 참여하고 매체로부터 얻은 정보를 주위에 활발히 전파하는 사람들'이라고 정의했다(Katz & Lazarsfeld, 1955).

농촌 사회학자인 로저스(1962/2010)는 〈개혁의 확산〉을 통해 한 사회에서 새로운 혁신이나 정보가 어떻게 확산하는지 관찰하였는데, 확산의 과정에서 의견지도자가 개혁을 추진하고 새로운 지식과 정보를 도입함으로써 사회적 관행을 변화시키는 데 중요한 역할을 한다고 보았다. 로저스는 "의견 지도력이란 한 개인이 원하는 방향으로 다른 사람들의 태도나 행동에 비공식적으로 영향을 행사할 수 있는 정도를 말하며, 의견지도자들은 다른 사람들의 의견에 영향을 미치는 데 있어 선두에 있는 사람들"이라고 보았다(Rogers, 1962/2010; p. 319). 이처럼 20세기 중반의 연구는 대중매체의 영향력을 인정하는 동시에 대인관계에서 지식과 정보를 적극적으로 전달하는 의견지도자의 역할이 중요하다는 점을 밝혔는데, 의사소통 환경에서 남에게 영향을 주는 자(sender)와 영향을 받는 자(receiver)가 존재한다는 것을 드러낸 것이 연구의 성과이다.

검증과 발전

2000년을 전후하여 온라인 매체가 등장한 이후 2단계 유통 이론은 뉴미디어에 적용되어 다양한 방식으로 재해석된다. 예를 들어 디지털 미디어의 확산에 따라 의견지도자의 역할도 변화를 불러올 것이라는 관점에 따르면, 현대사회에서 텔레비전 신문과 같은 전통 매체의 영향력이 줄어들 것이며, 다양한 미디어 플랫폼이 등장함에 따라 '정보가 미디어-일반 공중으로 직접 전달되어 매개인' 역할을 하던 대중매체 시대의 의견지도자 역할이 생략될 것으로 보았다(Bennett & Manheim, 2006). 또한 미디어 메시지의 효과가 2단계 유통 이론에서 다단계 흐름으로 바뀔 것이라는 관점도 있다(Ognyanova, 2017). 이 관점에 따르면 온라인 공간에서는 정보의 흐름이 수직적이고, 중앙집중적 구조로 유통되는 것이 아니며, 네트워크 효과를 통해 과거보다 수평적이고 열린 구조를 통해 이루어질 수 있다는 것이다(김지희, 2021).

인터넷 이용의 확산 이후, 온라인 공간에서 활약하는 몇몇 인물들은 사회적 이슈에 대한 여론을 선도하는 역할뿐 아니라 일상생활의 트렌드 형성자로서 주목받게 되면서 이른바 '영향력자(influencer)', '유력자 (influentials)', '온라인유력자(e-fluentials)' 등 다양한 명칭으로 호명되고 있다(이원태·차미영·양해륜, 2011; Keller & Berry, 2003; Watts & Dodds, 2007; Weimann, 1994). 인터넷 공간에서의 영향력자에 관해 관심이 커짐에 따라 소셜 미디어를 다룬 연구도 크게 증가했다. 연구자들은 의견지도자가 타인에게 큰 영향력을 가진 사람이라고 정의 내릴 때, 의견지도자는 교류 네트워크의 중심에 있으며, 어떤 메시지나 새로운 기술을 가장 잘 확산시킬 수 있는 사람이라고 보았다(Cho, Hwang & Lee, 2012; Dubois, Minaeian, Paquet-Labelle & Beaudry, 2020; Oueslati, Arrami, Dhouioui & Massaabi, 2021)(김지희, 2021).

누구에게나 열린 공간으로 보이는 온라인 공간은 여전히 특정한 소수가 적극적으로 의견을 표출하고, 타인에게 뉴스를 공유하거나 정보를 전파하는 등 많은 사람에게 영향을 끼치는 모습을 볼 수 있다. 자유롭게 메시지를 생산하고 공유할 수 있는 온라인 공간에서도 누군가는 적극적인 발신자 역할을 하고, 누군가는 읽고 따르는 역할을 하는 것이다. 그에 따라 현대의 온라인 세계에서도 적극적인 정보 전달자로서 의견지도자와 메시지 수용자로 혹은 의견지도자의 추종자가 존재함을 검증하는 경험적 연구들이 등장하였다.

연구자들은 온라인 게시판이나 소셜미디어 플랫폼에서 저명성을 가진 의견지도자 그룹이 나타나는 것에 주목하였는데, 이러한 현상 때문에 2단계 유통 이론에 기반한 의견지도자 현상은 디지털 미디어 시대에도 여전히 유효하며 다만 새로운 모습으로 나타나고 있는 것으로 보고 있다 (Bartels & Mutz, 2009; Turcotte, York, Irving, Scholl, & Pingree, 2015; Weimann et al, 2007)(김지희, 2021).

전통적인 의견지도자 연구는 의사결정을 할 때 누군가에게 조언을 구하는지(Katz & Lazarsfeld, 1955), 또는 자신이 의견지도자로서의 성향을 가졌는지(Weimann, 1991)를 측정했다. 온라인 매체가 등장한 이후에는 특정 온라인 게시판에서 누가 의견지도자인가(이준웅 · 김은미 · 김현석, 2007), 또는 소셜미디어 공간에서 유력한 인물이 누구인가(노명우, 2012; 이원태 · 차미영 · 양해륜, 2011; 황현정 · 이준웅, 2014)와 같은 연구가 등장하였다. 이러한 연구는 특정 영역에서 누가 의견지도자인지, 의견지도자가 어떤 특징을 가진 사람인지 밝히는 데 공헌했지만, 제한된 영역 안에서의 인물을 다루었다는 한계가 있다.

김지희(2021)는 의견지도자의 속성으로 인물의 ① 매체 활동 ② 공신력 ③ 매력 ④ 소통 반응성 ⑤ 소통 통제성을 변수화하였다. 동일한 독립변수를 사용하여 두 개의 종속변수를 분석한 결과 의견지도자라고 인식하는 데 영향을 주는 가장 중요한 변수는 인물의 '매력'과 '공신력'으로 나타났다. 그리고 의견지도자의 메시지 설득력에 영향을 미치는 가장 중요한 변수는 인물의 '소통 능력'이라는 결과를 얻었다.

이 연구의 결과는 과거 우리 사회에서 전통적 엘리트의 언행과 영향력이 크게 작용했다면, 현대사회에서는 인물의 공신력과 매력이 의견지도자로서 인정받는 중요한 요건이며, 인물의 소통 능력이 타인을 설득하는 중요한 요건이라는 점을 알 수 있다. 또한 의견지도자를 구한 출처에 따라 세 가지 유형으로 나누었는데, 연구 결과 의견지도자의 세 가지 유형에 따라 독립변수의 영향력은 다른 패턴을 보여 주었다. 다시 말해 전통 엘리트, 매체 유명인, 매체 활동형 리더가 각각 의견지도자로 인식되기 위해, 그리고 의견 지도력을 증대시키는 데 필요한 덕목이 각각 다르다는 해석을 할 수 있다.

2단계 유통 이론은 누구에게 의견을 구하는지 그리고 미디어에서 의견지도자로 어떻게 정보나 영향력이 흐르는지에 대해 규명하고자 한 전통적 단계에서 의견지도자의 역할과 영향에 대한 연구로 파급되었다. 특히 인터넷의 보편화와 소셜미디어의 확산으로 이 공간에서 의견지도자의 의견이 다른 이용자의 의견표명에 미치는 다양한 요인은 무엇인지에 대한 연구가 이루어졌다. 예를 들어 소셜미디어를 매개로 한 정치 커뮤니케이션에서 의견지도자의 의견이 다른 이용자의 의견표명에 미치는 영향을 분석한 연구에서는 의견지도자의 의견에 대한 일반 이용자의 의견표명이 플랫폼에 따라서는 차이가 없는 것으로 나타났다. 이는 페이스북과 트위터라는 개별 플랫폼이 가지는 익명성 수준 및 네트워크 속성이 이용자들의 의견표명에 직접적으로 영향을 미치기보다는 이용자 개인의 의견표명에 대한 의지나 판단에 기반한 능동적 선택에 따른 것으로 이해할 수 있다.

정치적 대화나 토론 과정에서 접하게 되는 의견지도자와의 의견일치 여부는 일반 이용자의 의견표명에 상당히 중요한 영향을 미치는 것으로 나타났다. 특히, 보수 성향 의견지도자와의 의견일치는 적극적인 의견표명 의지로 이어지는 데 비해, 의견 불일치는 오히려 의견표명을 억제하는 기제로 작용할 수 있다는 사실을 통해 보수 성향 의견지도자의 의견이 반대 진영의 의견표명을 억제하고 침묵시킴으로써 보다 다양한 의견의 교환과 교류와 그에 기반한 정치 공론장의 활성화에 제약을 초래할 위험성이 있다고 보았다. 한편, 소셜미디어를 매개로 한 정치적 의사소통 과정에서 일반 이용자의 의견표명은 소셜미디어 플랫폼이나 자신의 그러한 미디어 플랫폼에 대한 이용 동기와 같은 외부적 요인보다는 자신의 정치적 성향이나 의견지도자와의 의견의 일치 혹은 불일치 경험과 같은 내부적 요인과의 관련성이 상대적으로 높았다는 점을 발견했다(김동윤·김위근·조민규, 2015).

2단계 유통 이론의 보다 현대적 해석으로 참고할 만한 연구로 문화적으로 공명하는 정치적 프레임의 성공과 실패는 다윈의 생물학적 진화와 다를 바가 없다고 문화적 진화 개념으로 설명한 메수디(Mesoudi, 2011)의 주장도 참고할 만하다.

또한 훈자커(Fallin Hunzaker, 2016)는 원래의 내러티브가 5가지의 재서술(retelling)을 통해 어떤 과정을 통해 점차 정보를 잃게 되는지에 대해 설명했다. 문화적으로 비일관적인 정보는 초기에 기억하기 쉽지만, 문화적 스키마에 의한 일관성을 통해 다시 수정해서 말하게 됨으로써 문화적으로 수용하기 쉽게 만든다는 것이다. 이러한 연구들은 고전적인 2단계 유통 이론을 현대적으로 재해석하게 하고, 특히 소셜미디어가 큰 영향을 주고 있는 상황에서 정보의 왜곡이 어떻게 일어나는지에 대해서도 설명하고 있다(Lee, Choi, Kim, &, Kim, 2014; Neuman, 2018).

평가 및 의의

2단계 유통 이론은 많은 비판도 받고 있는데 주요 내용을 정리하면 다음과 같다.

1. 많은 연구가 주요 뉴스 기사들은 개인 정보원보다는 매스미디어에 의해 훨씬 효과적으로 직접 확산한다는 점을 입증했다. 웨슬리(Westley, 1971, p. 726)는 이것을 뒷받침하는 몇 개의 연구를 인용해서 명쾌하게 설명하고 있다.

2. 시사 문제에 관한 여론은 상호 교환적이다. 즉 "여론은 공유되는 것이지 주어지는 것이 아니다"라고 관련 연구는 밝히고 있다. 트로달과 벤담(Troldahl & Van Dam, 1965, p. 633)은 여론을 제공하는 사람은 "관련된 미디어 내용에 대한 노출, 전국 뉴스에 대한 정보 수준, 직업의 위상, 그리고 군집성의 5가지 속성 중에 4가지에서 여론을 추구하는 사람과 유의미한 차이가 없었다"라고 주장했다.

3. 린(Lin, 1971, p. 203)은 "여론 지도자 대 비여론 지도자라는 이분법적 정의는 분명치 않으며, 다양한 측정 방법으로 인해 이 문제는 더욱 혼란스러워진다"라고 말했다. 그는 여론 지도력은 자기 지명(스스로를 여론 지도자라고 여기는 것)과 추천(여론 지도자라 여기는 사람을 지명)으로 결정되었으며, 특정 주제뿐 아니라 일반적 활동 양쪽 모두에 적용되었다고 주장했다.

4. 매스미디어의 경험에 대한 정의는 다양하다.

어떤 경우에는 전문적 미디어가 사용됐으나, 다른 경우에는 이러한 전문적 미디어가 매스미디어의 한 부분으로 간주되지 않았다.

5. 2단계 유통 이론은 적극적으로 정보를 추구하는 여론 지도자와 이들의 지침에 의존하는 수동적 대중 수용자 사이의 이분법적 관계를 뜻하지만, 또 다른 연구자들(Rogers & Shoemaker, 1971, p. 206)의 경우 여론 지도자들은 능동적인 동시에 수동적일 수 있음을 지적하고 있다.

6. 2단계 유통 모델에서 여론 지도자는 단지 매스미디어 채널에만 의존한다고 보고 있다.

그러나 광범위한 매스미디어 네트워크가 없는 개발 도상국의 경우 때때로 개인적 여행이나 변화를 주도하는 사람과의 대화가 매스미디어가 수행하는 정보 전달의 역할을 대신한다.

7. 똑같은 정보라도 초기에 아는 것과 늦게 아는 것에 따라 다르게 행동하게 된다. 정보의 초기 습득자는 미디어 정보원에 더 의존적인 반면, 후기 습득자는 개인 정보원에 더 의존적이라는 것이다(Rogers & Shoemaker, 1971, pp. 259, 348).

8. 개혁의 확산에서 매스미디어는 주로 정보를 전달하는 기능을 하는 반면에 대인 간 채널의 가장 중요한 기능은 설득이라고 밝히고 있다. 로저스와 슈메이커(Rogers & Shoemaker, 1971, p. 208)는 이러한 차이점이 여론 지도자와 추종자들 모두에게 적용된다고 주장했다.

결론적으로 2단계 유통 이론에 대한 비판의 핵심은 이 이론 자체가 충분한 설명력을 가지지 못하고 있다는 것이다. 후속 연구들은 관련 연구 성과가 누적됨에 따라서 이 모델을 상당한 수준으로 확장하고 정교하게 만들었다. 2단계 흐름 모델은 다단계 흐름 모델(multiple-step model)로 점차 발전해서 확산 연구에서 개혁이 한 사회에서 어떻게 알려지고 퍼져나가는지 그 사회적 과정을 탐구하는 데 중요하게 이용되었다. 이는 수용자의 의사결정에 미치는 효과에는 더욱 복합적인 가능성이 존재하고, 여론 지도자(오피니언 리더)와 수용자들 사이에 영향을 행사하는 매체 수도 다양하다는 점을 시사한다.

또한 2단계 유통 이론 모델이 주로 개인이 어떻게 정보를 받아 다른 사람에게 전하는가에 관심을 가졌던 반면, 확산 과정은 개혁이 채택 혹은 거부되는 마지막 단계에 중점을 두고 있다는 점이 차이점이다(세버린 & 탠카드, 2004, p. 293).

참고문헌

김동윤 · 김위근 · 조민규(2015). 소셜미디어에서 온라인 의견지도자와 이용자의 의
　　견표명: 플랫폼과 이용 동기, 정치 성향과 의견일치 여부에 따른 차이를 중
　　심으로. 〈사이버 커뮤니케이션학보〉, 32(3). 123-170.

김지희(2021). 한국 사회 의견지도자 인식과 메시지 설득력, 의견지도자의 유형별
　　차이. 〈한국언론학보〉, 65(2), 41-74,

세버린, 탠카드(2004). Severin, Werner J; Tankard, James W, Communication
　　theories : origins, methods, and uses in the mass media(2004). 『커뮤니케이
　　션 이론』. 박천일 · 강형철 · 안민호 역, 나남.

Bartels, B. L., & Mutz, D. C.(2009). Explaining processes of institutional opinion
　　leadership. *Journal of Politics,* 71(1), 249-261.

Bennett, W. L., & Manheim, J. B.(2006). The one-step flow of communication.
　　The ANNALS of the American Academy of Political and Social Science, 608(1),
　　213-232.

Cho, Y., Hwang, J., & Lee, D.(2012). Identification of effective opinion leaders
　　in the diffusion of technological innovation: A social network approach.
　　Technological Forecasting and Social Change, 79(1), 97-106.

Dubois, E., Minaeian, S., Paquet-Labelle, A., & Beaudry, S.(2020). Who to Trust
　　on Social Media: How Opinion Leaders and Seekers Avoid Disinformation
　　and Echo Chambers. *Social Media+ Society,* 6(2).

DeFleur, M. & Larsen, O.(1958). *The Flow of Information,* New York: Hafer.

Hunzaker, M. B. F.(2016). Cultural sentiments and schema-consistency bias in
　　information transmission. *American Sociological Review,* 81(6), 1223-1250.

Hwang, J., Rhee, J-W.(2014). Who is Leading on Tweeter? : The Effects of
　　Communicator and Message Properties on Opinion Leadership. *Korean*

Journal of Journalism & Communication Studies. 58(5), 5–35.

Katz, E.(1957). The two-step flow of communication: An up-to-date report on an hypothesis. *Public Opinion Quarterly*, 21(1), 61–78.

Katz, E., & Lazarsfeld, P. F.(1955). *Personal influence: The part played by people in the flow of mass communication.* Glencoe, IL: Free Press.

Keller, E., & Berry, J.(2003). *The influentials: One American in ten tells the other nine how to vote, where to eat, and what to buy.* Simon and Schuster.

Lazarsfeld, P. F., Berelson, B., & Gaudet, H.(1948). *The people's choice: How the voter makes up his mind in a presidential campaign.* NY: Columbia Univ. Press.

Lazarsfeld, P. F.& Menzel, H.(1963). Mass Media and Personal Influence, in W. Schramm(ed.), *The Science of Human Communication*, New York: Basic Books.

Lee, W., Cha, M., Yang, H.(2011). Network Properties of Social Media Influentials : Focusing on the Korean Twitter Community. *Journal of Communication Research,* 48(2), 44–79.

Lee, J. K., Choi, J., Kim, C., & Kim, Y.(2014). Social media, network heterogeneity, and opinion polarization. *Journal of Communication*, 64(4), 702–722.

Lin, N.(1971). *The Study of Human Communication,* Idianapolis, Ind.: Bobbs Merrill.

Lowery, S. & DeFleur, M.(1995). *Milestones in Mass Communication Research-Media Effects*(3rd ed.), New York: Longman.

Mesoudi, A.(2011). *Cultural evolution: How Darwinian theory can explain human culture and synthesize the social sciences.* Chicago, IL: University of Chicago Press.

Neuman W. R.(2018). The Paradox of the Paradigm: An Important Gap in Media Effects Research. *Journal of communication*, 68, 369–379.

Nho, M-W.(2012). Korea's Popular Celebrity Twitter Users and Celebrity Culture. *Journal of Cybercommunication Academic Society*, 29(4), 95-143

Ognyanova, K.(2017). Multistep flow of communication: Network effects. The international encyclopedia of media effects, 1-10.

Oueslati, W., Arrami, S., Dhouioui, Z., & Massaabi, M.(2021). Opinion leaders' detection in dynamic social networks. *Concurrency and Computation: Practice and Experience, 33*(1).

Rhee, J. W.(2001). The Ethical Dimension of Persuasion-Gorgias vs. Socrates. *Korean Journal of Journalism & Communication Studies*. 45(2), 349-386.

Rogers, E. M.(2010). *Diffusion of innovations*(5th ed.). Simon and Schuster.

Rogers, E. M. & Shoemaker, F.(1971). *Communication of Innovations,* New York: Free Press.

Troldahl, V. & Van Dam, R.(1965). Face-to-face Communication about Major Topics in the News, *Public Opinion Quarterly*, 29, 626-634.

Turcotte, J., York, C., Irving, J., Scholl, R. M., & Pingree, R. J.(2015). News recommendations from social media opinion leaders: Effects on media trust and information seeking. *Journal of Computer-Mediated Communication*, 20(5), 520-535.

Watts, D. J., & Dodds, P. S.(2007). Influentials, networks, and public opinion formation. *Journal of consumer research*, 34(4), 441-458.

Weimann, G.(1994). *The influentials: People who influence people.* SUNY Press.

Weimann, G., Tustin, D. H., Van Vuuren, D., & Joubert, J.(2007). Looking for opinion leaders: Traditional vs. modern measures in traditional societies. *International Journal of Public Opinion Research*, 19(2), 173-190.

Westley, B.(1971). Communication and Social Change. *American Behavioral Scientist*, 14, P. E2.

2장

·

인지부조화이론

이론 개요

일관성 이론은 설득과 관련된 심리학에서 매우 중요한 부분을 차지한다. 모든 일관성 이론은 사람이 비일관성보다는 일관성으로 인해 더욱 편안함을 느낀다는 가정에서 출발한다. 일관성 이론의 기본 과정은 체계적인 언어에서 사람들은 항상성을 추구한다는 데 있다. 이러한 일관성의 주제는 개방 체계의 목적이 자아 유지와 균형을 갖는다는 체계이론(system theory)과도 관련이 있다. 이 이론은 행위가 인지 체계의 균형을 분열시키는 정보로부터 결과한다고 보기 때문이다.

페스팅거(Leon Festinger)는 태도, 인식, 지식, 그리고 행위를 포함한 영역으로 일관성 이론을 확장하였다. 태도와 행위는 세 가지 관계 중에서 한 가지를 수반한다. 첫째, 무익하거나, 또는 관련 없는 것이고, 둘째는 일관성 혹은 조화적인 것, 그리고 셋째는 비일치성 또는 부조화다. 여기서 부조화는 논리적인 관계가 아니라 심리적인 일관성의 문제라고 보는 게 중요하다. 인지 일관성의 두 개 지배적인 명제는 첫째, 개인에게 변하도록 압력을 가함에 따라 부조화가 감소하도록 긴장 혹은 억압을 발생시킨다는 것이고, 둘째, 부조화가 존재할 때 개인은 이를 감소시키고자 시도할 뿐 아니라 추가적인 부조화가 발생하는 상황을 회피한다는 것이다. 이러한 부조화를 감소시키고 부조화 유발 정보를 회피하고자 하는 경향은 체계에 존재하는 부조화의 양에 의해 직접적인 영향을 받는다. 따라서 부조화가 크면 클수록 변화의 욕구는 더욱 커진다. 부조화의 전제가 되는 변인들로는 인지 요소의 중요성과 부조화 관계에 관련된 요소의 수의 결과이다.

페스팅거와 칼스미스(Festinger & Carlsmith, 1959)는 인지부조화를 관찰하기 위해 스탠퍼드(Stanford) 대학생들을 대상으로 실험했다. 실험 참가자들은 지루하고 의미 없는 작업을 완료한 후 한 그룹은 1달러, 다른 그룹은 20달러의 보상을 받았다. 이후 참가자들은 작업이 얼마나 재미있었는지에 대해 평가하도록 했다. 그 결과 1달러의 적은 보상을 받은 참가자 그룹이 작업에서 더 큰 즐거움을 느꼈다고 답했다. 페스팅거는 이러한 차이가 참가자들이 스스로에게 자신이 한 일은 재미있었고, 즐거웠다고 설득하는 과정에서 발생한 인지부조화 때문에 나타난 것으로 보았다. 즉 1달러를 보상받은 집단은 의미가 없고 지루한 일을 적은 금전적 보상을 받고 수행했기 때문에 느낀 인지부조화의 정도가 20달러라는 상당한 금전적 보상을 받은 집단보다 컸기 때문에 부조화를 극복해야 할 필요도 크다고 분석한 것이다(Griffin, 2004).

부조화가 긴장을 감소시키기 위해서 유발되는 것을 이해함으로써 부조화를 감소시키는 여러 방법을 생각할 수 있다. 첫째, 하나 또는 그 이상의 인지 요소를 변화시켜야 한다. 둘째, 새로운 요소들은 긴장의 한 측면 혹은 다른 측면에 추가시켜야 한다. 셋째, 요소들을 그것이 사용되는 것보다 더욱 중요하지 않은 요소들로 간주하는 것이다. 넷째, 지속적인 정보를 추구하는 것이다. 다섯째, 관련된 정보를 왜곡하거나 혹은 오해함으로써 부조화를 감소시키는 것이다.

인지부조화의 흔한 사례 중의 하나는 흡연에 관한 것이다. 만약 흡연자가 흡연이 건강을 위협한다는 사실을 듣고 부조화를 유발하는 것과 연결해 보자. 흡연자는 금연 혹은 흡연이 비건강이라는 신념을 거절함으로써 인지 요소들을 변화시킬 것이다. 또는 필터의 작용과 같은 새로운 요소를 추가시켜서 구조와 관련된 요소의 중요성을 감소시킬 것이다. 자신이 오랫동안 살기보다는 높은 삶의 질을 원한다고 다른 가치를 대입할 수 있다. 또는 흡연이 완전히 나쁘지 않다는 관점을 보강하기 위해 다른 정보를 추구할 수도 있다. 마지막으로 흡연은 이미 병에 걸린 사람들에게만 위해가 있다고 생각하며 정보를 왜곡시키는 시도를 할 수도 있다.

또 하나의 사례로 새로운 자동차를 구매한 사람들은 다른 차보다도 자신이 구매한 차의 광고를 더 많이 보고 읽는 경향이 있다는 사실을 발견했다. 광고란 판매자들이 제품의 장점만을 강조하기 때문에 자동차 구매자는 자신이 구매한 자동차와 관련된 광고를 읽음으로써 자신의 결정을 강화할 수 있는 정보를 더 많이 찾게 된다는 것이다(김재휘, 2004; 김정현, 2022).

좀 더 극명한 사례가 하나 더 있다. 실제로 미국에서 103명의 종교인이 임박한 핵전쟁에 의한 인류의 종말을 확신하고 산속으로 들어갔다.

핵전쟁이 끝나면 다시 세상에 나와 새로운 문명이 열릴 것으로 확신했다. 그러나 이들이 예상한 핵전쟁은 일어나지 않았다. 42일 만에 산을 내려오면서 이들은 핵전쟁이 일어나지 않았음을 인정하지 않을 수 없었다. 이들에게 인지부조화는 자신들의 신앙으로 핵전쟁을 억제했다는 신념으로 인지적 조작을 함으로써 극복할 수 있었다(조종혁, 1992). 이와 비슷한 사례는 한국에서 '휴거'를 외친 집단들에도 비슷하게 나타났다.

인지부조화와 관련된 이론과 연구들은 부조화가 가능한 다양한 상황들을 중심으로 수행되었다. 이것은 의사결정, 강요된 복종, 모방, 사회적 지지, 그리고 노력 등이다. 의사결정에 관한 문제는 '구매자의 후회'라 볼 수 있다. 즉 '남의 떡이 커 보인다'에 해당하는 경우다. 결정의 결과로 한 개인이 경험하는 부조화의 양은 4가지 변인에 입각하는데, 그 한 가지는 결정의 중요도이다. 아침 식사를 건너뛰는 것과 같은 특정한 결정은 덜 중요하고 부조화를 거의 일으키지 않는다. 그러나 주택을 구입하거나 새로운 직업을 선택하는 것, 이사를 하는 것과 같은 결정은 상당한 부조화를 수반한다. 둘째, 선택된 대안의 매력도이다. 다른 것과 동등하면 할수록 선택된 대안의 매력도는 적어지며 부조화도 커진다. 셋째, 선택하지 않은 대안의 인지적 매력도가 클수록 느껴지는 부조화는 커진다. 넷째, 대인 간의 유사성이나 중복도가 클수록 부조화는 적어진다. 즉 유사한 종류의 승용차를 결정할 때는 잠재적으로 부조화가 거의 일어나지 않는다.

두 번째 상황은 강요된 복종으로 한 개인의 신념이나 가치에 반대한 어떤 내용에 대해서 행동하거나, 또는 말하도록 유도할 때를 의미한다. 이 상황은 승낙에 대한 보상이 따르거나 혹은 승낙하지 않는 데에 대한 처벌이 따를 때를 의미한다. 이 경우 승낙에 대한 압력이 낮을수록 부조화가 더욱 커진다고 예측한다. 그리고 보상 혹은 처벌이 적을수록 자아와의 내적인 부조화에 더 신경을 쓰게 된다. 그 이유는 사람들이 접촉하게 되는 사회적 압력이 합리화 혹은 변화를 유도하기 때문으로 보기 때문이다. 그리고 집단 가입에 대한 어려움이 크면 클수록 그 집단에서 해야만 하는 실행은 더욱 커지게 된다고 예측한다. 그리고 아이디어나 행동에 대해서 친구로부터 받는 사회적 지지가 클수록 그러한 아이디어나 행동을 믿는 압력은 더욱 커진다. 마지막으로 임무에 쏟는 노력의 양이 클수록 그 임무의 가치를 더욱 합리화시킬 가능성이 높다(리틀존, 1992).

인지부조화는 긍정적인 자아개념에 의한 기대의 손상으로부터 발생한 심리적 불안이며(Thibodeau & Aronson, 1992), 간접적인 방법으로도 부조화를 해결할 수 있고, 직접적으로 부조화를 일으킨 행동이 아닌 다른 행동들을 통해서도 인지부조화의 해소가 가능하다(Steele, 1993). Sweeney & Johnson(1996)은 인지부조화를 태도의 불일치적 행동 이후에 발생하는 자책과 근심이라고 정의하였다. 인지부조화는 기각한 대안의 긍정적 요인과 선택한 대안의 부정적 요인에 의해서 발생하는 의사결정자의 긴장 또는 불안감을 느끼는 상태이며(Oliver, 1997), 선택하지 않은 대안에 비해 선택한 대안이 지닌 장점에 대한 의심으로 보았다(최병용, 2000).

Sweeney & Soutar(2003)는 고객의 인지부조화 발생을 낮추기 위해서 위험 지각을 감소시키는 전략이 필요하다고 주장하면서 고객은 인지의 일관된 상태 또는 인지의 조화상태를 위해 스스로 부조화를 감소시키는 합리화를 수행함으로써 인지부조화를 줄이게 된다고 보고했다. Quester et al.(2007)은 인지부조화가 불안의 특정 형태 즉, 지속적 불안이 아니라 일시적 불안이라고 정의하였고, Balcetis & Dunning(2007)은 인지적 왜곡을 통해 부조화를 해결하게 된다고 주장하였다(정정희, 2017).

인지부조화의 대표적인 해결은 태도 변화를 통해 일어난다. 태도는 행위자의 내면적 느낌 즉 감정이기에 직접적인 관찰은 힘들다. 사회인들이 인지하는 타인의 태도란 대체로 행위의 관찰을 통해 유추된 것이다. 행위는 곧 태도의 반영인 것으로 전제하기 때문이다. 그런데 타인의 태도는 구체적으로 관찰된 행위의 귀인(attribution) 과정을 통해서 인지된다. 행위의 원인 또는 동기가 환경적 요인으로 설명될 때 그러한 행위는 행위자의 태도와는 무관한 것으로 인지된다. 그러나 행위의 원인이 행위자의 내적 용인에 귀인될 때 그것은 태도의 반영으로 인지되는 것이다. 즉 관찰자가 인지하는 타인의 태도는 관찰된 행위에 대한 귀인 과정의 산물로 보아야 한다(조종혁, 1992).

이런 측면에서 귀인이론과 자기지각 이론은 인지부조화 이론의 대안을 제공할 수 있다. 벰(D. Bem, 1967)의 자기지각(self-perception) 이론에서는 행위자가 자신의 태도를 인지하는 과정은 타인의 태도를 인지하는 과정과 다르지 않다. 즉 행위자는 자신의 행위를 스스로 관찰함으로써 자신의 태도를 인지/형성한다는 것이다. 이런 면에서 태도는 행위의 산물로 본다. 태도가 존재하기에 행위가 생성되는 것이 아니라, 행위가 있기에 태도가 생성된다는 것이다. 자기지각 이론은 이렇게 행위가 태도를 규정한다고 보기 때문에 중요한 점은 앞서가는 행위의 원인이 외부 환경으로 귀인될 때 그러한 행위의 지각은 인지자의 태도 형성에는 아무 영향을 미치지 못한다는 점이다(조종혁, 1992).

인지부조화 이론에 대한 또 하나의 대안은 자기 승인(self-affirmation)과

인상관리(impression management)에 의한 설명이다. Steele과 동료들(Steele, Spencer, & Lynch, 1993)은 부조화는 도덕적인 성실성을 위협하는 방식에 대한 행위 반응의 결과로 볼 수 있다는 입장이다. 예를 들어 심리적 불편함은 상반된 두 가지 믿음에 의한 것이 아니라 중요성이나 의미를 찾지 못해 스스로를 인정하지 못하는 심리에서 발생한다고 보는 것이다. 또 하나 일상생활에서 인간이 스스로와 타인들에게 좋은 인상을 주기 위한 행동을 취한다는 인상관리의 관점에서 보면 인지부조화는 사람들 스스로가 본인 스스로 인식하고 있는 자아에 대한 인식과 불일치할 때 발생하는 것으로 설명할 수 있다(West & Turner, 2004).

검증과 발전

인지부조화를 경험한 소비자는 내적인 불안 상태를 해소하기 위해 여러 가지의 방법으로 부조화 감소를 위해 노력하게 된다. 자신이 선택한 제품의 장점을 부각하려 하거나 거절한 제품의 단점을 발견하려는 등의 여러 과정을 통해 인지 요소 간의 부조화 상태를 감소시키는 것이다.

Oliver(1997)는 인지부조화는 구매 의사결정 이후 구매와 동시에 발생하여 제품이나 서비스를 경험하는 동안 점차 감소하지만, 사용을 종료한 이후에도 남아 있을 수 있다고 하였다. 소비자가 발생한 인지부조화를 해소하기 위해 취하는 주요 방법으로는 제품의 재평가, 정보 탐색, 태도 변화의 세 가지가 있다(Festinger, 1957; Oliver, 1997). 선행 연구들에서 인지부조화의 결과 변수로서 고객충성도와 재구매 의도를 실험하였다. 효과적으로 부조화의 감소가 일어났을 경우에는 재구매로 이어지지만 그렇지 못한 경우에는 상표 전환 등의 태도 변화를 초래한다고 보고했다(조봉진, 정경애, 1991).

홍미로운 연구로 정치적인, 또는 종교적인 그룹구성원의 경우 공통의 가치와 목표가 있어서 부조화가 드물게 발생한다는 연구 보고가 있다 (Cooper & Stone, 2000). 그리고 Powers & Jack(2015)은 소매 제품 반품 요인에 관해 연구했는데 인지부조화를 감정부조화와 제품 부조화로 분류하고, 연구 결과 제품에 대한 불만은 감정적 부조화를 가져오고 제품 반품과 긍정적인 관계가 있음을 밝혔다. 이득규와 노태범(2009)은 인터넷 쇼핑몰을 통해 제품과 관련된 다양한 정보와 가격 등을 확인하고 제품을 구매하였으나 구매자가 인지했던 제품 편익이나 가격정보 등이 기대에 미치지 못했을 경우 부정적 인지부조화가 발생할 수 있다고 보았다. 부정적 인지부조화가 발생하게 되면 고객의 만족도는 떨어지고, 고객은 여러 가지 형태의 불만족스러운 행동을 취한다는 것을 검증하였다.

인지부조화는 구매된 제품과 관련된 인지적 또는 감정적 측면을 모두 가지고 있다. 제품 부조화는 구매한 제품과 관련된 부조화를 나타내며 이러한 인지와 밀접하게 연관되어 있지만 감정적 부조화를 유발한다 (Sweeney, Hausknecht, & Soutar, 2000). 제품 부조화는 구입한 제품과 관련된 부조화의 인지적 측면을 나타내며 제품 관련 인지와 밀접한 관계가 있지만 감정적 부조화를 초래할 수 있다(Sweeney, Hausknecht & Soutar, 2000).

온라인 쇼핑에서의 귀인효과와 인지부조화를 연구한 논문에서는 소비자가 감정부조화와 제품 부조화가 고객의 반응 중 '더 나은 발견'과 '기대 충족되지 않음'에 유의한 영향을 미친다는 점을 발견했다. 부정적 인지 부조화가 발생하면 소비자의 만족도는 떨어지고 이를 경험한 소비자는 인지가 일관된 상태 즉 조화상태로 가기 위해 스스로 부조화 감소 행동을 하게 되고, 부조화 상태를 감소시키려 시도한다. 감정이나 제품 부조화 발생 시 내적/외적 귀인 성향에 따라 고객 반응이 달라진다는 점도 밝혔다(단몽가, 2019).

소비자들이 패밀리레스토랑을 이용할 시 SNS를 이용한 외식 구매 의사결정에서 SNS 특성과 인지부조화 감소 행동의 관계를 분석한 연구도 있다. 연구 결과로 SNS 특성의 요인과 인지부조화 감소 행동은 유의한 정(+)의 상관관계가 있는 것으로 나타났다. 그리고 패밀리레스토랑의 SNS 특성 요인이 인지부조화 감소 행동에 부분적으로 영향을 미치는 것으로 나타났으며, 인지부조화 감소 행동 또한 패밀리레스토랑의 브랜드 이미지와 브랜드 충성도에 영향을 미치는 것으로 나타났다. 패밀리레스토랑의 브랜드 이미지와 브랜드 충성도 행동 의도에 유의한 영향을 미치는 것으로 나타났다. 패밀리레스토랑의 인지부조화 감소 행동인 심리적 감소 행동, 인지부조화 감소 행동인 실제적 감소 행동, 인지부조화 감소 행동인 무반응 행동이 브랜드 이미지에 미치는 영향 관계를 살펴본 결과 인지부조화 감소 행동 모두가 브랜드 이미지에 긍정적(+)인 영향을 미치는 것으로 나타났다.

그리고 패밀리레스토랑의 인지부조화 감소 행동인 심리적 감소 행동, 인지부조화 감소 행동인 실제적 감소 행동, 인지부조화 감소 행동인 무반응 행동이 브랜드 충성도에 미치는 영향 관계를 살펴본 결과 패밀리레스토랑의 인지부조화 감소 행동 중에서 실제적 감소 행동을 제외한 무반응 행동과 심리적 감소 행동이 브랜드 충성도에 긍정적(+)인 영향을 미치는 것으로 나타났다(정정희, 2017).

인지부조화를 경험한 소비자는 인지가 일관된 상태인 조화상태로 가기 위해 스스로 부조화 감소 행동을 하게 된다(이유채·차문경, 2005). 부조화 감소 행동으로 소비자들은 자신들의 신념이나 태도를 변화시키기도 하지만, 때로는 다른 제품 및 서비스로의 전환을 선택하기도 한다(박주미·고정민, 2017). Chevalier & Mayzlin(2006)은 온라인 소매기업인 아마존과 반스앤노블의 홈페이지에서 발생한 구전의 양과 책에 대한 평가가 책의 판매량에 미치는 영향에 대해 분석하였다. 이 연구 결과에 따르면, 리뷰의 양은 책 판매량에 유의한 영향을 미치는 것으로 나타났다. 그리고 소비자들의 책에 대한 평가가 부정적일 때가 긍정적일 때보다 더 크게 나타남을 밝혔다. 또한 윤유식과 문혜영(2009)은 여행객의 구매 상황 및 여행상품 특성에 따른 인지부조화 지각 차이에 관한 연구에서 관광객들은 여행상품 구매 의사결정 과정에서 인지부조화가 발생하는 것을 실증하였다(김재범, 2022).

e스포츠 이용자들을 대상으로 인지부조화 이론을 검증한 연구에서는 긍정적 eWOM을 생산하는 이용자의 성향과 부정적 eWOM을 생산하는 이용자의 성향을 구분함으로써 이용자들의 eWOM 성향이 인지부조화에 미치는 영향을 분석하였다. 또한, e스포츠 이용자들이 지각하는 인지부조화에 따른 소비자 행동의 구조적 영향 관계를 파악하고자 연구모형을 검증하였다. 연구 결과, 첫째, 긍정적 eWOM을 생산해 내는 e스포츠 이용자의 성향은 인지부조화의 긍정적 불일치에 정(+)의 영향을, 인지부조화의 부정적 불일치에 부(-)의 영향을 미쳤다. 또한 부정적 eWOM을 생산해 내는 e스포츠 이용자의 성향은 인지부조화의 긍정적 불일치에 부(-)의 영향을, 인지부조화의 부정적 불일치에 정(+)의 영향을 미쳤다.

이러한 결과는 자기지각 이론을 근거로 소비자의 긍정적 구전과 긍정적 몰입의 관계를 규명한 Garnefeld et al.(2011)의 연구 결과와 일치한다. 한편 인지부조화 과정에서는 긍정적 불일치가 부정적 불일치보다 큰 것으로 나타났다. 이 결과는 인지부조화에 관련된 많은 선행 연구의 결과를 지지하는 것으로, 인지부조화 이론이 주로 연구되었던 마케팅, 서비스업뿐만 아니라 e스포츠 분야에서도 소비자의 인지부조화의 과정은 유사하게 나타난다는 사실을 발견했다. 그리고 부정적 불일치는 자기합리화에 영향을 미치며, 자기합리화 역시 지속 사용 의도에 영향을 미치는 것으로 나타났다. 이는 인지부조화와 자기합리화의 과정을 보여 주는 박주미 · 고정민(2017)의 연구와 같은 결과임을 보고했다(김재훈, 2022).

TV홈쇼핑과 라이브커머스에서의 소비자 구매 의사결정 과정에서의 인지부조화 이론을 검증한 연구도 있다. 이 연구에서는 특히 소비자의 충동구매 성향을 순수 충동구매, 제안 충동구매, 상기 충동구매, 계획 충동구매로 구분하여 인지부조화 경험의 감소와 재구매 의도 및 추천 의도 간 구조적 관계를 살펴보았다. 연구 결과, 충동구매 성향에 따른 유형인 순수 충동구매, 제안 충동구매, 상기 충동구매, 계획 충동구매는 인지부조화 경험의 감소에 긍정적인 영향을 미치는 것으로 나타났다. 또한 인지부조화 경험의 감소는 재구매 의도와 추천 의도에 긍정적인 영향을 미치는 것으로 나타났다. 한편 충동구매 성향의 유형인 순수 충동구매, 제안 충동구매, 상기 충동구매, 계획 충동구매가 인지부조화 경험의 감소에 미치는 영향은 TV홈쇼핑과 라이브커머스에 따라 부분적으로 달라진다는 점을 검증했다.

구체적으로 순수 충동구매 성향이 인지부조화 경험의 감소에 미치는 영향은 라이브커머스가 더 높게 나타났다. 그러나 상기 충동구매, 계획 충동구매 성향이 인지부조화 경험의 감소에 미치는 영향은 홈쇼핑에서 더 높게 나타났다. 마지막으로 인지부조화 경험의 감소가 재구매 의도와 추천 의도에 미치는 영향은 홈쇼핑과 라이브커머스에 따라 부분적으로 달랐는데, 인지부조화 경험의 감소와 재구매 의도 및 인지부조화 경험의 감소와 추천 의도에 미치는 영향은 라이브커머스가 더 높게 나타났다(문병주, 정성관, 차경천, 2022).

평가 및 의의

인지부조화 이론은 인지심리학 분야에서 대표적인 이론으로 태도 변화와 설득을 포함한 광범위한 인간 커뮤니케이션 분야에 대해 심리학적 설명을 제공한다는 점에서 매우 큰 장점이 있다. 전체적으로 보았을 때 인간은 합리적 행동을 하는 존재라는 것을 주장한 합리적 행동이론의 관점을 취한다. 그러나 심리적 안정과 평형을 유지하기 위해 비합리적인 시도를 한다는 점을 발견했다는 점이 인상적인 부분이다. 인지부조화 이론은 메시지에 대한 정보처리와 수용과정에서 어떤 인지적 필요성에 의해 인지 변화가 일어나는지 그 과정과 원인을 밝히고자 했다. 특히 인지적 일관성을 유지하기 위해 인지 일관성의 요구로 태도 및 행동적 차원의 변화에 관해 설명을 시도함으로써 '설득'과 설득 관련 이론에 매우 유용한 시사점을 주었다.

1960년 조셉 클래퍼(Joseph Klapper, 1960)가 선택적 노출과 선택적 인지 그리고 선택적 보유의 개념으로 미디어 효과는 제한적이라고 주장한 이후 이에 대한 반론으로 미디어 효과는 결코 적지 않다는 중효과이론이 등장했다. Kelly Garrett과 동료들에 의해 태도 변화에 영향을 더 크게 주는 태도 강화 추구와 그렇지 않은 태도 차이를 회피하기 위한 태도를 명확히 구분하는 것이 중요하다고 강조했다. 이런 발견과 주장은 현재의 미디어 상황에서 두드러진 현상인 정치적 양극화를 더욱 정교하게 설명하는 이론이다(Garrett, 2009). 나아가서 후속 연구에서 이에 대한 사례로 정보회피가 공화당 지지자들에게 더 확실하게 나타남을 발견했다(Garrett & Stroud, 2004). 태도 강화를 위해 정보를 추구하는 수용자들은 태도 차이를 보이는 정보를 추구하는 확률도 높다는 것이다(Garrett, Carnahna, & Lynch, 2013).

노블록과 클라인만(Knobloch-Westerwick & Kleinman, 2012)은 정보 유용성은 기존 태도나 신념을 강화하는 심리적인 동력을 능가한다는 점을 발견했다. 이런 발견은 우리가 단순히 '선택적 효과'는 발생하는지, 또는 어느 정도인지라는 질문보다는 선택성이 강조되는 상황과 그것이 더 중요한 영향을 주는 수용자들의 정체를 보다 잘 설명하는 데 시사점을 준다(Neuman, 2018).

인지부조화 이론은 사회적 행위를 예측하는 데 몇 가지 중요한 변인들을 발견했고, 비교적 이해하기 쉬운 대중적인 이론이라는 특징도 있다. 인지 일관성 관련 연구는 커뮤니케이션 관련 학문 분야 이외에도 설득을 기반으로 적용하는 경영학, 마케팅, 소비자학, 관광 및 서비스 분야의 연구에서도 많은 연구가 이루어지고 있다. 특히 앞에서 살펴본 대로 최근 e스포츠 이용자에 대한 분석도 있었고, 홈쇼핑채널과 라이브커머스 방송의 차이를 검증한 경우도 있어 분야도 다양하게 확장되었음을 알 수 있다. e스포츠 분야에서도 기존의 소비자 행동과 일관성이 있는 결과를 발견했고, 특히 인지부조화 이론을 충동구매에 적용한 연구에서는 인지부조화 행동이 매체별(플랫폼별), 또는 상황별 차이가 있다는 점을 검증했다는 점에서 흥미롭다.

그러나 인지 일관성 이론은 다음과 같은 몇 가지 약점이 있다. 첫째, 무엇보다 전체적으로 정확성과 엄밀성, 반복적인 테스트를 통과할 수 있는 타당도가 부족해서 결론적으로 반증 가능성이 작다는 점이다. 즉 인지부조화 이론이 정교하다는 것은 반박 증거를 통해 이론이 잘못되었다는 것을 증명할 수 있어야 한다. 태도 변화가 조작화로부터 나온다면 변화는 부조화에 따라서 야기됐다고 말할 수 있다. 또한 태도 변화가 발생하지 않았다면 부조화가 존재하지 않는다. 어떠한 특정 결과가 한 가지 유형의 부조화에 따라서 발생하지만, 전체적인 다른 결과들은 다른 유형의 부조화에 따라서 야기되어진다고 볼 수 있기 때문이다.

부조화는 어떠한 수의 형태로 취할 수 있는 일반적인 개념이다. 따라서 반증 가능성이 매우 낮다는 점에서 느슨한 이론이라 평가할 수 있다. 마지막으로 부조화 이론이 부조화 자체를 측정하는 것이 아니라, 행위로부터 부조화를 추론한다는 사실이다. 따라서 실제로 부조화가 직접적으로 관찰이 가능한 것인지에 대해서도 많은 한계를 지닌다(리틀존, 1992).

둘째, 인지부조화는 태도 변화를 불러오는 가장 중요한 개념이 아니라는 비판이다. 예를 들어 편향적 스캐닝(biased scanning)은 많은 사람이 편향적이거나 진실에 관해 이야기하지 않는 상황에서 이에 대처하기 위해 동조하기도 하지만 이에 대항하는 태도를 보인다는 것이다. 셋째, 인지부조화 이론은 부조화를 감소하기 위해 기조 태도를 수정하던가, 기존 태도를 강화하던가, 선택적 노출을 통해 인식을 바꾸는 등의 시도를 하는 것으로 설명한다. 그러나 구체적으로 어떻게, 언제 부조화를 감소하려 하는지에 대한 설명이 부족하다. 이 같은 비판은 이 이론이 개인적 차이에 대한 설명이 부족하다는 점과도 연관된다. 예를 들어 대표적인 요인으로 부조화에 대한 용인 정도에 차이가 있기 때문이다(West & Turner, 2004). 다시 말해 구체적으로 인지부조화 상태를 어떤 방법으로 해결할지, 즉 태도를 변화시킬 것인지, 행동으로 옮기면 구체적으로 어떤 행동을 취할지, 아니면 자기합리화에 그치게 될지와 같은 방법에 대해서도 상세한 설명이 부족하다(김영석, 2005).

넷째, 선택의 문제다. 인지부조화의 불편함은 개인적으로 매우 능력이 없는 경우 즉 선택의 여지가 없을 때를 고려하지 못한다(West & Turner, 2004). 다섯째, 이론적인 적용성에 대한 것이다. 대부분의 행태 연구자들이 어떤 특정한 측면의 함축적 의미를 측정하는 데 의미분별 척도를 사용한다. 이 척도는 유용성이 있지만 상황과 개념이 문화에 따라 의미 요소들이 불변하고 보편적일 것이라고 가정하기에 취약하다. 이러한 요소들은 다양한 연구에서 명백할지라도 보편적이라고 제시하는 것은 지나치게 일반적인 정리로 보인다. 의미 분별은 항상 형용사적 척도를 이용하는 데 종종 피실험자들에게 연구자마다 많은 동일한 척도로 제시된다. 피실험자들은 개념의 실제적인 의미보다는 오히려 도구의 형태에 더욱 잘 반응하는 경향이 있다.

또한 의미 분별은 요인분석에 주로 의존한다. 이러한 방법은 몇 가지 요소들을 형성하는 데 어떤 상호 관련성이 있는가를 보여 주지만, 연구자들은 주관적으로 그러한 요소들을 해석하고 명명해야 할 수밖에 없기에 타당성의 문제가 있다. 또 하나의 문제는 사람들이 비일관성에 대해서 수동적인가에 대한 문제이다. 다수의 연구가 그렇지 않다는 점을 증명하였다. 인식은 일관성 또는 비일관성의 형태로 포장되는 것은 아니고, 능동적으로 순간의 욕구에 입각함으로써 상황을 정의하거나 재정의한다고 보는 것이다.

다섯째, 인지부조화이론에서 부조화의 정도에 대한 측정이 매우 불분명하다는 점이다. 이 같은 문제를 해결하기 위해 드바인(Patricia Divine)과 그녀의 위스콘신(Wisconsin-Madison)대학 동료들은 부조화 온도계(dissonance thermometer)와 같은 장치를 통해 전기 잔류 반응으로 심리적 분기(arousal)에 대한 측정을 시도하기도 했다(Griffin, 2004).

마지막으로 인지부조화 이론과 다르게 자기지각 이론은 인지적 부조화 상태를 전제하지 않은 행위의 지각에 의해 수용자의 태도인지를 설명한다. 수용자가 인지적 일관성을 유지하기 위해 취하는 태도 변용의 메커니즘은 모두 외부적 동기요인의 부재를 전제한다. 그러나 태도 변용의 동기를 자기지각 이론의 관점에서는 행위의 관찰에서, 페스팅거는 인지적 부조화의 경험에서 찾는다는 점이 차이점이다(조종혁, 1992).

결론적으로 인지부조화 이론은 귀인이론과 자기지각 이론과 상호교차하는 부분이 있다. 그런데 인간의 인지과정에서 작동하는 귀인 과정과 자기지각에 대한 고려가 상대적으로 반영되어 있지 않고, 그런 면에서 태도 변화를 내적, (특히) 외적 귀인 과정에 대한 특별한 고려 없이 인지적 수정으로 단순하게 본다는 점은 엄연한 한계다.

참고문헌

김영석(2005). 『설득 커뮤니케이션』. 나남.

김정현(2022). 『설득 커뮤니케이션의 이해와 활용』. 커뮤니케이션북스.

김재훈(2022). e스포츠 커뮤니티에서 유저의 긍정적 부정적 eWOM의 정보제공 성향이 인지부조화, 자기합리화, 지속 사용 의도에 미치는 영향. 〈경영과 정보연구〉, 41(1), 57-75.

김재휘(2004). 『광고와 심리』. 한국방송광고공사.

단몽가(2019). 온라인 쇼핑몰 반품 상황에서 귀인 성향과 인지부조화 및 반품 행동요인에 관한 연구. 충북대학교 석사학위 논문.

리틀존(1992). Theories of Human Communication, 『커뮤니케이션 이론』. 김홍규역. 나남. 277-302.

문병주, 정성광, 차경천(2022). TV홈쇼핑과 라이브커머스에 따른 충동구매 성향의 유형에 관한 연구: 인지부조화 경험의 감소를 중심으로. 〈마케팅 연구〉, 37(2), 21-44.

박주미 · 고정민(2017). 뮤지엄 관람객의 인지부조화가 재방문의도에 미치는 영향. 〈예술경영연구〉, 41, 103-130.

윤유식 · 문혜영(2009). 여행객의 구매 상황 및 여행상품 특성에 따른 인지부조화지각 차이에 관한 연구- 여행비용 및 여행 횟수를 중심으로. 〈한국자료분석학회〉, 11(4), 2135-2145.

이득규 · 노태범(2009). 온라인 쇼핑몰에서 구매 고객의 인지부조화가 불만족 및 재구매에 미치는 영향에 관한 연구: e-CRM 구성요소 중 e-Community를 중심으로, 〈CMR 연구〉, 2(2), 71-88.

이유재 · 차문경(2005). "부정적 소비감정의 선행요인과 결과 변수에 대한 연구-후회감, 실망감을 중심으로", 〈소비자학연구〉, 16(4), 103-127.

정정희(2017). SNS 특성과 인지부조화 감소 행동이 브랜드 이미지, 브랜드 충성도와 행동 의도에 미치는 영향에 관한 연구. 경희대학교 박사학위논문.

조봉진 · 정경애(1991). "인지부조화와 상표충성도의 관계에 관한 연구", 〈소비자학 연구〉, 2(2), 70-83.

조종혁(1992). 『커뮤니케이션학』. 세영사.

최병용(2000). 『소비자 행동론의 이해와 적용』. 서울: 박영사.

Balcetis, E., Dunning D.(2007). Cognitive dissonance and the perception of natural environments, *Psychological Science*, 18(10), 917-921.

Bem, D.(1967). Self-Perception: An Alternative Interpretation of Cognitive Dissonance Phenomena. *Psychological Review*, 74, 183-200.

Chevalier, J. A., & Mayzlin, D.(2006). The effect of word of mouth on sales: Online book reviews. *Journal of Marketing Research*, 43(3), 345-354.

Cooper, J., & Stone, J.(2000). Cognitive dissonance and the social group. In D.J. Terry & M.A. Hogg(Eds.), *Attitudes, behavior, and social contexts: The role of norms and group membership*(pp. 227-244). Mahwah, NY: Erlbaum.

Festinger, L. & Carlsmith, J.(1959). Cognitive Consequences of Forced Compliance. *Journal of Abnormal and Social Psychology*, 58, 203-210.

Garnefeld I., Helm, S., and Eggert, A.(2011). Walk your talk: An experimental investigation of the relationship between word of mouth and communicators' loyalty. *Journal of Service Research,* 14(1), 93-107.

Garrett, R. K.(2009). Politically motivated reinforcement seeking: Reframing the selective exposure debate. *Journal of Communication,* 59(4), 676-699.

Garrett, R. K., Carnahan, D., & Lynch, E.(2013). A turn toward avoidance? Selective exposure to online political information, 2004-2008. *Political Behavior*, 35(1), 113-134.

Garrett, R. K., & Stroud, N. J.(2014). Partisan paths to exposure diversity: Differences in pro- and counterattitudinal news consumption. *Journal of Communication*, 64(4), 680-701.

Griffin, E.(2004). *A First Look at Communication Theory*. N.Y.: McGraw Hill. pp. 213-220.

Klapper, J.(1960). *The effects of mass communication*. New York, NY: Free Press.

Knobloch-Westerwick, S., & Kleinman, S.(2012). Pre-election selective exposure: Confirmation bias versus informational utility. *Communication Research*, 39(2), 170-193.

Neuman W. R.(2018). The Paradox of the Paradigm: An Important Gap in Media Effects Research. *Journal of communication*, 68, 369-379.

Oliver, R. J.(1997). *Satisfaction: A behavioral perspective on the consumer*, MA: McGraw Hill.

Quester, P., Neal, C., Pettigrew, S., Grimmer, M., Davis, T., & Hawkins, D. I.(2007) *Consumer Behavior: Implications for Marketing Strategy*, Sydney: McGraw-Hill, 5th Ed.

Steele, C., M., Spencer, S.J., & Lynch, M.(1993). Self-image resilience and dissonance: The role of affirmational resources. *Journal of Personality and Social Psychology*, 64, 885-896.

Sweeney, J. C., & Johnson, L. W.(1996). Are satisfaction and dissonance the same construct? A preliminary analysis, *Journal of Consumer Satisfaction, Dissatisfaction and Complaining Behavior*, 9, 138-143.

Sweeney, J. C., & Johnson, L. W.(1996). Are satisfaction and dissonance the same construct? A preliminary analysis, *Journal of Consumer Satisfaction, Dissatisfaction and Complaining Behavior*, 9, 138-143.

Thibodeau, R. & Aronson, E.(1992). Taking a Closer Look:Reasserting the Role of the Self-Concept in Dissonance Theory, *Personality and Social Psychology*, 18(5), 591-602.

West, R. & Turner, L.(2004). *Introducing Communication Theory: Analysis and Application*. 2nd Ed. N.Y.: McGraw Hill. 129-133.

3장

·

이용과 충족 이론

이론 개요

Katz(1959)는 미디어 연구의 초점이 '미디어가 이용자들에게 어떤 영향을 주는가(미디어 효과)'에서 '이용자들이 미디어를 활용해서 무엇을 하는가(이용자의 목적, 욕구, 동기 등)?'로 변화된 것을 언급하면서 "이용과 충족 이론"이라는 새로운 연구 프레임을 제시하였다. 기본적으로 이용과 충족 이론은 미디어 이용자들이 수동적인 존재가 아니라 능동적인 존재이기 때문에 이용 동기에 따라 미디어를 선택한다는 것을 가장 큰 전제로 한다. 여기에서 이용 동기는 어떤 행동을 준비하고 유발하여 지속적인 행동으로 이끄는 심적 요소를 뜻하며, 충족은 기대에 대한 이용자의 인지적, 감정적 평가의 결과로 나타나는 만족을 뜻한다(장리, 2020).

Katz와 관련 연구자들은 이용과 충족 이론에 대해서 다음과 같은 기본 가정을 제시하였다(Katz, Blumler, & Gurevitch, 1973). 첫째, 미디어 이용자는 능동적이며 목적에 따라 미디어를 이용하는 것으로, 미디어 선택을 이용자가 주도적으로 한다는 것이다. 둘째, 이용자의 욕구(사회심리 요인)에 따라 미디어를 선택한다는 것이다. 셋째, 욕구 충족을 위해서 미디어를 이용하는 것은 인간의 다양한 욕구 충족 활동과 경쟁 관계에 있다는 것이다(권상희, 우지수, 2005; Blumler, Gurevitch, & Katz, 1985).

이러한 가정을 바탕으로 하는 이용과 충족 이론은 미디어를 왜 이용하는지에 관한 연구에서 많이 사용되었다. 미디어 이용과 충족에 관해 진행된 다양한 연구들에서 공통적인 의견은 이용자 개인의 사회적 · 심리적 욕구를 충족하기 위해서 특정한 미디어를 사용하고자 하는 동기가 발생했다는 것이다. 즉 미디어 이용자는 이용자 자신의 사회적 · 심리적 욕구들을 해소하려고 하며, 선택한 미디어 이용을 통하여 만족을 얻으려는 이용자의 동기는 미디어 선택에 영향을 주게 된다. 이에 따라 이용자들은 수동적인 자세에서 능동적 자세를 취하게 된다는 것이다(Deci & Ryan, 1985; 현진화, 2013). 이용자 동기에 대해서 Blumler(1979)는 세 가지 동기요인을 제시하였는데, 첫 번째 동기는 미디어 이용의 주요한 동기를 정보추구 및 획득을 위한 인지적 동기, 두 번째는 기분 전환 및 현실도피와 관련된 오락적 동기, 세 번째는 타인과 교류를 위해 미디어를 이용하는 개인적 정체성 동기이다.

이에 더해 Katz, Haas & Gurevitch(1973)는 다섯 가지 동기요인을 제시하였는데, 첫 번째 동기는 정보검색 및 환경 이해와 관련된 인지적 욕구(cognitive need), 두 번째는 심리적, 오락적, 감정적 경험과 관련된 감정적 욕구(affection need), 세 번째는 신뢰, 자신감, 안정감, 개인적 지위와 관련된 개인 통합적 욕구(personal integrative need), 네 번째는 가족, 친구, 사회교류와 관련된 사회 통합적 욕구(social integrative need), 다섯 번째는 현실도피, 긴장 완화, 기분전환과 관련된 현실도피 욕구(escapist need)이다.

한편 Rubin(1993)은 미디어 이용 동기를 습관적 동기와 도구적 동기로 구분하였다. 습관적 동기는 특정 목적 달성을 위해서 미디어를 이용하기보다는 미디어에 대한 높은 친밀감을 가지고 이용하는 것이고, 도구적 동기는 이용자의 개인적 욕구나 목적을 충족하기 위해 미디어를 이용하는 것이라 하였다. 습관적 동기와 도구적 동기를 TV 시청으로 설명한다면 습관적 TV 시청 시간을 보내기 위한 TV 시청, 휴식하는 동안의 TV 시청, 재미있어서 TV를 시청하는 것은 습관적 동기이고, 전에 알지 못했던 것에 대해서 배우고자 TV를 시청하는 경우는 도구적 동기로 정의할 수 있다(황하성, 박성복, 2007; 현진화, 2013).

이상의 이용 동기에 관한 다양한 정의에 따라 미디어 이용 동기를 설명하려는 후속 연구가 많이 진행되었다. 대부분 텔레비전(Rubin, 1983), 신문과 잡지(Elliot & Rosenberg, 1987), VCR(Levy, 1987), 전화(Dimmick, Sikand, & Patterson, 1994), 휴대전화(이인희, 2001; 박인곤, 신동희, 2010), SNS(김유정, 2011; 우공선, 강재원, 2011), SNG(현진화, 2013) 등을 대상으로 진행되었으며, 미디어 이용 예측뿐만 아니라 영상과 콘텐츠 소비를 예측하는 연구모형으로 많이 이용되었다. 이는 이용과 충족 이론이 매체 이용 동기와 그에 따른 사용자 욕구 충족의 요인을 이해하는 데에 많은 도움이 되었기 때문에 새로운 미디어에 대한 이용 동기를 이해하기 위한 접근법으로 사용되고 있는 것이다(Stafford, Stafford, & Schkade, 2004; 현진화, 2013). 이후 스마트 미디어의 이용이 활성화되면서 이용과 충족연구는 뉴미디어 영역에서 새로운 동기와 충족 요인을 위한 연구로 더욱 확대하였다. Stafford et et al.(2004)은 인터넷 기반의 미디어는 기존 미디어와 달리 이용자들이 능동적이고 목표 지향적인 행위를 하므로, 이용자들이 미디어를 선택하고 이용하는 이용 동기에 관한 연구가 필요하다고 보았다(장리, 2020).

한편 이용과 충족 이론에서 능동성에 대한 개념 정의는 중요하다. 비오카(Biocca, 1988)는 수용자 능동성과 관련한 다양한 의미와 개념들을 다음과 같은 5가지 차원으로 정리했다.

1. 선택성

수용자가 미디어와 콘텐츠를 선별적으로 채택하려는 경향이 클수록 능동적이라고 할 수 있다. 이것은 주로 미디어 이용 계획이 있고 선택 방식의 일관성이 나타나는 증거로서 이야기할 수 있다. 이와 같은 기준에서 볼 때 미디어를 너무 많이 이용하는 것은 비선택적이고 따라서 능동적이지 않은 행위라고 볼 수 있다. 텔레비전 연구에서는 의례화된 미디어 이용과 도구적인 미디어 이용을 구별한다.

2. 실용성

수용자는 자기중심적인 소비자로 여겨진다. 미디어 소비는 미디어 이용과 충족, 접근에서 전제하는 것과 같이 의식적인 욕구에 대한 만족의 표현으로 여겨진다. 비록 실용성이 없이도 선택이 일어날 수 있지만 정의 그 자체에도 선택성이 전제되어 있다.

3. 의도성

이 정의에 따르면 수용자는 미디어를 통해 전달되는 정보와 경험을 능동적인 인지 처리 과정을 통해서 수용하는 사람들을 말한다. 이러한 유형의 능동성은 미디어 이용 그 자체를 수반한다. 간행물이나 미디어를 정기적으로 이용하는 사람들은 더욱 능동적인 수용자로 간주된다.

4. 영향력에 대한 저항

완고한 수용자라는 개념에 따라 여기서는 원하지 않는 영향이나 학습에 대해 수용자들이 저항하는 측면을 강조한다. 즉, 개인적인 선택을 통해 결정한 것을 제외하고 시청자가 메시지를 스스로 통제하고 영향을 받지 않는 것을 능동적인 것으로 본다.

5. 관여

관여가 무엇을 의미하고 어떻게 측정되어야 하는지에 대해서는 다양한 접근이 있기는 하지만 일반적으로 사람들이 미디어 경험에 집착하고 몰두할수록 관여의 정도가 높다고 본다. 이것은 감정적인 유발이라고 부를 수도 있다. 관여는 텔레비전에 반응하는 것 또는 텔레비전을 본 것에 대해서 다른 사람들에게 이야기하는 것으로도 측정할 수 있다(맥퀘일, 2003).

검증과 발전

1. 기대 가치 이론

미디어 이용의 개인적 동기를 다룬 이론에서 가장 중요한 점은 잠재적인 수용자 집단이 과거 경험에 의존하여 기대하는 보상을 미디어가 제공한다는 것이다. 이런 보상은 개인에 의한 평가를 통해 얻어지는 경험을 통한 심리학적 효과(이것은 보통 '충족'으로 불린다)라고 볼 수 있다. 보상은 미디어 이용 그 차제로 얻어질 수도 있고, 혹은 특정한 장르, 미디어 내용의 한 단편으로부터 파생될 수 있으며, 미디어와 적합한 정보를 배우면서 이후의 선택을 위한 길잡이 역할을 한다. 미디어에 대한 태도가 경험에 따라 형성된 신념과 가치의 산물이라고 본 팜그린과 레이번(Palmgreen & Rayburn, 1985)은 이러한 과정을 다루는 다음과 같이 '기대 가치' 모델로 제시했다.

$$GSi = biei$$

GSi는 미디어와 관련한 어떤 대상인 X(미디어, 프로그램, 내용의 유형)로부터 얻어진 i번째의 충족을 나타낸다. bi는 X가 어떤 속성이 있다거나 X와 관련된 행동이 특정한 결과를 가져올 것이라고 하는 신념(belief)을 뜻한다. ei는 특정 속성과 결과에 대한 감정적 평가(evaluation)이다.

이 모델은 미디어가 제공하는 이익에 대한 지각의 중요성과 개별 수용자에게 이러한 이익이 차별적 가치를 갖는다는 점을 강조한다. 이는 미디어 이용이 기대되는 잠재적인 충족 가운데서 가능한, 다양한 범위의 긍정적 선택뿐 아니라 회피에 의해서도 형성될 수 있다고 본다. 이 모델은 기대(gratifications sought)와 만족(gratifications obtained)을 구별하고, 미디어 이용 행위의 시간에 따른 증감을 이해할 수 있게 한다. 즉 GO(충족획득)가 GS(충족추구)보다 확실히 클 때 우리는 더 크게 만족하고, 더 즐기게 된다. 반대의 경우 콘텐츠를 회피한다는 것이다(맥퀘일, 2003).

2. 가치 기반 수용모델

새로운 기술 수용과 사용에 영향을 미치는 요인들을 규명하고자 행동과학적 관점에서 다양한 연구들이 진행되었고, 이에 따라 수용과 사용에 관한 다양한 이론이 제시되었다(조용근 외, 2016). 대표적으로 Fishbein & Ajzen(1975)의 합리적 행동 이론(TRA: Theory of Reasoned Action), Compeau & Higgins(1995)의 사회 인지 이론(SCT: Social Cognitive Theory), Ajzen & Fishbein(1980)의 계획된 행동이론(TPB: Theory of Planned Behavior), Taylor & Todd(1995)의 분해된 계획 행동이론, Davis et al.(1989)의 기술 수용모델(TAM: Technology Acceptance Model) 등을 들 수 있다.

이와 같은 연구에서는 이용자들의 기술 수용과 이용에 영향을 미치는 다양한 요인들을 제시하였다(유재현, 박철, 2010; 김기문, 2018). 하지만 상기 이론에 근거하여 진행된 선행 연구의 한계점이 존재하는데, 이는 이용자가 기술 수용과 사용을 통해 얻을 수 있는 이익, 긍정적 측면만을 고려하였기 때문에 기술 수용과 사용 과정에서 발생하는 모든 요인을 균형 있게 평가한 것이 아니라는 것이다(김기문, 2018). 상기 선행 연구 중에서 Davis et al.(1989)의 TAM은 복잡한 정보기술 환경에서 다양하고 새로운 기술들이 등장하면서 정보기술 수용에 영향을 미치는 다양한 요인들의 상호관계를 설명하는 데 한계가 있는 것으로 지적됐다.

이에 정보기술 수용의 설명력을 높이기 위한 시도로 Venkatesh & Davis(2001)의 ETAM(A Theoretical Extension of the Technology Acceptance Model), Venkatesh et al.(2003)의 통합 기술 수용모델(UTAUT: Unified Theory of Acceptance and Use of Technology), Venkatesh et al.(2012)의 통합 기술 수용모델 2(UTAUT: Unified Theory of Acceptance and Use of Technology 2)와 같은 다양한 변형된 이론적 모델이 제안되었다(Kimet al., 2007; Venkatesh & Davis, 2001; Venkatesh et al., 2003; 김상현 외, 2018).

Kimet al.(2007)도 기존의 TAM이 새로운 기술 수용을 설명하는 데 한계가 있으며, 이를 해결하기 위해서는 새로운 기술 이용자들을 단순한 기술 이용자가 아닌 "소비자"로 인식해야 한다고 주장하였다. 이를 기반으로 제안한 것이 가치기반수용모델(VAM: Value-based Adoption Model)이며, VAM에 따르면 이익(benefit)의 하위 변수로 유용성(usefulness)과 즐거움(enjoyment)을, 희생(sacrifice)의 하위 변수로 기술의 복잡성(technicality), 지각된 비용(perceived fee)을 제시하였다. 만약 기술 이용자를 소비자로 인식한다면 소비자가 얻게 될 이익(유용성, 즐거움)과 희생(기술의 복잡성, 지각된 비용)이 중요한 요인이 되며, 이 요인의 영향 정도를 파악해야 한다는 것이다. 이는 소비자가 얻게 될 이익과 희생이 소비자의 지각된 가치에 영향을 미치고, 지각된 가치가 이용 의도에 영향을 미치기 때문이다.

Kimet al.(2007)이 제안한 VAM은 새로운 기술 이용자들의 지각된 가치에 중점을 두었고, TAM은 새로운 기술 이용자들의 지각된 유용성과 용이성에 중점을 둔 것이 가장 큰 차이점이다. 이러한 Kimet al.(2007)의 VAM과 Davis et al.(1989)의 TAM의 차이점을 정리하면 다음과 같다(김용희, 2016). 첫째, TAM은 조직에서의 기술 사용자의 주요 관심을 유용성과 사용 용이성으로 가정하였지만, VAM은 개인 소비자들이 가치 극대화에 중점을 두고 있다고 가정한다. 둘째, TAM은 조직의 필요 때문에 수용되는 기술에 대해 조직원들을 대상으로 수용에 대한 의도 및 선행요인을 밝히려고 하였다. 반면 VAM의 경우 새로운 기술 환경에서 제공되는 새로운 서비스를 소비하는 개인을 대상으로 사용 의도 및 선행요인을 찾고자 하였다는 점에서 차이가 있다. 즉, 전통적인 기술을 사용하는 사람들은 대부분 조직에 속한 종업원들이며 조직에서 기술을 채택하기 때문에 그들은 주로 업무 목적에 의해 의무적으로 새로운 기술을 수용할 수밖에 없다. 하지만 인터넷과 모바일 기술이 발전하면서 새로운 기술을 사용하는 사람들은 기술을 사용함과 동시에 서비스를 소비하는 개인으로 변화하고 있고 이들은 개인적인 목적을 위해 자발적으로 기술을 수용하는 경우가 대부분이다(김상현, 2018). 셋째, TAM이 유용성과 사용 용이성을 중심으로 기술 사용 의도를 설명하고자 하였지만, VAM은 편익(유용성 및 즐거움)과 희생(기술적 특성과 지각된 비용)을 지각된 가치의 주요 요소로 분류하고 사용 의도를 분석하고자 했다.

'가치 기반 수용모델'의 지각된 가치는 소비자가 새로운 기술과 서비스를 구매하고 수용·사용함으로써 얻을 수 있는 이익(Benefit)과 그것을 이용하기까지, 혹은 이용하면서 감수해야 할 희생(Sacrifice)의 총합이다(윤여준, 신동천, 2017; 김기문, 2018). Zeithaml(1988)은 지각된 가치에 대해 소비자의 제품 사용을 통한 전반적인 평가로서 "무엇을 얻고" 또는 "무엇을 주었는지"에 대한 소비자의 관점으로 정의하였으며 편익과 희생의 요소가 포함된다고 하였다(김용희, 2016). 이처럼 균형적인 관점에서 이익과 희생을 모두 고려한 지각된 가치가 사용자의 기술 사용 의도에 주요 영향을 미친다는 것을 여러 선행 연구에서 검증하였다.

예를 들어 김민정과 이수범(2018)은 외식 배달 애플리케이션 이용 의도에 영향을 미치는 요인을 밝히고자 유용성, 적시성을 지각된 혜택(편익)으로, 기술적 노력, 보안 위험을 지각된 희생으로 구성하여 연구를 진행하였다. 연구 결과, 지각된 혜택의 하위 변수인 유용성과 적시성은 지각된 가치에 유의한 영향을 미치는 것으로 나타났지만, 지각된 희생의 하위 변수 중 보안 위험만이 지각된 가치에 부(-)의 영향을 미치는 것으로 나타났다. 이러한 결과가 나타난 이유가 이용자들이 다양한 애플리케이션을 사용해 본 경험에 따라 외식 배달 애플리케이션 이용이 쉽다고 인식하고 있다는 것이다. 이는 앱 이용과 관련된 선행 연구에서 앱 사용 용이성이 큰 영향력이 없었다는 연구 결과와 일맥상통하는 결과이다.

김상현 외(2018)는 지능형 개인비서 이용 의도에 영향을 미치는 요인을 밝히고자 하였다. 다만 이용자들이 지능형 개인비서에 대한 혜택을 더 주목할 것으로 판단하여, 혜택만 연구 변수로 선정하였다. 혜택의 하위 변수로 유용성, 유희성, 풍부한 콘텐츠, 보안성, 기술성, 비용 이점 등으로 구성하여 연구한 결과, 유용성, 유희성, 기술성, 비용 이점만이 유의한 영향을 미치는 것으로 나타났다. 이서윤 외(2019)는 CJ 멤버십 서비스 이용 의도에 영향을 미치는 요인을 밝히고자 유용성, 즐거움을 지각된 혜택(편익)으로, 서비스 복잡성, 보안 위험을 지각된 희생으로 구성하여 연구를 진행하였다. 연구 결과, 지각된 혜택의 하위 변수 중 유용성만이, 지각된 희생의 하위 변수 중 보안 위험만이 유의한 영향을 미치는 것으로 나타났다. 이는 멤버십을 이용하고자 하는 이용자들은 멤버십에 따른 혜택과 멤버십 이력 관리에 관한 보안을 중요하게 생각했다는 것이고, 멤버십 이용으로 생활의 즐거움이나 사용의 어려움이 없었다는 것으로 인식되는 것이다.

한편 Bhattacherjee(2001b)는 Oliver(1980)의 기대일치이론(Expectation Confirmation Theory: ECT)과 Davis et al.(1989)의 TAM을 바탕으로 하는 후기 수용모델(Post Acceptance Model: PAM)을 제시하였다. 현재 후기 수용 모델은 기대 일치 모델(Expectation Confirmation Model: ECM)로도 알려져 있다(장정인, 2020). Bhattacherjee(2001b)가 제시한 후기 수용모델(PAM)은 이용자들이 새로운 기술 또는 서비스를 지속해서 이용하려는 의도에 영향을 미치는 요인을 조사하기 위한 연구 모델이다(장정인, 2020).

Bhattacherjee(2001b)는 수용 여부보다 새로운 정보시스템의 유용성과 이용 만족을 통해 지속적인 이용이 이루어진다면, 그것이 새로운 정보시스템의 실제적인 성공이라고 하였다. 하지만 Davis et al.(1989)의 TAM과 같이 기술 수용 관련 연구들에서는 이용자들이 새로운 정보시스템을 최단 시간 내에 수용하고 이용한다면 새로운 정보시스템이 성공한 것으로 판단하였다.

후기 수용모델은 지각된 유용성(Perceived Usefulness)과 기대 일치(Confirmation)가 주요 변수로써 이를 이용하여 정보기술과 정보시스템의 지속적인 사용을 예측하고 설명할 수 있다. 만족(satisfaction)은 정보시스템 사용 경험에 대한 감정으로써, 정보시스템의 지속적 사용 의도에 영향을 미친다. 이러한 후기 수용모델의 토대가 된 Oliver(1980)의 기대 일치 이론(ECT)은 5단계의 과정으로 나누어 볼 수 있는데, 이를 간략하게 요약하면 다음과 같다. 소비자가 구매 전에 마음에 두고 있는 제품이나 서비스에 대해서 기대하고, 구매 후에는 제품이나 서비스에 대해 평가하게 되는데, 이때의 평가 결과와 기대를 비교함으로써 인지된 성과가 형성된다. 이러한 인지된 성과가 소비자의 만족 정도이며, 만족의 정도에 따라 재구매 여부가 결정된다는 것이다. 즉, 소비자의 재구매 의도는 구매 경험에 따라 형성된 만족도가 결정한다는 것이다.

이를 달리 보면 소비자의 기대치가 낮고, 인지된 성과가 높다면 만족도 증가 및 재구매로 연결될 수 있지만, 반대로 소비자의 기대치가 높고, 인지된 성과가 낮다면 만족도 감소 및 재구매로 연결되지 않을 수도 있다는 것이다. Oliver(1980)는 소비자의 기대 일치가 구매한 제품 또는 서비스에 대한 평가 기준선을 제공하는 정도이기 때문에, 제품 또는 서비스에 대한 만족을 추가 결정요인으로 추가하여 재구매 프로세스를 설명하고자 하였다(김은희, 2019).

Oghuma et al.(2016)은 기대-충족 이론과 후기 수용모델을 통합하여 모바일 메신저의 지속 사용 의도에 관해 연구를 진행하였다. 연구 결과, 지각된 서비스 품질과 지각된 유용성이 이용자 만족과 지속 이용 의도에 유의한 영향을 미치는 것으로 나타났다. 박원호(2017)는 스타벅스 사이렌오더를 대상으로 사용자들의 O2O(Online to Offline) 구매 특성을 파악하고자 기술 수용모델과 후기 수용모델을 활용하여 연구를 진행하였다. 연구 결과, 서비스 이용 속도와 접근성만이 O2O 서비스 이용 및 확산에 유의한 영향을 미치는 것으로 나타났다. 또한 스마트폰을 활용한 O2O 서비스의 유용성과 기대충족, 만족, 지속 사용 의도 등도 유의한 영향을 미치는 것으로 나타났다(황윤권, 2022).

이용과 충족 이론의 이용 동기는 미디어 수용자의 미디어 이용 선택(효과)에 영향을 주는 변인으로 알려져 있다(Rubin & Step, 2000). 이러한 맥락에서 이용과 충족 이론의 관점에서 쇼핑 혹은 소셜커머스 이용 동기를 규명하고, 이용 동기와 소셜커머스 이용 행태(만족도, 이용 의도 등)를 조사한 연구들이 존재한다.

3. 계획 행동이론

계획 행동이론(Theory of Planned Behavior)은 아젠(Ajzen, 1991)에 의해 고안된 이론이다. 구체적으로 계획 행동이론은 합리적 행동이론(theory of reasoned action)을 구성하는 태도(attitude)와 주관적 규범(subjective norm)에 인지된 행위통제(perceived behavior control)가 결합한 이론으로 합리적 인간의 각종 사회문화적 행동 의도를 예측하는 데 유용성을 보인다(Sang, Lee, Kim, & Woo, 2015). 계획 행동이론을 활용하여 각종 상품 구매 의도를 예측한 선행 연구들이 존재한다.

예컨대 김혜임과 김호석(2017)의 연구에 따르면 계획 행동이론 변인을 구성하는 태도, 주관적 규범, 인지된 행위통제 변인은 커피 구매 의도에 정적인 영향을 미치는 것으로 나타났다. 아울러 이정기(2017)의 연구에 의하면 계획 행동이론을 구성하는 3개 변인은 모두 팟캐스트 광고 상품 구매 의도에 정적인 영향을 미치는 것으로 나타났다. 이상의 결과는 계획 행동이론 구성 변인이 특정 상품의 구매 의도 예측에 유용성을 보인다는 것을 의미한다.

한편, 계획 행동이론은 소셜커머스 행위에도 유용성을 보인다는 연구 결과가 존재한다. 예컨대 소셜커머스 이용 의도를 예측한 주지혁(2015)의 연구에 의하면 태도와 인지된 행위통제 변인은 대학생들의 소셜커머스 이용 의도에 정적인 영향을 미쳤다. 그러나 주관적 규범은 소셜커머스 이용 의도에 유의미한 영향을 미치지 않았다. 아울러 정원식과 윤성준(2013)의 연구에서는 계획 행동이론의 구성 변인인 태도와 주관적 규범은 성인들의 소셜커머스 구매 의향에 정적인 영향을 미쳤다. 그러나 인지된 행위통제는 소셜커머스 구매 의향에 유의미한 영향을 미치지 않았다. 또한 태도와 인지된 행위통제 변인은 대만 소규모 온라인 공급업체의 소셜커머스 지속적 사용 의도에 정적인 영향을 미쳤다(Hung, Yu, & Chiu, 2017).

한편 이용과 충족 이론과 계획 행동이론을 융합하여 각종 구매 의도를 예측한 선행 연구(김혜임 · 김호석, 2017; 이정기, 2017)가 존재하고, 이용과 충족 이론과 기술 수용모델을 융합하여 소셜미디어 이용 만족도와 사용 의도를 예측한 선행 연구(고민환 · 이충기, 2019; 곽승완 · 김현순, 2016)가 존재한다. 아울러 기술 수용모델과 계획 행동이론을 활용하여 소셜커머스 이용(구매) 의도를 예측한 선행 연구(은영란 · 유영진, 2016; 주지혁, 2015)도 존재한다. 특히 이용과 충족 이론과 기술 수용모델, 계획 행동이론을 융합하여 기술 기반 인간의 사회문화적 행동 의도(상품 구매 의도, 콘텐츠 이용 의도)를 예측한 선행 연구(이정기, 2016; 이정기 · 주지혁, 2014)도 존재한다.

3가지 이론적 틀을 활용해 인간의 사회문화적 행동을 예측한 이정기(2013)는 해당 모델을 IMTBPT 모델(The Integrated Model of Technology-Based Behavior Prediction Theory: 기술 기반 행동 의도 예측 이론의 통합 모델)로 명명했다. 이정기(2013)에 따르면 이 모델 중 이용 동기는 미디어 이용자의 개인적 욕구(needs)를 반영하여 차별적 미디어 이용의 과정을 설명해 주며, 기술 수용모델은 새로운 기술에 기반한 서비스 이용 행동을 설명해 주며, 계획 행동이론은 개인적 영향력을 대변하는 변인(태도, 주관적 규범)과 함께 사회적 영향력을 반영하는 변인(주관적 규범, 집단 규범 등)을 활용한 사회문화적 행동을 설명해 줌으로써 기술 기반 행동 의도 예측에 높은 설명력을 제공해 준다(황우념, 이정기, 2021).

평가 및 의의

이용과 충족 이론은 Katz, Blumler, Gurevitch와 같은 연구자들에 의해 1970년대와 1980년대에 매우 큰 영향을 준 이론이다. 그 이유 중 하나는 제한효과이론이 지배적이었던 시기에 미디어 영향력을 설명하는 새로운 전환점이자 이론적 패러다임을 제공했다는 점에서다. 특히 특정한 동기와 의도를 가지고 미디어를 이용하는 경우, 예를 들어 인구 사회학적인 요인을 통해 특정한 미디어 콘텐츠를 왜 이용하는지에 대해 설명할 수 있는 장점이 있다.

이용과 충족 이론은 사람들이 여러 가지 목적을 가지고 미디어를 이용한다는 점에서 초기 매스미디어 연구에서 바라보던 수동적 수용자와 설득을 강조하던 관점과 매우 다른 시각을 제공한다. 수용자들이 상당한 통제력이 있다고 보았다는 점에서 중요한 관점을 제공한다.

그렇지만 이용과 충족 이론은 다음과 같은 관점에서 비판받고 있다. 첫째, 미디어 선택과 이용을 예측하지 못하고, 인과성을 설명하지 못한다는 점이다(McQuail, 1984). 예측이 어려운 이유는 측정이 어렵다는 점과 미디어 이용이 실제로 정황에 따라 좌우되고 동기 자체가 약하다는 데 있다. 따라서 이 이론은 동기가 명백한 특정한 유형의 콘텐츠, 예를 들어 정치적인 내용, 뉴스 또는 성인 대상 프로그램에 적용될 가능성이 높다. 일반적으로 미디어에 대한 태도와 미디어 이용 행위 사이의 관련성은 약하며 관계의 방향도 불확실하다. '동기'를 분류하는 유형들은 실제 이용과 선택의 패턴과 일치하지 않으며, 연속적으로 순서화되어 있는 세 가지 요인인, 선호도, 실제 선택, 그 뒤에 수반되는 평가 사이의 논리적이고 지속적인 관계를 발견하는 것도 어렵다(맥퀘일, 2003).

둘째, 대다수 미디어의 의용은 습관에 의존한다는 비판이다. 습관은 나아가서 중독이라는 부정적인 영향과도 연결된다. 셋째, 이론적 근거가 부족하고 주요 개념(예를 들어, '욕구'와 같이)이 모호하고, 기본적으로 자료수집 방법 이상의 특별한 것이 아니라는 비판이다(Elliot, 1974; Swanson, 1977, 1979). 또한 추구되는 만족에 앞서는 선행요인을 거의 연구하지 않았다는 것이다(Palmgreeen & Rayburn, 1982). 즉 수용자들이 미디어 사용에서 채우고자 하는 욕구는 종종 왜 그들이 미디어를 이용하는가에 대한 질문으로부터 추론되는데, 이용과 충족은 욕구가 미디어에 의해 창조된 것인지, 혹은 미디어 이용의 합리화를 위한 것이 아닌지 하는 의구심을 낳는다. 또한 동기를 찾기 위해 자기 보고에 의존하는 방식은 단순하거나 순진한 면이 있다는 점이다.

셋째, 이용과 충족 이론은 너무 협소하게 개인에게만 초점을 두고 있다는 점이다. 욕구와 같은 심리적 개념에 의존하고, 사회적 구조나 구조 안에 있는 미디어의 특성을 간과하고 있다는 비판이다. 이런 이유로 일부 연구자들은 의존 이론과의 통합을 제안하기도 했다. 결론적으로 이용과 충족 이론에 대한 비판적인 시각의 주요 포인트는 수용자들이 그렇게 항상 사려 깊지 않고 의도적이지도 않다는 것이다(세버린 · 탠카드, 2004).

넷째, 수용자들은 미디어를 소비하거나 외출하거나 집에서 다른 일을 하거나 하는 등 무수한 선택을 통해 대체 행위를 할 수 있다. 그러나 이용과 충족 이론은 이러한 미디어 소비에 대해 범위를 너무 좁게 해석하고 있다는 점이다.

다섯째, 현대 미디어는 매우 복합적인 멀티미디어 기능을 제공한다. 또한 정보와 오락이 융합된 인포테인먼트(infortainments)나 에듀테인먼트(edutainments) 콘텐츠도 많다. 이런 경우 이용과 충족 이론을 통해 이용자가 어떤 필요에 따라 콘텐츠나 미디어를 이용했는지에 대해 설명하는 것은 매우 제한적일 수밖에 없다(Lee, 2002).

마지막으로 비판이론의 관점에서 볼 때 이용과 충족 이론은 미디어 이용의 사회적 역기능이나 문제점에 대해 아예 관심이 없고 소홀하다는 점이다. 이러한 지적은 이용과 충족 이론이 미디어의 기능적 이용에 초점을 두고 있어서 미디어 콘텐츠가 무책임하고 부정확하거나 비윤리적인 내용을 담고 있을 때 이를 소비하는 미디어 이용자에 대해서는 설명을 할 수 없거나 거의 관심이 없다는 점이다.

이러한 비판과 단점에도 불구하고 이용과 충족 이론은 상호작용성이 높고 다양하고 무한대의 콘텐츠를 제공하는 뉴미디어의 발전과 함께 주목받고 있고, 정보사회에서 수용자의 특성과 선택성을 설명하기에 매우 유용하다는 점에서 활용도가 높은 이론이라는 점을 부정할 수 없다. 특히 바란과 데이비스(Baran & Davis, 2003, p. 241)가 지적했듯이 이용과 충족 이론은 본질적인 차원에서의 이론(defining theory)은 아닐 수 있지만 "미디어 선택과 소비 그리고 영향에 대한 많은 아이디어와 이론적 관점을 제공하는" 원칙으로서는 매우 유용하다.

참고문헌

고민환 · 이충기(2019). 자기 결정성 이론과 기술 수용모델을 활용한 페이스북의 사용 동기가 지각된 용이성, 지각된 유용성, 그리고 이용자 만족과 지속적 사용 의도에 미치는 영향. 〈관광 레저 연구〉, 31권 7호, 379-393.

권상희, 우지수(2005). 블로그(Blog) 미디어 연구:블로그 이용 및 만족과 인지 행태에 관한 연구. 〈한국방송학보〉, 19(2), 419-460.

김기문(2018). 인터넷 전문 은행 서비스의 소비자 사용 의도에 영향을 미치는 요인 : 가치 기반 수용모델을 중심으로. 연세대학교 경제대학원 석사학위논문.

김민정, 이수범(2018). 외식 배달 애플리케이션 서비스 이용자의 지각된 혜택 및 희생이 지각된 가치와 행동 의도에 미치는 영향: 가치 기반 수용모델(VAM)을 중심으로. 〈관광 연구 저널〉, 32(2), 217-233.

김상현, 박현선, 김보라(2018). 가치 기반 수용모델에 기반한 지능형 개인비서 서비스 사용에 대한 실증 연구. 〈지식경영연구〉, 19(4), 99-118.

김은희(2019). 모바일 간편결제 서비스의 지속 이용 의도에 영향을 미치는 요인에 관한 연구:정보시스템 후기 수용모델과 가치 모델의 통합. 〈정보시스템연구〉, 28(1), 155-181.

김혜임 · 김호석(2017). 커피 음용 동기와 계획 행동이론이 구매 의도에 미치는 영향. 〈호텔관광 연구〉, 19권 4호, 176-199.

맥퀘일(2003). Mass Communication Theory 4th ed. Dennis McQuail, 『매스커뮤니케이션 이론』, 양승찬 · 강미은 · 도준호(역), 나남.

박인곤, 신동희(2010). 스마트폰 이용자들의 이용과 충족, 의존도, 수용자 혁신성이 스마트폰 이용 만족에 미치는 영향에 관한 연구. 〈언론과학연구〉, 10(4), 192-225.

세버린, 탠카드(2004). Severin, Werner J; Tankard, James W, Communication theories : origins, methods, and uses in the mass media(2004). 『커뮤니케이

션 이론』. 박천일 · 강형철 · 안민호 역, 나남출판, 2004.

우공선, 강재원(2011). 이동형 SNS(Social Network Service)의 이용 충족, 의존, 그리고 문제적 이용: 트위터(Twitter)를 중심으로. 〈사이버커뮤니케이션 학보〉, 28(4), 89-127.

유재현, 박철(2010). 기술 수용모델(Technology Acceptance Model) 연구에 대한 종합적 고찰. *Entrue Journal of Information Technology*, 9(2), 31-50.

윤여준, 신동천(2017). 스마트폰 백신의 가치와 사용 의도에 영향을 미치는 요인에 관한 연구. 〈정보기술 아키텍처 연구〉, 14(3), 277-287.

은영란, 유영진(2016). 외식 소비자의 소비 가치와 주관적 규범이 소셜커머스 이용 의도에 미치는 영향. 〈한국콘텐츠학회 논문지〉, 16권 10호, 130-139.

이서윤, 임희랑, 김학선(2019). 가치 기반 수용모델을 이용한 멤버십 이용자의 지각된 혜택, 희생, 가치, 지속적 이용 의도의 영향 관계에 관한 연구: 20대 CJ 멤버십 서비스 이용자를 중심으로. *Culinary Science & Hospitality Research*, 25(6), 12-22.

이인희(2001). 대학생 집단의 휴대폰 이용 동기에 관한 연구. 〈한국방송학보〉, 15(3), 261-293.

이정기(2016). 리워드 애플리케이션 광고의 효과에 관한 탐색적 연구: 대학생들의 리워드 앱 지속 수용 의도, 추천 의도, 상품 구매 의도를 중심으로. 〈사회과학연구〉, 32권 2호, 117-142.

이정기(2017). 팟캐스트 이용, 광고 인식이 팟캐스트 광고 상품 구매 의도와 광고 집행 의도에 미치는 영향. 〈한국방송학보〉, 31권 4호, 170-204.

이정기 · 주지혁(2014). 융합모델(IMTBPT)을 활용한 스마트폰 웹툰 수용 의도 결정 요인 연구. 〈방송과 커뮤니케이션〉, 15권 3호, 55-97.

장리(2020). 1인 게임방송의 시청 동기가 만족도와 지속적 이용 의도에 미치는 영향: 플로우 상태를 매개변인으로. 성균관대학교 일반대학원 석사학위논문.

장정인(2020). 병원 정보 탐색 과정에서의 애플리케이션 지속적 이용에 관한 연구. 성균관대학교 일반대학원 석사학위논문.

조용근, 이지은, 서문석, 정재교, 김경훈(2016). 기대 확신 모형과 가치 기반 수용 모형을 통한 부동산 중개 모바일 앱의 지속적 사용 의도 형성 요인에 관한 연구. 〈한국과학예술융합학회〉, 25, 389-407.

주지혁(2015). Understanding Korean college students' social commerce behavior through an integrated model of technology readiness, technology acceptance model, and theory of planned behavior. 〈디지털 융복합 연구〉, 13권 7호, 99-107.

황우념, 이정기(2021). 한국 거주 대만인들의 페이스북 그룹 소셜커머스 이용 동기와 지속적 이용 의도에 관한 연구 : 이용과 충족 이론, 기술 수용모델, 계획 행동이론 변인을 중심으로. 〈방송과 커뮤니케이션〉, 22(3), 5-35.

황윤권(2022). "OTT 서비스 이용자의 지속적 이용 의도에 영향을 미치는 요인에 관한 연구." 국내 박사학위 논문 영남대학교 대학원, 2022.

황하성, 박성복(2007). 텔레비전 시청 만족도 형성에 관한 재고찰:시청 동기, 의사인간관계, 실재감의 상호작용을 중심으로. 〈한국방송학보〉, 21(5), 339-379.

현진화(2013). 소셜네트워크게임(SNG)의 지속적 이용 의도에 영향을 미치는 요인들에 대한 연구: 이용과 충족 이론과 확장된 TAM을 중심으로. 중앙대학교 대학원 석사학위논문.

Ajzen, I., & Fishbein, M.(1975). A Bayesian analysis of attribution processes. *Psychological Bulletin,* 82(2), 261.

Ajzen, I.(1991). *The theory of planned behavior. Organizational Behavior and Human Decision Processes.* 50, 179-211.

Baran, S., & Davis, D.(2003). *Mass communication theory: Foundations, ferment and future*(2nd ed.). Belmont, CA: Wadworth.

Bhattacherjee, A.(2001a). An empirical analysis of the antecedents of electronic commerce service continuance. *Decision Support Systems*, 32(2), 201-214.

Bhattacherjee, A.(2001b). Understanding information systems continuance: An expectation-confirmation model. *MIS Quarterly*, 25(3), 351-370.

Biocca, F.(1988). The breakdown of the canonical audience, in J. Anderson(ed.), *Communication Yearbook* 11, 127-32. Newbury Park, CA: Sage.

Blumler, J. G.(1979). The role of theory in uses and gratifications studies. *Communication Research*, 6(1), 9-36.

Blumler, J. G., Gurevitch, M., & Katz, E.(1985). Reaching out: A future for gratifications research. *Media Gratifications Research: Current Perspectives*, 255-273.

Compeau, D. R., & Higgins, C. A.(1995). Computer self-efficacy: Development of a measure and initial test. *MIS Quarterly*, 189-211.

Davis, F. D.(1989). Perceived usefulness, perceived ease of use, and user acceptance of information technology. *MIS Quarterly*, 13(3), 319-340.

Davis, F. D., Bagozzi, R. P., & Warshaw, P. R.(1989). User acceptance of computer technology: A comparison of two theoretical models. *Management Science*, 35(8), 982-1003.

Deci, E. L., & Ryan, R. M.(1985). The general causality orientations scale: Self-determination in personality. *Journal of Research in Personality*, 19(2), 109-134.

Dimmick, J. W., Sikand, J., & Patterson, S. J.(1994). The gratifications of the household telephone: Sociability, instrumentality, and reassurance. *Communication Research*, 21(5), 643-663.

Elliott, W.(1974). The uses and gratifications research: A critique and s sociological alternative, in J. G. Blumler & Katz(eds.), The uses of mass communications: *Current Perspectives on Gratifications Research*, 249-268, Beverly Hills, Calif.: Sage.

Elliott, W. R., & Rosenberg, W. L.(1987). The 1985 Philadelphia newspaper strike: A uses and gratifications study. *Journalism Quarterly*, 64(4), 679-687.

Hung, S. Y., Yu, A. P., & Chiu, Y. C.(2017). Investigating the factors influencing small online vendors' intention to continue engaging in social commerce. *Social Computing and Service Innovation*, 28(1), 9-30.

Katz, E.(1959). Mass communications research and the study of popular culture: An editorial note on a possible future for this journal. Departmental Papers(ASC), 165.

Katz, E., Blumler, J. G., & Gurevitch, M.(1973). Uses and Gratifications Research. *The Public Opinion Quarterly*, 37(4), 509-523.

Katz, E., Haas, H., & Gurevitch, M.(1973). On the use of the mass media for important things. American Sociological Review, 164-181.

Kim, H. W., Chan, H. C., & Gupta, S.(2007). Value-based adoption of mobile internet: an empirical investigation. *Decision Support Systems*, 43(1), 111-126.

Lee, J.(2002, August 15). As gadgets go to class, schools try to cope. *The New York Times*, pp. E1, E7.

Levy, M. R.(1987). VCR use and the concept of audience activity. *Communication Quarterly*, 35(3), 267-275.

McQuail, D.(1984). With the benefit of hindsight: reflections on uses and gratifications research, *Critical Studies in Mass Communication*, 1, 177-193.

Oghuma, A. P., Libaque-Saenz, C. F., Wong, S. F., & Chang, Y.(2016). An expectation-confirmation model of continuance intention to use mobile instan t messaging. *Telematics and Informatics,* 33(1), 34-47.

Oliver, R. L.(1980). A cognitive model of the antecedents and consequences of satisfaction decisions. *Journal of Marketing Research*, 17(4), 460-469.

Palmgreen, P., & Rayburn, J.(1982). Gratifications sought and media exposure: An Expectancy value model, *Communication Research*, 9, 561-5801.

Palmgreen, P., & Rayburn, J.(1985). Expectancy value approach to media gratifications, in K. E., Rosengren et al.(eds.), *Media Gratification Research,*

61-72, Beverly Hills, CA: Sage.

Rubin, A. M.(1983). Television uses and gratifications: The interactions of viewing patterns and motivations. *Journal of Broadcasting & Electronic Media*, 27(1), 37-51.

Sang, Y. M., Lee, J. K., Kim, Y. R., & Woo. H. J.(2015). Understanding the intentions behind illegal downloading: A comparative study of American and Korean college students. *Telematics & Informatics,* 32(2), 333-343.

Stafford, T. F., Stafford, M. R., & Schkade, L. L.(2004). Determining uses and gratifications for the Internet. *Decision Sciences,* 35(2), 259-288.

Swanson, D. L.(1977). The uses and misuses of uses and gratifications, *Human Communication Research*, 3, 214-221.

Swanson, D. L.(1979). Political communication research and the uses and gratifications model: A critique, *Communication Research*, 6, 37-53.

Venkatesh, V., & Davis, F. D.(2000). A theoretical extension of the technology acceptance model: Four longitudinal field studies. *Management Science,* 46(2), 186-204.

Venkatesh, V., Morris, M. G., Davis, G. B., & Davis, F. D.(2003). User acceptance of information technology: Toward a unified view. *MIS Quarterly*, 27(3), 425-478.

Zeithaml, V. A.(1988). Consumer perceptions of price, quality, and value: a means-end model and synthesis of evidence. *Journal of Marketing*, 52(3), 2-22.

4장

·

의제설정이론

이론 개요

1968년 미국 대통령 선거 기간 동안 맥콤스와 쇼(McCombs & Shaw, 1972)에 의해 최초의 의제 설정 연구가 발표된 이후, 수백 편 이상의 관련 연구들이 축적되어 왔다(Dearing & Rogers, 1996). 매스커뮤니케이션 영역에서 가장 활발하게 연구된 이론 가운데 하나인 의제설정이론은 매스미디어에서 강조한 주요 이슈가 공중의 인식에 미친다는 효과연구에서 출발하였다. 최근에는 초기 연구에서 주로 다룬 공공 이슈뿐만 아니라 대통령을 포함한 정치인들이나 선거 후보자들 등 인물에 대한 공중의 인식으로까지 그 영역을 확장하였으며, 특히 공적 인물들이 공중에게 어떤 이미지로 묘사되는지, 그리고 미디어가 이 과정에서 어떤 역할을 하는지에 대해서도 의제설정이론이 적용되어 왔다(McCombs, 2004). 이 외에도 선거 기간뿐만 아니라 범죄, 마약, 총기 사건 등 일반적인 사회 이슈들이나 광고나 기업 이미지 등 경제적 분야에서도 의제 설정 연구는 이루어져 왔다.

이처럼 의제설정이론의 다양한 영역으로의 확장과 진화를 최근 맥콤스(2006)는 크게 다섯 단계로 정리하였다. 즉, 초기 미디어 의제의 공중 의제로의 전이(transfer of issue salience)에 관한 연구에서, 의제 설정 효과의 소위 '2차 의제 설정'이라 불리는 이슈나 공적 인물 등 대상(object)의 특정 속성에 대한 전이(transfer of attribute salience) 과정, 미디어 의제에 영향을 미치는 요인들에 관한 연구('Who sets the media agenda?'), 그리고 의제 설정 과정 이후의 의견과 태도 그리고 행위 등 다양한 효과들(the consequences of the agenda-setting process)에 이르는 과정 등이다. 이 다섯 단계는 기본적으로 의제설정이론이 시간에 따라 진화해 온 변화를 반영한 것이지만, 그렇다고 전통적 의제 설정 연구가 오늘날 전혀 이루어지지 않는 것은 아니다. 이들 5단계 영역들은 각각의 개별적 특성을 가지면서 서로 융합하면서 꾸준하게 연구되었다.

원래 의제설정이론은 20세기 초 정치 칼럼니스트였던 월터 리프만(Walter Lippmann)의 철학적 사상에 기반을 두고 있다. 리프만의 고전적 저서인 '여론(Public Opinion, 1992)'의 첫 장 제목인 '바깥 세계와 우리 머릿속의 그림(The world outside and the pictures in our heads)'에서 비록 '의제 설정'이란 용어를 사용하지는 않았지만, 리프만(1922)은 우리가 직접 경험할 수 없는 바깥 세계의 사건이나 문제들을 보여 주는 창의 역할을 하는 뉴스 미디어야말로 우리에게 세상에 대한 정보를 전달해 준다고 했다. 결과적으로 여론은 세상에서 일어나는 실재 현상에 반응하기보다는 뉴스 미디어가 만들어 낸 '유사 환경(pseudo-environment)'에 반응하는 것이라는 것이다(McCombs, 2004). 그 이후 의제 설정 효과에 대한 다양한 경험적 연구들이 리프만의 초기 의제 설정 아이디어를 검증하고 발전시켜 왔다.

특히, 코헨(Cohen, 1963)은 맥콤스와 쇼의 연구에 직접적인 이론적 토대를 제공했다. 코헨(1963)은 〈언론과 외교정책 Press and Foreign Policy〉에서 매스미디어는 공중이 무엇에 대하여 생각할 것인가를 결정하는 데 강력한 영향을 주고 있다는 개념을 중심으로 매스미디어의 의제 설정 기능을 더욱 구체적으로 제시하였다. 즉 미디어는 정보와 의견의 단순한 조달자가 아니라 그 이상이다. 미디어는 사람들에게 '무엇을 생각할 것인가'(What to think)를 말해주는 데에는 항상 성공적이라고 말할 수는 없겠지만, '무엇에 대하여 생각할 것인가'(What to think about)를 말해주는 것에는 놀랄 만큼 성공적이다. … 미디어 편집자들은 독자들이 원하는 것을 단순히 게재, 인쇄할 뿐이라고 믿고 있을지 모르지만, 실제로 미디어는 독자들에게 특정 사건에 대한 주목을 요구하고 있으며, 그 결과 독자들이 무엇에 대하여 생각할 것인가를 결정하는 데 강력한 영향을 미치고 있다(p. 13)고 본 것이다.

최초로 의제 설정이란 용어가 붙은 연구는 1968년 미국 대통령 선거기간 동안 노스캐롤라이나(North Carolina)주의 채플 힐(Chapel Hill) 시에서 이루어졌다(McCombs & Shaw, 1972). 채플 힐 연구의 주요 가설은 미디어가 선거 캠페인에 관한 주요 이슈들의 의제를 강조하면 결국 유권자들이 중요하게 생각하는 의제에도 영향을 미친다는 것이다. 특히 아직 어느 후보를 선택할지 결정하지 못한 부동층(undecided voters)을 대상으로 가장 중요한 이슈가 무엇인지를 묻는 질문에, 미디어에서 강조한 의제와 응답자들의 의제 간에 매우 높은 상관관계가 나타났다(+.979).

　이는 채플 힐 유권자들이 중요하다고 생각한 이슈들이 당시 몇 주간의 미디어에서 강조한 이슈들과 거의 일치한다는 것을 보여 주는 것이었다. 주목할 만한 점은 당시에는 미디어의 효과가 매우 제한적이라는 연구들이 지배적이었는데, 특히 그 가운데 수용자들은 미디어의 메시지를 무조건 받아들이는 것이 아니라 개인에 따라 다르게 선택적으로 받아들인다는 '선택적 인지(selective perception)' 이론이 주류를 이루고 있었다. 즉, 제한적 효과 패러다임의 틀 속에서 선택적 인지 개념은 선택적 노출(selective exposure) 개념과 함께 미디어에서 전달되는 메시지들을 수용자들이 자신들의 기존 경험이나 심리적 상태에 따라 선택적으로 수용하며 심리적으로 자신에게 맞는 정보만을 인지한다는 것이다. 결국 이런 상황에서 미디어 효과는 매우 제한적일 수밖에 없다. 이때 의제 설정의 이론적 접근은 상대적으로 강력한 미디어 효과 측면을 강조하였으며 학자들의 주목을 받게 되었다.

　이는 의제설정이론이 초기 '탄환 이론'과 같은 매우 강력한 미디어 효과이론으로 회귀하는 것은 아니지만, 미디어에서 강조된 주요 의제들이 여론에 유의한 영향을 미치는 과정을 제시함으로써 미디어가 매스커뮤니케이션 과정에서 중심 역할을 한다는 것을 검증한 것이다. 최초의 의제 설정 연구인 '채플 힐' 연구(1972)는 또한 이론적 측면뿐만 아니라 방법론적 측면에서도 의미가 있다. 우선 '부동층'들만을 대상으로 한 무작위 표집을 통한 설문조사가 이루어졌다는 점이다. 대통령 선거 기간 동안 어느 후보를 선택할지 결정하지 않은 유권자들만을 대상으로 한 이유는 미디어 효과만을 최대한 독립적으로 측정하는 동시에 이미 결정을 한 유권자들의 '선택적 인지' 효과를 최소화하기 위함이었다. 초기 의제 설정 연구가 가지는 또 다른 방법론적 의미는 하나의 연구에 설문조사 외에도 전국과 지역을 모두 대표하는 뉴스 미디어들을 내용분석하였다는 점이다. 이는 미디어의 수용자들에 대한 영향력을 측정하기 위해 단순히 설문조사만으로 결과를 제시하는 한계를 극복하고, 미디어의 특정 내용을 함께 분석함으로써 설문조사 결과와의 연관성을 동시에 측정했다는 점이다. 그 이후 의제 설정 연구는 좀 더 포괄적이고 체계적으로 영역을 넓혀갔다. 그 예가 바로 노스캐롤라이나주 샬럿(Charlotte) 시에서 이루어진 두 번째 의제 설정 연구이다(Shaw & McCombs, 1977).

이 연구에서는 채플 힐 연구가 1968년 여름 동안만 이루어진 반면, 1972년 대통령 선거 기간 중 6월 전국 전당대회, 그리고 10월에 한 번, 마지막으로 투표일이 끝난 후 11월에 한 번 등 크게 3회에 걸쳐 좀 더 장기간 이루어졌으며, 부동층뿐만 아니라 전체 유권자들을 대표하는 표집 방식을 선택하였다. 이런 점을 고려하면 샬럿 연구는 앞선 채플 힐 연구보다 방법론적 측면에서 의제 설정 효과를 좀 더 과학적으로 측정할 수 있었다. 또한 앞에서 논의한 것처럼 샬럿 연구(1977)는 모든 유권자를 대상으로 대표성을 가진 표집 방법을 통해 장기간에 걸친 패널 연구를 시행함으로써 미디어와 공중 간의 인과관계를, 교차상관관계(cross-lag correlation)를 통해 좀 더 명확하게 측정할 수 있었다.

또한 의제 설정과 관련된 '정향욕구(need for orientation)'라는 중요한 개념을 새롭게 제시했다. 이 개념은 의제 설정 효과를 강화하거나 약화하는 역할을 하는 다양한 외적 조건(contingency conditions)들 가운데 가장 주목할 만한 요인이다. 결과적으로 맥콤스와 쇼에 의해 진행된 초기 채플 힐 연구와 샬럿 연구를 바탕으로 미디어 의제와 공중 의제 간의 상관관계를 측정하는 전통적 의제 설정 연구는 지금까지도 근본적 이론 틀은 유지되면서 다양한 시각이나 혹은 미디어 환경에서 진행되고 있다.

예를 들면, 한 국가의 공공 정책 의제에 미디어가 어떤 영향을 미치는지를 살펴본 연구(Althaus & Tewsbury, 2002; Soroka, 2002)나 미디어에 의한 정치인들에 대한 공중의 인식 연구(Kiousis & McCombs, 2004; Son & Weaver, 2006) 등이 그 예이다(이준웅, 2001).

의제 설정 효과에 관한 관심이 제기되기 시작한 것은 1950년대와 60년대를 풍미했던 '매스커뮤니케이션의 제한적 효과이론'에 대한 의문이 거듭 제기되면서, 미디어 효과에 대한 새로운 개념적 접근이 필요하다는 문제의식이 성립할 무렵이었다. 언론학에서 전통적으로 제기되어온 문제점 가운데 하나가 크게 봐서 매스미디어, 좁게 봐서는 언론의 영향력이 막강할 것이라는 통념에 비해 실제 연구 결과를 통해 확인된 언론의 영향력은 그리 크지 않다는 점이었다.

언론인이나 일반수용자들은 언론 보도의 양과 내용, 그리고 보도 방식이 직접적으로 영향을 미친다는 사실을 별로 의심하지 않는다. 그 영향력의 규모도 크다고 가정한다. 그러나 경험적인 연구 결과에 따르면, 언론이 개인의 행위 동기나 행동은 물론 개인의 의견형성이나 변화에 일관된 영향력을 행사하지 못하며, 일부 특정 집단이나 개인에게 영향을 미친다고 하더라도 그 영향력의 크기가 적다고 주장한다. 결국 1970년에 들어서면서 연구자들은 과거의 연구에서 규정한 '언론의 영향력'의 개념 규정에 문제가 있다고 보고 새로운 '매스커뮤니케이션 효과' 개념을 제안했다. 새로운 효과개념은 다음과 같다(이준웅, 2001).

첫째, '연구자들은 언론이 개인의 행동과 그 동기에 미치는 영향력보다는 개인의 의견 및 태도에 미치는 인지적 효과에 초점을 맞추게 되었다. 둘째, 언론이 여론의 변화에 즉각 영향을 미치기보다 중장기적이며 간접적으로 영향력을 행사한다고 개념화하기 시작했다. 이런 점에서 의제설정이론은 새로운 매스커뮤니케이션 효과개념을 차용한 대표적인 이론이다. 흔히 '의제 설정 효과'의 특징을 '중효과', '인지적 효과', '간접적 효과'라고 보는 것은 이런 이유에서다. 의제설정이론의 주창자인 맥콤스와 쇼(McCombs & Shaw, 1977)는 언론이 공중의 태도나 행동에 대해서 직접적인 영향력을 행사하는 데는 실패할지 모르지만, 특정한 이슈를 강조해서 보도함에 따라 공중이 그 이슈를 중요한 것으로 인지하도록 만드는 데는 성공적이라고 주장한다.

의제는 크게 1) 미디어 의제(the media agenda: 언론이 강조해서 보도하는 이슈), 2) 공중 의제(the public agenda: 언론의 수용자, 즉 공중이 중요하다고 인식하는 이슈), 3) 정책적 의제(the policy agenda: 정부, 의회, 사회단체, 기업과 같은 정책 결정 기구나 집단이 중요하게 다루는 이슈)로 구분할 수 있다. 의제 설정 효과에 관한 연구는 결국 이 세 종류의 의제가 어떻게 상호 관련되어 있으며, 어떤 의제가 어떤 의제에 영향을 미치는지 알아보는 데 초점을 맞춘다. 전통적으로 의제 설정 효과는 공중 의제에 영향력을 행사한다는 것을 의미하며, 이는 의제 설정 개념을 좁은 의미로 사용하는 것이다.

그러나 최근 의제 설정이라는 개념을 미디어 의제, 공중 의제, 정책적 의제를 결정하는 모든 과정에 적용해서 사용하는 추세이다. 이 경우 미디어 의제를 결정하는 과정은 '미디어 의제 설정', 공중의 의제에 영향을 미치는 과정을 '공중 의제 설정', 그리고 정책적 의제에 영향을 미치는 과정을 '정책적 의제 설정'이라고 구분한다. 또한 정책적 의제 설정 과정을 '의제 구성(agenda-building)'이라고 특수하게 개념화하기도 한다(Rogers & Dearing, 1988).

언론의 의제설정이론에 따르면, 미디어 의제는 공중의 의제에 영향을 미친다. 즉 언론이 현저한 이슈로 보도하는 내용을 공중도 중요하다고 인식하게 된다는 것이다. 따라서 의제 설정 효과에 대한 경험적 연구는 1) 미디어 의제, 2) 공중 의제, 3) 정책적 의제를 각각 이슈의 현저성(salience) 혹은 중요성(importance)을 기준으로 측정하고, 이 세 의제 간의 인과관계(또는 상관관계)를 검증하게 된다. 의제설정이론은 언론의 보도에 따른 여론의 변화를 설명하는 데 매우 유용하다. 특히 언론이 특정한 사건이나 주제를 중요하게 보도함에 따라서, 그 보도를 접한 개인이 그 사건이나 주제를 '중요하다'라고 인식하게 만들고, 이러한 과정을 거쳐서 공중은 집합적으로 그 사건이나 주제를 중요하다고 판단하게 된다. 즉 언론은 여론을 형성하는 과정에서 특정한 이슈를 사회적으로 중요한 의제를 결정할 수 있다(이준웅, 2001).

한편 의제설정이론은 간단하게 보이지만, 현실에 적용함에서 많은 논쟁점을 제시한다. 그중에서 가장 논란이 되는 것은 다음과 같다. 첫째, 누가 진정한 의제 설정자(real agenda setter)인가에 대한 문제다. 고전적인 의제설정이론은 신문과 방송과 같은 언론이 의제 설정자라고 주장한다. 하지만 최근에는 언론이 중요하다고 판단하는 의제, 즉 미디어 의제가 독립변수가 아니라 종속변수라는 의견이다. 미디어 의제가 공중의 의제나 정책적 의제에 영향을 미치는 것도 사실이지만, 반대로 공중 의제나 정책적 의제가 미디어 의제를 결정하기도 하기 때문이다. 또한 순수하게 우연으로 발생하는 사건이나 사고도 미디어 의제에 심대한 영향을 미친다는 것이다. 예를 들어, 때로는 정부나 정당은 언론인들이 무시할 수 없는 고급 정보를 언론에 흘림으로써 미디어 의제를 형성하는 데 결정적인 기여를 한다. 심지어 대중적 인기를 끌기를 원하는 연예인과 같은 개인도 이러한 영향력을 행사할 수 있다. 또한 기업이나 사회운동단체 등과 같은 압력단체도 언론의 주목을 받기 위해 로비나 실력행사를 통해 이해관계를 돕는 방향으로 미디어 의제를 설정할 수 있다.

그렇다면 정부, 정당, 기업, 사회단체, 영향력 있는 개인 등이야말로 진정한 의제 설정자인가? 언론학자나 정치학자들이 이러한 집단이나 개인은 공중의 의견을 모니터하면서 그들의 관심과 주목을 끌기 위해 노력한다는 점을 들어 공중 의제가 정부, 정당, 기업, 사회단체 등의 정책적 의제에 영향을 미친다고 지적한다. '경기 불안'이나 '교육개혁'과 같은 이슈가 우리 사회에서 중요한 의제로 끊임없이 제기되는 이유는 이러한 이슈는 공중이 항상 중요하게 생각하는 문제이며, 결국 정부, 정당, 기업은 물론 언론도 이런 이슈라면 항상 중요하게 다룰 수밖에 없기 때문이다.

둘째, 의제 설정 효과의 정도에 대한 문제다. 많은 의제 설정 연구가 수행되었지만, 언론이 특정한 이슈를 중요하게 다루면 언제쯤 어느 규모의 사람들이 그 이슈를 '중요하다'라고 인식하게 되는가에 대한 질문에 대한 결정적인 검증이 없는 상태이다. 과거의 연구에 따르면 정치 경제적인 사안에 대한 전국적인 의제 설정의 경우 그 효과가 발생하기 위해서는 약 4주에서 6주가 필요하다고 했지만, 최근의 연구는 방송은 약 1주일 정도, 신문은 그보다 더 많은 기간이 필요하지만 그래도 최대한 1달 이내에 효과가 발생한다고 주장했다. 의제 설정 효과란 그 정도는 상당한 정도일 수 있지만 그 지속성은 대단하지 않은 것처럼 보인다. 물론 이러한 사례와 반대되는 경우도 있다. 결국 언론의 의제 설정 효과는 그 규모와 지속성, 그리고 파급성에 있어서 다양한 양태를 보이는 것으로 생각된다. 셋째, 의제 설정 효과의 범위 문제다. 흔히 '어떤 이슈가 중요한가?'에 대한 개인의 인지적인 평가에 따라 제한된다고 한다. 의제 설정 효과가 사실은 언론의 다른 효과나 기능에 비해 사소한 효과에 불과하다는 비판이 계속해서 제기되는 이유가 여기에 있다. 즉 언론이 여론의 향방을 결정한다든지, 혹은 언론이 특정 집단의 태도나 행동에 영향을 미친다는 효과와 비교해 볼 때, '언론이 중요하게 다루는 이슈를 수용자나 독자도 중요하게 인식한다'라는 의제 설정 효과는 그리 대수로운 효과처럼 보이지 않는다는 지적이다(이준웅, 2001).

의제 설정 효과는 '어떤 이슈가 중요한가에 대한 인지적 효과'이므로 언론의 영향력이 지니는 사회적 의미 또는 그 중요성을 제한한다는 주장이 강력하게 대두되었다. 이러한 주장은 의제 설정 효과에 대한 치명적인 비판이었다. 그러나 최근 의제 설정 효과를 검증하기 위한 실험연구가 활발하게 수행되고 그에 따른 연구가 축적되면서 이러한 비판은 점차 그 근거를 잃고 있다. 최근 연구 결과에 따르면, 의제 설정 효과는 언론의 '일차적 효과'이며, 보다 강력하며 사회적 중요성이 있는 '이차적 효과'를 유발하는 전제조건이라고 한다. 이에 대한 본격적인 논의는 언론의 점화효과(priming effects)와 틀 짓기 효과(framing effects)에 대한 검토를 요구한다. 따라서 의제 설정 효과에 대한 종합적인 평가는 이러한 '이차적 효과'에 대한 검토를 거쳐 종합적으로 판단해야 할 것으로 보인다(이준웅, 2001).

검증과 발전

미디어 환경의 변화에 따라 다양한 인터넷 미디어 서비스에서 일어나는 현상을 전통적 의제설정이론의 틀 속에서 조명하는 시도가 국내에서도 이루어졌다. 예를 들면 조수선과 김유정(2004)은 온라인 신문인 〈조선닷컴〉과 〈오마이뉴스〉를 비교한 결과 비록 성향이 다른 두 신문의 의제 사이에는 차이가 없다는 것과 두 신문의 독자들 의제에도 큰 차이가 없다는 것을 발견했다. 또한 온라인 환경에서는 주류 미디어의 의제 설정 효과뿐 아니라 대안 미디어의 의제 설정 효과의 가능성을 증명한 연구도 있다(윤태일 · 심재철, 2003). 이들은 안티조선 사이트 이용자들을 설문조사한 결과 전통적 의제 설정 효과뿐 아니라 의견 방향에 대한 효과, 더 나아가서는 행동 의지에 대한 효과 가능성까지도 검증했다. 국내 포털 뉴스의 영향력이 커짐에 따라 이와 관련한 의제 설정 연구들이 많이 이루어지고 있다. 최민재와 김위근(2006)은 포털 뉴스의 의제 설정 효과를 초기화면 뉴스 박스와 이용자들의 랭킹 뉴스와의 상관관계를 중심으로 분석한 결과 특정 포털 뉴스를 읽은 네티즌들은 그 포털 뉴스에서 강조한 이슈들을 중심으로 뉴스를 소비하며 암시적으로 그 뉴스들을 중요한 뉴스라고 인식한다고 주장한다. 따라서 전통적 1차 의제 설정 효과가 뉴미디어 환경인 포털 뉴스에서도 발생한다는 것을 간접적으로 보여 주었다. 전통적 내용분석과 서베이를 이용한 연구로는 포털 뉴스와 기존 미디어를 비교한 이동훈(2007)의 연구에서도 전통적 의제 설정 효과를 보여 주었다.

의제설정이론의 진화 과정에서 두 번째 단계는 왜 이런 효과가 일어나는지를 확인하는 의제 설정 효과의 심리학적 측면에 관한 연구다. 즉 수용자들의 다양한 심리적 요인들이 작용하며, 이에 관해서는 앞서 의제 설정 효과는 모든 상황에서 항상 같은 방식으로 일어나는 것이 아니라 다양한 요인들에 의해 다르게 나타날 수 있다는 점을 언급했다. 이를 '외적 조건들(contingency conditions)'이라 하며, 이와 관련된 연구들도 지속해서 이루어져 왔다. 이러한 외적 요인들은 이슈에 관한 공중 개인과의 관련성(issue obtrusiveness)(Demers, Craff, Choi, & Pession, 1989), 대인 커뮤니케이션(Wanta & Wu, 1992), 의제 설정 효과가 미디어로부터 공중에게 전이되는 시간적 차이(optimal time span)(McCombs, 2004), 그리고 개인적 '정향욕구'(need for orientation) 등을 예로 들 수 있다. 이 가운데 정향욕구는 "의제 설정 효과에 영향을 미치는 여러 조건 가운데 가장 연구할 만한 가치가 높은" 요인이라고 한다(McCombs, 2004, p. 67). 따라서 정향욕구에 대한 연구가 의제 설정 효과의 심리학적 요인을 연구하는 데 중요한 출발점이 될 수 있을 것이다.

개인의 정향욕구는 관련성(relevance)과 불확실성(uncertainty) 등 두 가지 하위 차원으로 정의될 수 있다(Weaver, 1980; McCombs & Weaver, 1985). 관련성은 어떤 사회적 이슈가 공중 개인에 얼마나 관련 있는지를 말한다. 예를 들면, 아프리카 국가들의 내전이나 동남아시아 지역의 자연재해 등은 우리나라 국민들에게는 관련성이 적은 이슈일 것이다. 그러나 실업문제나 물가 상승 등은 매우 관련성이 높은 이슈들이다. 이들은 다시 정도에 따라 그리고 개인에 따라 어떤 이슈와 관련성이 높을 수도, 낮을 수도 있다. 마찬가지로, 두 번째 차원인 불확실성의 경우도 개인마다 다르게 나타날 수 있다. 일반적으로 한 개인이 어떤 이슈가 자신과 관련 있다고 생각하면 그것과 관련된 대부분의 정보를 알고 있다고 예상할 수 있다. 이 경우 특정 이슈에 대한 한 개인의 불확실성은 낮아지게 된다. 이를 조합하면 모두 네 가지의 경우로 생성되며 각각의 경우마다 의제 설정 효과가 다르게 나타날 수 있다(Weaver, 2007).

예를 들면, 미디어에서 보도된 이슈가 자신과는 관련이 없으나 어떤 이슈인지 분명하게 잘 이해하고 있다면 낮은 정향욕구를 나타내는 것이다. 반면 어떤 이슈가 자신과 관련성이 낮고 불확실성이 높은 경우, 혹은 관련성이 높고 불확실성이 낮은 경우, 모두 중간 정도의 정향욕구를 보인다. 마지막으로, 관련성과 불확실성이 동시에 높은 경우, 높은 정향욕구를 가진다고 볼 수 있다.

결국 정향욕구가 높은 개인일수록 의제 설정 효과에 더욱 영향을 받을 가능성이 높다고 주장한다. 또한 정향욕구는 개인이 얼마나 미디어에서 특정 이슈에 대해 정보를 찾으려 하는지에 대한 경향성을 의미하기도 한다. 위버(1977, 1980)는 개인의 높은 정향욕구로 인한 적극적 정보추구 성향은 의제 설정 효과에 더욱 효과적으로 반응하는 요인이라고 지적했다.

예를 들면, 정향욕구와 정치 정보를 적극적으로 찾기 위한 미디어 이용 간에는 높은 상관관계가 존재하며, 이는 다시 집합적(aggregate) 의제 설정 효과와 보다 강한 상관관계를 나타낸다는 것이다(McCombs & Weaver, 1973). 1972년 미국 대통령 선거 기간 중에 노스캐롤라이나주의 샬럿 시 유권자들을 대상으로 한 설문조사 결과 높은 정향욕구를 가진 사람들 가운데 78.8%는 정치 정보를 위해 신문이나, 텔레비전, 뉴스 잡지 등을 자주 이용하는 집단으로 나타났으며, 반면 중간 정도의 정향욕구를 가진 유권자들의 62.5%, 그리고 낮은 정향욕구를 가진 47.4%만이 정치 정보를 위해 미디어를 자주 이용하는 사람들로 나타났다. 다시 말하면, 이미 선거 캠페인 초기에 어느 후보를 선택할지 결정한 유권자들은 그렇지 않은 부동층에 비해 미디어의 의제 설정 효과에 더 큰 영향을 받는다는 것이다(Shaw & McCombs, 1977).

즉, 높은 정향욕구를 가진 사람일수록, 다른 사람에 비해 더 높은 정보 추구 경향을 보이며, 이는 미디어 소비 정도가 높아지는 것을 의미하며, 결과적으로 이런 유형의 사람들이 미디어에 의한 의제 설정에 더 많은 영향을 받는다는 의미이다(Weaver, 1980; Matthes, 2006). 그 이후 연구들도 정향욕구 개념에 관해 다양한 접근을 시도해 왔다(Weaver, 1997, 1980; Weaver & McCombs, 1978; Takeshita, 1993; McCombs, 2004). 최근에는 정향욕구의 두 하위 차원인 연관성과 불확실성을 다른 시각으로 접근한 연구가 주목을 끈다(Matthes, 2006).

정향욕구 외에도 의제 설정 효과에 영향을 미치는 다른 외적 요인들도 다양한 측면에서 접근되었다. 한 예로는 인구 사회학적 변인들이 대표적이다. 그 가운데 교육 수준이 높을수록 의제 설정 효과가 가장 높다는 연구 결과로부터(Hill, 1985), 인구 사회학적 변인에 미디어 신뢰도 개념을 중개 변인으로 넣어 두 변인 간의 상관관계를 측정했을 뿐 아니라, 미디어 신뢰도가 공중의 정치 정보를 위한 미디어 의존도와 미디어 이용 정도에 영향을 미치며, 궁극적으로는 의제 설정 효과에도 영향을 미친다는 것을 증명했다(Wanta, 1997).

결과적으로 완타(1997)는 개인의 심리학적 요인들(정치적 관심, 미디어 신뢰도)이 직접적으로 의제 설정 효과와 정적인 상관관계가 있다는 것을 경험적으로 증명하였다. 또한, 완타(1997)는 의제 설정 효과에 영향을 미치는 또 다른 외적 조건들을 검증하였는데, 바로 공중의 행동적 측면이다. 예를 들면, 대인 간 커뮤니케이션 정도나 미디어 이용 등인데, 만약 어떤 개인이 동료나 친구들과 정치에 관련된 이슈에 관해 대화를 적게 하는 사람이라면, 의제 설정 효과가 더 효과적으로 작용할 수 있다는 것을 말한다. 또 다른 외적 요인과 관련된 연구에서는 정치적 환경에서 의제 설정 효과는 개인과 이슈의 관련성, 매체의 유형(텔레비전 vs. 신문), 그리고 뉴스의 균형감(긍정적 vs. 부정적) 등 세 가지 외적 요인에 의해 결정된다는 논문 결과도 있다(Walgrave & Van Aelst, 2006).

의제설정이론은 지속해서 진화하면서 그 외의 다른 커뮤니케이션 개념이나 이론들과 융합 또는 확장하고 있다. 예를 들면, 쇼와 맥콤스(1997)는 미디어의 '지위 부여(status conferral)' 기능, 선입견적(stereotyping) 보도 기능, 이미지 형성(image building) 기능 등과 의제설정이론은 맥을 같이한다고 말한다. 지위 부여 기능의 경우를 보면 한 개인이 미디어에 집중적으로 노출된다면 특정 메시지에 대한 개인의 현저성(salience)이 증가한다는 개념을 의미한다(Lazarsfeld & Merton, 1948).

단순한 예로, 텔레비전에서 집중적으로 보도되는 유명인이 대중의 머릿속에 각인되는 현상은 바로 대상(object)이 사람인 경우의 1차 의제 설정 효과로 볼 수 있다. 그 외에 선입견적 보도나 이미지 형성 기능의 경우 대상의 특정 속성(attributes)의 현저성과 관련이 있으므로 2차 의제 설정(혹은 속성 의제 설정) 효과로 설명될 수 있다(Lippmann, W., 1922; Nimmo & Savage, 1976; Weaver, Graber, McCombs, & Eyal, 1981).

1990년대 들어와서, 의제 설정 연구자들은 본격적으로 소위 '2차 의제 설정' 혹은 '속성 의제 설정'이라는 영역을 다루게 된다(Ghanem, 1997;

McCombs, Lopez-Escobar, & Llamas, 2000; Takeshita, 1997). 전통적 의제설정 이론을 바탕으로 2차 의제 설정의 가설은 미디어의 특정한 주제에 대해 어떻게 공중이 이해하는지에 영향을 미칠 수 있다는 것이다. 이는 1차 의제 설정 효과가 인간의 커뮤니케이션 과정의 초기 단계인 '주목 (attention)'에 관한 것이라면, 2차 의제 설정 효과는 커뮤니케이션 과정의 결과(consequences)로써 인간의 '이해(comprehension)' 단계에 초점을 맞춘다. 따라서 2차 의제 설정 효과는 '무엇에 대해 생각할 것인가(what to think about)'의 단계를 넘어 '무엇을 생각할 것인가(what to think)'에 대한 측면을 다루고 있다(McCombs, 2004). 2차 의제 설정의 기본 가정으로써 의제에 속한 각 대상(후보자 혹은 이슈)은 여러 속성을 포함하고 있으며, 이런 속성들이 바로 각 대상의 이미지를 구성하는 작은 조각들, 즉 특성들이다(McCombs, 2004). 따라서 1차 의제 설정에서 "대상의 현저성이 서로 다른 것처럼, 2차 의제 설정에서는 각 대상의 특정 속성이 다른 속성들에 비해 현저화된다는 것"이다(p. 70).

예를 들면, 선거 캠페인 과정에서 특정 후보자의 뉴스 미디어는 특정 사회적 사안에 대한 그 후보의 입장과 자질 문제 등을 보도할 수 있다. 이때 미디어에서 강조한 후보의 속성들은 공중의 그 후보에 대한 이미지의 특정 속성의 현저성에 영향을 미칠 수 있으며, 이와 관련하여 여러 연구가 경험적으로 증명해 왔다(Golan & Wanta, 2001; Kim, Scheufele, & Shanaha, 2002; King, 1997; Kiousis, Bantimaroudis, & Ban, 1999; Wanta, Golan, & Lee, 2004). 일반적으로 '2차 의제 설정'이라는 용어는 '속성 의제 설정'이라는 개념과 서로 같이 쓸 수 있다. 그러나 어떤 학자는 2차 의제 설정이 좀 더 포괄적 개념을 가진다고 말한다. 왜냐하면, 그 안에는 속성 의제 설정의 개념뿐 아니라 '부차적 효과(compelling argument)'라는 개념도 포함하기 때문이라고 주장한다(Yioutas & Segvic, 2003).

특히 실험을 통해 어느 한 피실험자 집단은 부패한 경력이 있는 가상의 후보에 대한 신문기사를 읽게 하고, 다른 집단의 경우 상대적으로 도덕적인 후보에 관한 기사를 읽게 한 후, 개방형 질문('만약 당신의 친구가 멀리서 찾아왔을 때, 그 후보에 대해 친구에게 얘기한다면 어떻게 말하시겠습니까?')에 대한 응답을 내용분석한 결과 집단 간에 통계적으로도 큰 차이가 있음을 보여 주고 있다(Kiousis et al., 1999). 2차 의제 설정 연구에서 집중적으로 연구된 분야 가운데 하나는 '속성의 영역'이다. 즉, 개념적으로 속성은 크게 두 가지로 구분될 수 있는데 인지적(cognitive) 측면과 정서적(affective) 측면이다(McCombs et al., 1997; McCombs & Ghanem, 2003).

인지적 측면의 경우 미디어에서 보도되는 이슈의 개념, 사실 등을 의미하며, 반면 정서적 측면은 미디어에서 이슈를 어떤 논조(tone)로 다루며, 어떤 잣대를 가지고 평가하는지를 말한다. 스페인에서 열린 1996년 총선 기간에 바로 이 두 가지 측면의 속성이 의제설정이론의 틀 속에서 동시에 측정되었다(McCombs et al., 2000). 스페인 연구 결과, 두 영역의 속성 모두 미디어와 공중의 속성 현저성 간에 매우 높은 상관관계를 발견할 수 있었으며, 특히 신문과 텔레비전 뉴스 등 서로 다른 미디어 유형에서 동일하게 그리고 서로 다른 세 명의 후보 모두에 대해 미디어에서 강조된 속성과 유권자들이 가지는 이미지 속성들은 통계적으로 유의미한 결과(Spearman's Rho)를 보여 주었다.

국내에서는 반현(2004)과 최영재(2004)의 유사한 실험연구에서 정치 후보자의 속성에 대한 뉴스 보도가 후보자의 인지도에 영향을 미치는 부차적 효과가 검증되었다. 즉, 이들 연구에서 후보자의 청렴도와 같은 특정 속성들에 대한 뉴스 미디어의 보도는 유권자의 후보자 인지에 유의미한 영향을 주는 것으로 확인되었다. 반현(2004)의 연구에서는 뉴스 미디어에서 보도된 후보자의 학력과 청렴도 차원의 인지적 속성이 독자들의 후보자 이미지 인식에 유의미한 영향을 모두 미친 것으로 확인되었으며, 감정적 인식에서도 학력과 청렴도의 상호작용 효과가 영향을 준 것으로 검증되었다.

앞의 연구와 비슷한 실험 설계를 통해 2차 의제 설정 효과를 검증한 최영재(2004)의 연구에서도 후보자의 지도력과 개인적 신뢰성 측면의 속성에서 뉴스 미디어의 속성 의제 설정 효과와 부차적 효과가 확인되었다. 또한 정치적 관심도와 정당 소속감이 2차 의제 설정 효과를 매개하는 변인으로서의 영향력도 검증되었다. 특히 인지적 속성은 미디어가 제공한 인물이나 이슈들에 대한 정보를 포함한다.

예를 들어, 유전자변형생물체(LMOs)의 안전성에 대한 뉴스 미디어의 보도는 난치병 치료나 기술개발과 관련된 이슈의 속성들을 해당 이슈에 연관시킬 수 있다는 과학 저널리즘 분야의 속성 의제 설정 연구 결과도 존재한다(최원석·조정현, 2004). 정서적 측면의 경우, 또한 반현·최원석·신성혜(2004)의 연구에서는 사회갈등 이슈를 보도한 뉴스 기사의 정서적 속성이 수용자의 감정적 인식에 유의미한 영향을 미치는 것으로 확인되었다. 즉 핵폐기물 처리장 건설이라는 사회갈등 사안의 의미를 구성하는 뉴스 미디어의 인지적, 정서적 속성이 수용자에게 미치는 2차 의제 설정 효과를, 실험연구를 통해 검증하였다.

2차 의제 설정 연구에서 다루어진 또 다른 영역은 '부차적 효과'이다.

공중이 미디어 메시지를 해석하면서, 어떤 속성들이 다른 것들보다 자신과 관련이 더 많을 때, 그 속성들은 특정 대상에 대한 공중의 전반적 현저성에도 '부차적인 효과'를 미친다는 것이다(Ghanem, 1997; McCombs, 2004). 이처럼 미디어에서 강조된 특정 속성이 그 속성을 구성하는 대상에 대한 공중의 전반적 인식에 영향을 미친다는 부차적 효과 가설은 여론 형성 과정을 새로운 시각으로 설명하는 데 도움을 주었다.

의제설정이론의 강점은 커뮤니케이션 개념이나 이론들과의 융합성이 강하다는 점이다. 대표적인 사례가 바로 2차 의제설정이론과 프레이밍 (framing)이다(McCombs, 1994a). 1980년대에 매스커뮤니케이션 영역에 등장한 이래 프레이밍 연구는 지난 10년간 가장 활발한 연구 영역들 가운데 한 분야로 자리매김했다(Weaver, 2007).

프레이밍 연구는 비록 그 개념의 다양성으로 혼란스러운 면을 가지고 있지만 기본적으로 미디어가 특정 이슈나 사건을 어떻게 보도하는지를 특정 프레임을 통해 분석하고, 더 나아가서는 미디어에서 프레임화된 보도가 결과적으로 수용자들이 그 이슈나 사건을 이해하는 데 어떤 영향을 미치는지 혹은 어떻게 미디어의 프레임들이 형성되는지를 살펴보는 것이다. 매스미디어 연구에서 정의된 프레임 개념 가운데 하나는 "뉴스 보도에서 전반적인 맥락을 제공할 뿐만이 아니라, 선택, 강조, 제외, 그리고 편집을 통해 주요 이슈가 무엇인지를 제시하는 중심적 역할을 하는 사상 (idea)"이라 정의한다(Tankard et al., 1991, p. 3). 이를 2차 의제 설정의 측면에서 재정의하면, 프레임은 미디어가 어떤 이슈 혹은 인물에 대한 이미지를 형성하기 위해 특정 속성을 선택(selection)하는 과정이라고 볼 수 있다(McCombs, 2004).

특히 현저성의 측면에서 프레이밍과 비슷한 접근 방식으로, 속성 의제 설정이론은 의제 설정 효과가 개별 이슈나 대상의 속성 단계에서 발생한다고 보았다. 즉, 미디어에서 어떤 이슈를 보도할 때, 그 이슈의 속성들(혹은 하위 이슈들)을 선택하여 강조하는 반면 다른 속성들은 배제한다. 이런 과정에서 수용자들이 어떻게 그 이슈를 인지하는지에 영향을 미치게 된다. 결과적으로 속성 의제 설정이나 프레이밍은 미디어가 인간의 태도나 의견을 변화시키는 데도 영향을 미칠 수 있다고 주장하던 1940년과 1950년대의 강효과이론 시기로 회귀할 수 있는 토대를 마련해 주었다고 볼 수 있다(McCombs, 2006).

그러나 몇몇 학자들은 의제설정이론과 프레이밍이 개념적으로 다르다는 것을 주장했다. 즉, 프레이밍 연구가 가지는 차이점 가운데 하나는 의제 설정 연구가 여러 이슈를 집합적으로 조사하는 반면 프레이밍 연구들은 특정 이슈의 내용에 중점을 둔다는 것이다. 의제 설정 연구들은 그 당시에 거의 하나의 이슈가 어떻게 구성되는지에 대한 관심이 없었다 (Kosicki, 1993). 결과적으로 의제 설정 효과가 인지적 측면에서 다루어졌다면, 프레이밍 효과는 그 이상의 단계에서 이루어진다고 주장한다. 위의 정의에서처럼 엔트만(1993)에 따르면 프레이밍은 인지적 측면(문제정의와 인과적 해석 단계)뿐만 아니라 정서적 측면(도덕적 평가), 그리고 심지어는 행위적 측면(처방과 해결 방안 제시)까지 포함한다는 것이다.

의제 설정에 대한 비판적 주장은 속성 의제설정이론을 연구하는 학자들이 프레이밍 개념을 미디어 효과연구에 지나치게 좁게 한정하려 한다는 것이다(Carragee & Roefs, 2004). 그러나 이런 주장에 대해서도 의제설정이론은 미디어 연구의 영역에만 한정된 것이 아니라 정치학이나 행정학의 공공 정책 분야, 그리고 여론 연구 등 다양한 영역에서 이미 적용되고 있다고 주장한다(Takeshita, 2006). 의제 설정과 프레이밍 개념 간의 이와 같은 개념적 논쟁은 지속되고 있다. 특히 정치 커뮤니케이션 분야에서 가장 연구가 활발한 의제 설정, 프레이밍, 그리고 프라이밍 이론들이 서로 어떤 공통점과 차이점들이 있는지 이 분야의 학자들이 독창적인 시각으로 논의하고 있다(Weaver, 2007; Sheafer, 2007).

그 가운데 의제 설정과 관련해서 위버(2007)는 프레이밍 이론이 의제 설정이론과 연관성이 있는지는 바로 다양한 프레이밍 개념이 어떻게 정의되는가에 따라 달라질 수 있다고 지적한다. 개념적 모호함과 포괄적 특성으로 인해, 프레임은 매우 다양한 미디어 환경에 적용될 수 있다고 지적한다. 결국 이 같은 논쟁에 대해 속성 의제 설정과 프레이밍 효과는 동일한 사회적 현상에 대해 서로 유사하면서도 다른 관점을 제공할 수 있는 시각에서 이해할 필요가 있다(반현 · McCombs, 2007).

수용자들이 특정 미디어 메시지에 노출된다는 것은 그들의 태도나 의견에 영향을 미칠 수 있다는 것을 의미한다(McCombs, 2004). 네 번째 단계로 볼 수 있는 최근 연구 경향은 의제 설정 효과와 수용자의 태도나 의견 형성과의 관련성을 탐색하는 것이다. 의견의 두 하위 개념 중 첫 번째로 추가된 개념은 '의견 강도(strength of opinion)'이다. 이 단계에서는 공중의 의견 자체의 존재 여부에 관한 질문으로 시작될 수 있다. 의견 존재 여부가 측정되면, 다음 단계는 본래의 의견 강도에 관한 측정으로 의견의 방향과는 상관없이 얼마나 한 개인이 특정 이슈에 대해 강한 의견을 가지는지 측정하는 것이다. 두 번째 추가된 개념으로는 '의견 방향(direction of opinion)'인데 특정 대상, 즉 어떤 이슈나 인물에 대한 개인의 의견이 긍정적인지 혹은 부정적인지를 판단하는 것이다. 결과적으로 "이 두 가지 개념이 추가됨으로써 전통적인 의제 설정 및 속성 의제설정이론은 미디어 연구에서 좀 더 의미 있는 연구 영역의 가능성을 가질 수 있는데, 특히 프라이밍, 속성 프라이밍, 그리고 의견형성 등이다."(p. 121).

의제설정이론의 다섯 번째 발전 단계는 미디어 의제를 형성하는 요인에 대한 것이다. 1980년대 초 커뮤니케이션 학자들은 '미디어 의제에 영향을 미치는 요인이 무엇인가?'에 관심을 두기 시작하면서 미디어 의제는 독립변인에서 종속변인으로 바뀌게 된다. 미디어 의제에 영향을 미치는 다양한 요인들 가운데 맥콤스(2004)는 크게 세 가지 요인이 존재한다고 말했다: 뉴스 정보원(정당, 후보자, 정부 기관 등), 다른 미디어 기관(매체 간 의제 설정 효과), 그리고 기자들과 편집국의 관행이나 규범 등이 그것이다.

우선 뉴스 정보원의 예로는 대통령과 언론 관계(Wanta, Stephenson, Turk, & McCombs, 1989)에서부터 시 위원회에서 다뤄진 이슈들에 대한 지역 언론 보도(Weaver & Elliott, 1985) 등에 이르기까지 다양하다. 특히 국가의 가장 중요한 정치적 지도자이며 취재원 가운데 가장 자주 언론에 보도되는 대통령이 어떻게 국가적 이슈와 의제를 설정하는가에 대한 연구들이 진행되었다.

특히 미국에서 대통령이 국가적 의제를 설정하는 가장 중요한 행사는 연례 연두교서(Annual State of the Union Address)로 모든 미디어가 집중적으로 보도한다. 카터(Cater) 전 대통령의 1978년 연두교서 내용을 8개의 주요 이슈를 중심으로 분석하고, 이를 보도한 뉴욕 타임스와 워싱턴 포스트, 그리고 3개의 네트워크 방송국 보도 내용을 분석한 결과, 대통령의 연설이 미디어 의제에는 아무런 영향을 미치지 못하는 것으로 나타났다. 대신 연두교서 전 몇 개월 간의 미디어 보도 내용을 분석한 결과 미디어 의제가 대통령의 의제에 영향을 미친 것으로 나타났다(Gilbert, Eyal, McCombs, & Nicholas, 1980).

하지만 다른 시기에 이루어진 연구에서는 반대의 결과가 나타났다. 즉 1970년 미국 닉슨(Nixon) 대통령의 연두교서 연설에 나타난 15개의 주요 이슈 의제들이 그 후 몇 개월간 뉴욕 타임스와 워싱턴 포스트, 그리고 네트워크 텔레비전에서 보도된 의제에 영향을 미친 것으로 나타났다(McCombs, Gilbert, & Eyal, 1982). 대부분의 기자들은 매일 일어나는 사건이나 주요 이슈들에 대해 직접 경험하고 관찰할 수 없으므로 대부분 뉴스 취재원이나 출입처를 대표하는 대변인 혹은 홍보 전문가들에 의해 사전에 계획된 기자회견이나 보도자료 등에 의존한다. 이런 현상을 분석한 연구는 이미 오래전에 이루어졌는데, 20년간 뉴욕 타임스와 워싱턴 포스트 기사들을 분석한 결과 거의 절반 이상의 기사들이 보도자료나 그 밖의 출입처에서 발행된 정보들에 근거해서 쓰여졌다는 사실을 발견했다. 즉, 17.5%가 보도자료에 의존한 기사였으며, 나머지는 기자회견이나 추가적인 브리핑에 의존한 기사가 32%를 차지했다(Sigal, 1971). 특히 선거 기간이라는 상황은 미디어 의제에 영향을 미치는 요인들과 유권자들에게 영향을 미치는 요인들 모두를 분석하기 좋은 시기이기 때문에 관련된 많은 연구가 선거 기간 동안 이루어졌다. 비록 어느 선거 캠페인이든 궁극적 목적은 선거에서 승리하는 것이겠지만, 그 전에 필수적으로 이루어져야 할 과정이 바로 미디어 의제에 유리한 영향을 행사함으로써 결국 유권자들의 의제에도 긍정적인 영향을 끼쳐 유리한 여론을 형성할 수 있기 때문이다(Jamieson & Campbell, 1992).

두 번째 요인으로 어느 한 뉴스 미디어가(예를 들면 뉴욕 타임스 같은 권위지) 다른 미디어에 영향을 미치는지에 대한 매체 간 의제 설정(intermedia agenda-setting effects) 연구이다(Shoemaker, Wanta, & Leggett, 1989, Bantimaroudis & Ban, 2001). 특히 미국 내에서의 뉴욕 타임스의 의제 설정 능력은 타 뉴스 미디어에 비해 강해서 AP 통신의 경우 고객 언론사에 매일 다음 날 아침 뉴욕 타임스의 1면 기사를 미리 알려줌으로써 뉴스 가치가 있는 사건이나 이슈들의 의제를 다른 언론사들에 자연스럽게 전달한다고 한다(McCombs, 2006).

뉴욕 타임스에 관한 기존의 다른 연구는 1985년 후반 뉴욕 타임스에서 특종으로 낸 미국 사회 내의 마약 문제에 관한 기사가 그다음 해까지 미국 내의 다른 신문들도 집중적으로 다룬 주요한 이슈가 되었음은 물론 네트워크 텔레비전에서도 특집 프로그램을 제작할 정도의 타 매체에 대한 의제 설정 능력을 보여 준 사례도 있다(Reese & Danielian, 1989). 미국 내뿐만 아니라 국제적으로도 뉴욕 타임스의 의제 설정 능력을 검증한 연구도 있다. 1990년대 중후반 아프리카의 소말리아 내전에 직접 참가한 영국과 미국의 가디언(the Guardian)과 뉴욕 타임스 기사를 분석한 결과 가디언이 뉴욕 타임스 기사를 인용한 경우가 그 반대의 경우보다 훨씬 많았다는 것을 발견했다(Bantimaroudis & Ban, 2001). 뉴욕 타임스 외에도 매체 간 의제 설정 연구의 또 다른 사례로는 통신사(wire services) 역할을 들 수 있다. 즉, AP나 로이터 등 세계적인 통신사들이 그들의 고객 언론사들에 미치는 영향에 관한 연구들이다. 한 예로 아이오와(Iowa)주의 24개 지역 일간지가 그들 기사의 많은 부분을 AP에서 받은 기사로 채우고 있다는 것을 알 수 있다(Gold & Simmons, 1965).

매체 간 의제 설정 연구와 관련 최근 경향은 인터넷 미디어와 전통 미디어 간 관계나 혹은 인터넷 미디어 간의 의제 설정 효과를 연구한 논문들이다. 예를 들면, 인터넷상의 후보자 홈페이지와 선거광고가 전통적인 신문이나 텔레비전 의제에 유의미한 영향을 미치는 것으로 나타났다(Boyle, 2001; Ku, Kaid, & Pfau, 2003). 또한 인터넷 미디어 사이의 의제 설정 관계를 분석한 연구로는 주요 온라인 신문(leading online newspapers), 부가적(secondary) 온라인 신문, 그리고 온라인 뉴스 통신사(online wire service) 등 세 가지 유형의 인터넷 뉴스 서비스 간의 의제를 시계열 분석한 결과 주요 온라인 신문이 나머지 두 유형의 온라인 뉴스 유형에 영향을 미쳤다는 것을 발견한 사례도 있다(Lim, 2006).

맥콤스(2004)에 의해 언급된 미디어 의제에 영향을 미치는 요인들 가운데 세 번째 요인은 미디어 내부적인 요인으로 편집국 관행이나 규범에 관한 것이다. 한 예로, 위버와 엘리엇(1985)은 인디애나(Indiana)주의 블루밍톤(Bloomington) 시의 시의회 의원들의 활동과 이에 관련된 그 지역 신문들의 보도 내용을 비교 분석하였다. 연구 결과 시 의회에서 주요하게 다룬 의제들과 지역 미디어의 의제들 간에 전반적으로 유의미한 상관관계가 존재함에도 불구하고 연구자들은 19개의 이슈 가운데 4개의 이슈가 시 의회에서 다룬 의제보다 미디어 의제에서 훨씬 높은 순위를 보여주었다. 논문에서는 그 회의를 취재하고 기사를 쓴 기자와의 인터뷰 내용의 일부를 다음과 같이 인용하였다: "(비록 중요하게 다뤄진 이슈라도) 단순한 이슈보다는 좀 더 논쟁적이고 갈등의 여지가 있는 이슈가 뉴스 가치가 더 있다."(Weaver & Elliot, 1985, p. 93). 이 같은 결과는 비록 시 의회와 같은 매우 공적인 사안을 다룬 의제들에 대해서도 미디어는 단순한 정보 전달의 역할을 넘어 편집국의 저널리즘 규범이나 뉴스 가치에 대한 게이트키핑 과정이 이루어졌다는 것을 알 수 있었다(반현 · McCombs, 2007).

평가 및 의의

의제 설정 효과를 현실 속에서 평가하고 측정하기란 쉬운 일이 아니다. 매스미디어가 공중의 머릿속 그림을 형성한다는 의제 설정 효과에 대한 평가나 측정은 매스미디어의 속성, 이슈의 속성, 수용자의 속성, 사회적 상황, 시간의 길이(time frame)라는 조건적 가정에 따라 다르게 나타날 수 있다(차배근, 1999 재인용; Soroka, 2002). 개인 차원과 집합적 차원, 횡단면과 장기 분석, 실험방법과 비실험방법 등 검정방법에 따라서도 효과의 크기나 방향이 상이하게 나타난다(Kosicki, 1993). 그럼에도 의제 설정 효과 연구의 대부분은 미디어 의제와 수용자 의제 간에 정적인 상관관계가 존재한다는 단순한 가정에 기초해 수행됐다.

의제 설정은 개념, 방법의 불일치로 결과가 명료하기보다는 오히려 결과의 복잡성과 효과의 상이성을 드러내 왔다. 일부 연구자는 의제 설정 효과의 이런 불일치가 "이론이 단순하며"(Iyengar & Kinder, 1987), 심지어 "의제 설정은 '이론(theory)'이라기보다는 하나의 '은유(metaphor)'에 지나지 않기 때문"(Rogers & Dearing, 1988, p. 557)에 생긴 결과로 보고, 이론과 방법론적 정교화의 필요성을 강조한다. 이 때문에 기본 가정이 간단명료한 것까지는 좋지만 지나치게 단순하고 기술적이어서 의제 설정 과정을 구체적으로 설명하지 못한다는 비판이 있기도 하다(차배근, 1999). 그렇다고 이러한 이론적 한계가 의제 설정 효과연구에서 늘 일관된 결과를 보여 주지 못하는 이유는 아니다. 의제 설정 효과의 상이성이 이론적인 결함보다는 이를 검증하는 방법론적 한계 때문일 수 있기 때문이다 (Swanson, 1988). 그동안 수많은 의제 설정 연구가 미디어 의제와 수용자 의제 간의 상관관계는 발견해 왔지만, 시간의 흐름에 따라 나타나는 변수 간의 전후 관계나 인과관계 등 시간이나 방향성, 그리고 효과의 크기를 추정하는 데 성공적이지 못했다.

지난 반세기 동안 수많은 의제 설정 연구는 미디어 의제의 정치, 경제, 사회적 효과를 살펴보는 데 기여해 온 커뮤니케이션 연구로 평가 받아왔다. 미디어 의제의 현저성을 규명하는 데서 출발한 의제 설정의 초기 이론은 속성 의제, 의제 간 현저성의 전이, 의제 현저성의 전이 과정에 영향을 미치는 외적 요인 등을 통제함으로써 커뮤니케이션 효과 연구의 이론적 토대를 넓혀왔다. 하지만 주로 단기간의 단일 시점에서 의제(또는 속성) 효과의 전이성을 파악하는 데 집중함으로써 시간과 상황에 따라 나타날 수 있는 상이한 효과나 효과의 크기, 그리고 예측의 방향성을 제대로 밝혀내지 못했다. 즉 의제설정이론은 '시간상에 있어 과정(a process over time)'과 수용자의 의견 형성, 의견 강도, 의견 방향이 행동으로 어떻게 연결되는가 하는 사후적 효과에 대한 측정은 미흡했다.

의제설정이론은 반현과 맥콤스(반현 & McCombs, 2007; McCombs, 2004)의 지적대로 단순히 미디어 의제 현저성의 존재 여부를 파악하는 것으로 끝날 문제가 아니다. 그보다는 의제 간의 효과를 얼마 동안 측정할 것인가, 효과의 순서는 어떻게 나타나는가, 효과의 발생 시점은 언제인가, 효과의 발생은 시기마다 어떻게 다른가, 효과의 크기는 어느 정도인가를 밝혀야 하는 훨씬 복잡하고, 다차원적인 이론이다(이완수, 2009).

결과적으로 의제 설정의 이론적 틀은 첫째, 변수 간의 상관관계가 순환적일 수 있고, 둘째, 계절적 요인에 의해 변화될 수 있으며, 셋째, 시간 상에 있어 자체 변수는 물론 관계 변수가 직선적으로 움직이지 않는 비선형성을 나타낸다는 점에서 이른바 시간성이나 방향성과 떼어놓고 설명될 수 없다. 의제설정이론의 이런 특징은 순위의 상관관계를 파악하는 데서 나아가 의제 간의 효과 관계를 시간의 길이, 시차, 이슈의 속성, 단위, 방향, 사회구조 등 다양한 차원 속에서 파악할 필요성이 있음을 의미한다.

그동안 의제 설정 연구가 방법론적인 한계로 '시간'이라는 문제를 고려하지 못한 측면이 있다. 물론 의제 설정 연구의 방법론이 그동안 발전이 없었다는 뜻은 아니다. 의제 간의 효과를 한 시점에서 단편적으로 보여줄 수밖에 없었던 횡단면적 분석 방법은 시점 간 비교가 가능한 트렌드와 패널 방법으로 발전했다. 트렌드나 패널 방법의 정확성 결여는 또다시 시간성과 방향성을 제시해 주는 자기회귀 이동평균(ARMA), 자기회귀 누적 이동평균(ARIMA), 벡터 자기회귀(VAR) 등 다양한 시계열분석 모형으로 진화됐다. 그럼에도 수많은 의제 설정 효과 연구가 의제의 순위적 효과가 한 시점에서 어떻게 나타나는가를 파악하는 횡단면적 연구에 치중함으로써 이론의 더욱 풍부한 함의를 논의하는 단계에 이르지 못했다고 평가한다.

요약하면 의제 설정 효과의 타당도와 신뢰도는 결국 측정 과정에서 시간성과, 방향성의 오류를 어떻게 줄일 수 있는가에 따라 좌우된다. 그러나 무엇보다 의제 설정 연구에서 주목해야 할 부분이 미디어 의제의 후속적인 결과에 대한 관찰이다. 미디어 의제는 이미 널리 알려진 대로 우리의 머릿속 그림에 영향을 미치는 것 이상을 수행한다. 사람의 태도, 의견에 영향을 미칠 뿐만 아니라 인간의 행동, 즉 실제 현실 지표에 영향을 미친다는 사실에 주목해야 한다.

따라서 의제 설정 연구는 미디어 의제와 수용자 의제 간의 관계를 측정하는 동시에 상호영향 관계를 예측하고 가외 변인을 포함한 현실적 요소를 통제함으로써 그 관계를 제대로 볼 수 있다. 이런 점에서 시간의 흐름에 따라 의제 간의 관계를 다차원적으로 규명할 수 있는 VAR 시계열 모형은 의제설정이론 확장에 상당한 기여를 할 수 있다고 보았다. 나아가 VAR 모형의 그랜저 인과 검정은 최근 논의가 활발한 프레이밍(framing)과 프라이밍(priming) 효과의 설명력을 높이는 데도 기여할 수 있다. 프레이밍이나 프라이밍 효과를 통해 우리는 수용자의 태도나 의견형성 그리고 행동의 결과를 관찰할 수는 있지만, 시간의 흐름에 따라 나타나는 여론형성과 정치 경제적 행동의 변화나 방향을 미시적으로 예측할 수는 없다. 하지만 시계열분석의 벡터 자기회귀(VAR) 모형을 통해 시간 과정에서의 의제 속성이 수용자의 의견형성과 정치적 의사 판단 기준에 어떻게 영향을 미쳐 변화하는지 추정이 가능하다는 것이다(이완수, 2009).

결론적으로 의제설정이론은 무엇보다 미디어의 효과를 인지적 차원으로 확장하여 중효과이론을 구축하는 데 기여했다. 이 말은 탄환 효과이론(magic bullet theory) 이후 제한효과이론의 등장으로 많은 개인적, 심리적 중재 요인을 통해 미디어 효과가 제한적이라는 주장을 발표했지만, 수용자들에게 주는 영향이나 효과의 정도를 태도와 의견 차원으로 한정시켰고, 단기간의 미디어 효과에 대한 측정으로 인해 미디어 효과를 지나치게 축소했다는 측면에 대해 달리 해석했다는 점이다.

그러나 개념적 정의와 조작적 정의가 일치하지 않으며, 인과관계를 증명하기 어려운 서베이에 의존했다는 점, 그리고 단기적 의제 설정 효과와 장기적 의제 설정 효과의 비교 관점에서 이론이 불충분하며, 구체성이 떨어진다는 평가를 받고 있다(브라이언트 & 톰슨, 2005).

의제설정이론은 점화효과(priming effects)와 프레이밍 효과와 융합되면서 발전되었다. 그런데 뉴미디어로 인해 이론의 설명력은 약해지고 있다. 공식적인 대변인의 목소리나 전문적인 저널리즘이 지배하는 전통적 미디어와는 달리 다양한 미디어 어젠다들이 다양하고 독립적인 디지털 플랫폼을 통해 넘나들고 틈새 매체를 통해서도 확산하는 상황이다. 이런 상황에서 전통적인 의제설정이론의 설명력은 약해질 수밖에 없다. 어쩌면 미디어의 의제 설정 효과는 맥콤스 자신이 과거에 언급했듯이 제한적일 수 있다(McCombs, 1994b). 그러나 개인적 정향욕구, 준거집단, 소속감 등 수용자의 특성에 따른 차이와 시간차에 관한 후속 연구를 통해 정교화되었고, 프레이밍과 점화효과와의 연결점을 제공하며 명맥을 유지하고 있다.

참고문헌

맥퀘일(2003). Mass Communication Theory 4th ed. Dennis McQuail, 『매스커뮤니케이션 이론』, 양승찬 · 강미은 · 도준호(역), 나남.

반현(2004). 선거 후보자의 이미지 특성에 관한 연구: 2차 의제설정이론을 중심으로. 〈한국언론학보〉, 48권 4호, 175-197.

반현 · 최원석 · 신성혜(2004). 뉴스의 속성과 2차 의제 설정 효과연구: 위도 핵폐기장 보도를 중심으로. 〈한국언론정보학보〉, 25호, 65-102.

반현 · McCombs(2007). 의제설정이론의 재고찰: 5단계 진화 모델을 중심으로. 〈커뮤니케이션 이론〉, 3권 2호, 7-51.

브라이언트 & 톰슨(2005). Bryant. J., & Thompson, S. Fundamentals of Media Effects.『미디어 효과의 기초』, 배현석 역. 한울아카데미.

윤태일 · 심재철(2003). 인터넷 웹사이트의 의제 설정 효과. 한국언론학보, 47권 6호, 194-219.

이동훈(2007). 뉴스수용자에 대한 포털 뉴스의 의제 설정 효과연구: 북핵 보도 관련 종이신문의 의제 전이 과정을 중심으로. 〈한국언론학보〉, 51권 3호, 328-357.

이완수(2009). 의제설정이론에서 그랜저 인과관계 모형의 방법론적 타당성 연구. 〈커뮤니케이션 이론〉, 5(2), 54-100.

이완수 · 심재웅 · 심재철(2008). 미디어 현저성과 프레임 변화의 역동적 과정: 버지니아 공대 총기 사건을 중심으로. 〈한국언론학보〉, 52권 1호, 386-412.

이준웅(2001). 새 연재- 미디어 이론으로 본 보도 현장 〈1〉 의제설정이론. 한국언론진흥재단.

이준웅(2009). 뉴스 틀 짓기 연구의 두 개의 뿔. 〈커뮤니케이션 이론〉, 5권 1호, 123-159.

조수선 · 김유정(2004). 온라인 신문의 의제 및 의제 속성 설정 연구: 〈조선닷컴〉과

〈오마이뉴스〉의 비교 연구. 〈한국언론학보〉, 48권 3호, 302-329.

차배근(1999). 『매스커뮤니케이션 효과이론』. 서울: 나남출판.

최민재(2006). 포털 사이트 뉴스서비스의 의제 설정 기능에 관한 연구: 제공된 뉴스
와 선호된 뉴스의 특성 차이를 중심으로. 〈한국언론학보〉, 50권 4호, 437-
463.

최영재(2004). 정치인의 이미지 형성에 관한 실험연구: 2차 의제설정이론의 검증과
확장. 〈언론과 사회〉, 12권 4호, 117-144.

최원석 · 조정현(2004). 유전자변형생물체(LMOs)의 안전성 논쟁에 대한 뉴스 프레
임 구성 방식에 관한 연구. *Biosafety,* 5(1), 34-49.

Althaus, S. L. & Tewksbury, D.(2002). Agenda setting and the 'new' news: Patterns
of issue importance among readers of the paper and online versions of the
New York Times. *Communication Research,* 29, 180-207.

Bantimaroudis, P. & Ban, H.(2001). Covering the crisis in Somalia: Framing
choices by the New York Times and the Manchester Guardian. In *Framing
Public Life: Perspectives on media and Our Understanding of the Social World.*
(Eds.) Reese, S., Gandy, O., & Grant, A. Mahwah, NJ: Lawrence Erlbaum
Associates, 175-184.

Boyle, T. P.(2001). Intermedia agenda setting in the 1996 Presidential election.
Journalism & Mass Communication Quarterly, 78(1), 26-44.

Carragee, K. M. & Roefs, W.(2004). The neglect of power in recent framing
research. *Journal of Communication,* 54, 214-233.

Cohen, B. C.(1963). *The press and foreign policy.* Princeton University Press.

Dearing, J. & Rogers, E.(1996). *Agenda Setting.* Thousand Oaks, CA: Sage.

Demers, D. P., Craff, D., Choi, Y., & Pessin, B. M.(1989). Issue obtrusiveness
and the agenda-setting effects of national network news. *Communication
Research,* 16, 793-812.

Entman, R. M.(1993). Framing: Toward clarification of a fractured paradigm.

Journal of Communication, 43, 51-58.

Ghanem, S.(1997). Filling in the tapestry: The second level of agenda setting. In McCombs, M. E., D. L. Shaw, & D. H. Weaver(Eds.) *Communication and Democracy: Exploring the Intellectual Frontiers in Agenda-setting Theory.* Mawhah, NJ: Lawrence Erlbaum, 309-330.

Gilbert, S., Eyal, C., McCombs, M. E., Nicholas, D.(1980). The State of the Union address and the press agenda. *Journalism Quarterly, 57*, 584.

Gold, D. & Simmons, J.(1965). News selection patterns among Iowa dailies. *Public Opinion Quarterly, 29*, 425-430.

Hill, D. B.(1985). Viewer characteristics and agenda setting by television news. *Public Opinion Quarterly, 49*, 340-350.

Iyengar, S., & Kinder, D.(1987). *News that matters: Television and American opinion.* Chicago: University of Chicago Press.

Iyengar, S.(1991). *Is anyone responsible? How television frames political issues.* Chicago: University of Chicago Press.

Jamieson, K. H. & Campbell, K. K.(1992). The Interplay of Influence: News, Advertising, *Politics and the Mass media.* Belmont, CA: Wadsworth.

Kim, S. H., Scheufele, D. A., & Shanhan, J.(2002). Think about it this way: Attribute agenda-setting function of the press and the public and the public's evaluation of a local issue. *Journalism and Mass Communication Quarterly, 79*, 7-25.

Kosicki, G. M.(1993). Problems and opportunities in agenda setting research. *Journal of Communication, 43*(2), 120-127.

Kiousis, S. & McCombs, M.(2004). Agenda-setting effects and attitude strength: Political figures during the 1996 presidential election. *Communication Research, 31*, 31-57.

Ku, G., Kaid, L. L., & Pfau, M.(2003). The impact of web site campaigning on traditional news media and public information processing. *Journalism and Mass Communication Quarterly,* 80, 528-547.

Lazarsfeld, P. F. & Merton, R.(1948). 'Mass communication, popular taste and organized social action', in *The Communication of Idea,* (ed.) Lyman Bryson, New York: Institute for Religious and Social Studies, 1948.

Lim, J.(2006). A cross-lagged analysis of agnda setting among online news media. *Journalism and Mass Communication Quarterly,* 83, 298-312.

Lippmann, W.(1922). *Public Opinion.* New York: Macmillian.

Matthes, J.(2006). The need for orientation towards news media: Revising and validating a classic concept. *International Journal of Public Opinion Research,* 18, 422-426.

McCombs, M. E.(1994a). The future agenda for agenda setting research. *Journal of Mass Communication Studies,* 45, 181-217.

McCombs, M. E.(1994b). News Influence on Our Pictures of the World in *Media Effects: Advances in Theory and Research,* Jennings Bryant and Dolf Zillmann(eds.), Lawrence Erlbaum Associates, Hillsdale, NJ.

McCombs, M. E.(2004). *Setting the Agenda: The mass media and public agenda.* Malden, MA: Blackwell.

McCombs, M. E. & Ghanem, S. I.(2003). The convergence of agenda setting and framing. In S. D. Reese, O. H. Gandy, Jr. & E. Grant(Eds.), *Framing public life: Perspectives on media and our understanding of the social world*(pp. 67-82). Mahwah, NJ: Lawrence Erlbaum Associates.

McCombs, M. E., Gilbert, S., & Eyal, C.(1982). *The State of the Union address and the press agenda: a replication.* A paper presented to the International Communication Association, Boston.

McCombs, M. E., Llamas, J. P., Lopez-Escobar, E., & Rey, F.(1997). Candidate image in Spanish elections: Second-level Setting the agenda-setting effects.

Journalism and Mass Communication Quarterly, 74, 703−717.

McCombs, M., Lopez−Escobar, E., & Llamas, J. P.(2000). Setting the agenda of attributes in the 1996 Spanish general election. *Journal of Communication*, 50(2), 77−92.

McCombs, M. E. & Shaw, D. L.(1972). The agenda−setting function of the mass media. *Public Opinion Quarterly*, 36, 176−187.

McCombs, M. E. & Weaver, D. H.(1973). *Voters' need for orientation and use of mass communication.* Presented to the International Communication Association annual conference, Montreal, Canada.

Nimmo, D. & Savage, R. L.(1976). *Candidates and their Images. Pacific Palisades,* CA: Goodyear.

Reese, S. & Danielian, L.(1989). Intermedia influence and the drug issue. In *Comunication Campaigns about Drugs,* ed. P. Shoemaker. Hillsdale, NJL Lawrence Erlbaum, 29−46.

Rogers, E. M., & Dearing, J. W.(1988). Agenda−setting research: Where has it been? Where is it going? In J. A. Anderson(Eds.). *Communication yearbook,* 11(pp. 555−594). Newbury Park, CA: Sage.

Shaw, D. & McCombs, M.(1977). *The Emergence of American Political Issues.* St. Paul, MN: West.

Sheafer, T.(2007). The role of story evaluative tone in agenda setting and priming. *Journal of Communication*, 57, 21−39.

Shoemaker, P., Wanta, W., & Leggett, D.(1989). Drug coverage and public opinion, 1972~1986. In P. J. Shoemaker(Ed.). *Communication Campaigns about Drugs: Government, media, and the Public.* Hillsdale, N. J.: Lawrence Erlbaum, 67−80.

Sigal, L.(1973). *Reporters and Officials: The Organization and Politics of Newsmaking.* Lexington, MA: D. C. Heath.

Son, Y. J. & Weaver, D. H.(2006). Another look at what moves public opinion: Media agenda setting and polls in the 2000 U.S. election. *International Journal of Public Opinion Research,* 18, 174-197.

Soroka, S. N.(2002). Issue attribute and agenda-setting by media, the public, and policymakers in Canada. *International Journal of Public Opinion Research,* 14, 264-285.

Soroka, S. N.(2002). *Agenda-setting dynamics in Canada.* Vancouver: UBC press.

Swanson, D. L.(1988). Feeling the elephant: Some observations on agenda-setting research. In A. A. James(Eds.). *Communication yearbook*(11). London Sage Publications.

Tankard, J., Henderickson, L., Silberman, J., Bliss, K., & Ghanem, S.(1991, August). *Media frames: Approaches to conceptualization and measurement.* Paper presented at the annual convention of the Association for Education in Journalism and Mass Communication, Boston, MA.

Takeshita, T.(1993). Agenda-setting effects of the press in a Japanese local election. *Studies of broadcasting, 29,* 193-216.

Takeshita, T.(2006). Current critical problems in agenda-setting research. *International Journal of Public Opinion Research,* 18, 275-296.

Walgrave, S. & Van Aelst, P.(2006). The contingency of the mass media's political agenda setting power: Toward a preliminary theory. *Journal of Communication,* 56, 88-109.

Wanta, W. Stephenson, M. A., Turk, J. V., & McCombs, M. E.(1989). How president's State Union talk influenced new media agendas. *Journalism Quarterly,* 66, 537-541.

Wanta, W. & Wu, Y.(1992). Interpersonal communication and the agenda- etting process. *Journalism Quarterly,* 69, 847-855.

Weaver, D. H.(1977). Political issues and voters need for orientation. In D. L. Shaw

& M. E. McCombs(Eds.), *The Emergence of American Public Issues*(pp. 107-120). St. Paul, MN: West.

Weaver, D. H.(1980). Audience need for orientation and media effects. Communication Research, 7, 361-76.

Weaver, D. H.(2007). Thoughts on agenda setting, framing, and priming. *Journal of Communication, 57,* 142-147.

Weaver, D. H. & Elliot, S. N.(1985). Who sets the agenda for the media? A study of local agenda-building. *Journalism Quarterly, 62,* 87-94.

Weaver, D., Graber, D., McCombs, M., & Eyal, C.(1981). *Media Agenda Setting in a Presidential Election.* Westport, CT: Greenwood.

Weaver, D. & McCombs, M. E.(1978). *Voters' need for orientation and choice of candidate: Mass media and electoral decision making.* Presented to American Association for Public Opinion Research annual conference, Roanoke, VA.

Yioutas, J. & Segvic, I.(2003). Revisiting the Clinton/Lewinsky scandal: The convergence of agenda setting and framing. *Journalism and Mass Communication Quarterly, 80,* 567-582.

5장

·

개혁의 확산이론

이론 개요

개혁(혁신)의 확산이론에 의하면 혁신적인 아이디어, 새로운 기법, 새로운 기술, 뉴미디어 등은 예측할 수 있는 패턴(S자형 곡선)으로 사회 전반에 확산하거나 퍼져나간다(Rogers, 1986; 1995; 2003). 개혁의 확산 속도와 채택 의도 등 채택 특성은 개인별로 차이가 나는데 그 요인으로 채택자들의 인구 사회학적 속성, 사회심리학적 특성, 신기술에 대한 태도, 타 뉴미디어 채택, 보유 및 기존 미디어의 이용 정도, 사회적 환경 등이 제시되고 검증되었다. 새로운 미디어와 정보기술, 또는 신개념의 아이디어가 수용되고 이용되는 현상을 설명하는 데 있어서 확산이론은 대표적인 이론적 기초를 제공해 왔다.

1. 커뮤니케이션 기술의 채택과 확산 과정

커뮤니케이션 기술의 채택과 확산 과정에 있어서는 (1) 결정적 다수의 대중(critical mass)이 주도하며, (2) 빈번한 부분적 기술 개선이 계속 일어나며, (3) 단순한 채택 의사결정보다는 채택 후 실제적 이용에 더 초점을 맞추게 된다는 점이 다르다는 것이다(Rogers, 1995). 개혁의 확산 과정과 채택자 특성과 관련된 다수의 확산 연구에서는 한 사회에서 대부분의 사람들이 속하게 되는 5개의 유형화된 혁신 채택자들의 구분이 가능한 것을 확인해 왔다. 한 사회 구성원들의 특성을 표준 정규분포곡선에 맞추어 표준화시키는 것을 가정해서 구분을 해보면, 이들은 채택의 시기와 그 비율에 따라 혁신자(innovators, 2.5%), 초기 채택자(early adopters, 13.5%), 초기 다수 채택자(early majority, 34%), 후기 다수 채택자(late majority, 34%), 그리고 지체 채택자(laggards) 및 거부자(16%)로 나누어진다(Rogers, 2003).

2. 뉴미디어의 인지된 자체 특성과 채택 행위

로저스(Rogers, 1986; 1995; 2003)는 '개혁' 또는 '혁신'(innovation)을 사회 구성원이나 기존 방식이나 기술의 이용자가 새롭다고 인식하는 사고나 행위방식, 또는 대상물로 정의하면서 혁신이 가지는 다섯 가지의 특성을 제시했고, 이들 특성에 의해 혁신적 사고나 행위 또는 대상물이 채택되는 정도가 결정된다고 했다.

새로운 채택 대상이 가지는 특성으로서 첫째 '상대적 우월성(relative advantage)'을 들고 있다. 이것은 새로운 혁신이 기존의 것보다 얼마나 더 참신하고 더욱 나은 기능과 쓰임새를 갖추고 있는지를 인식할 수 있는

가의 정도를 말한다. 두 번째로는 '적합성 또는 호환성(compatibility)'으로, 혁신이 수용자의 과거 경험과 이용 방식, 또는 기존 가치관이나 규범 등과 얼마나 유사하거나 부합되는가를 뜻한다. 세 번째는 '복잡성(complexity)'인데, 이는 새로운 아이디어 또는 기술이 이해하기 어렵거나 이용하기가 쉽지 않은 정도를 뜻한다. 네 번째 특성은 '시험가능성(trialability)'인데 새로운 혁신적 아이디어나 기술이 어느 정도 신뢰할 만한 것인가, 또는 어느 정도 지속적이고 일관된 효용성과 가치를 가지고 있는가를 실제로 시험해 볼 수 있는가의 정도를 나타낸다. 마지막으로, '관찰 가능성(observability)' 요인으로 제시되는데, 이는 신기술이나 혁신적 산물을 주위에서 쉽게 발견할 수 있고, 그 모양이나 기능이 가시적이거나 직접 느껴지는 정도를 말한다. 그간의 새로운 뉴미디어의 보급과 정책 과정은 모두 이러한 새로운 미디어들이 가지는 다섯 가지의 특성들이 모두 긍정적으로 작용한 사례라고 할 수 있다(Straubhaar & LaRose, 1996).

3. 채택자들의 개인적 특성과 채택 행위

수용자들이 개혁이나 혁신에 대해서 지각하는 방식과 정도에 따라 채택과 확산 속도에 영향을 주게 된다는 것이 로저스 이론의 또 다른 핵심 사항이다. 혁신 자체가 수용자들에게 어떻게 인식되는가와 관련된 요인과 함께 혁신에 영향을 미치는 요인으로서 중요시되는 범주는 수용자 개개인이 내재하고 있는 성격과 인구 사회학적 속성들이다. 문헌에 제시된 수용자의 심리적 또는 성격적 요인으로는 감정 이입(empathy), 생활에서의 만족, 합리성(rationality), 지능지수, 인지적 능력, 변화(테크놀로지 발전과 사회변동)에 대한 인지 정도와 태도, 교육열, 사업 지향성, 자기 확신감(self confidence), 위험(risk)에 대한 태도, 과학에 관한 관심 정도, 그리고 기존 기술과 아이디어에 대한 태도 등이 있는데, 이러한 변인들이 혁신의 채택 가능성에 영향을 미치는 것으로 나타나고 있다.

인구 사회학적 속성에서는 연령, 교육, 문맹, 소득, 생활 수준 등의 변인들이 수용자들의 혁신성에 영향을 미치는 것으로 선행 연구에서 나타나고 있다(Rogers & Shoemaker, 1971; 유형목, 1987; 오택섭, 1995). 로저스 (1983, 1986)의 이론적 설명을 살펴보면, 도입 초기에 신기술이나 혁신적 아이디어를 채택하는 사람들은 대체로 다음과 같은 개인적 특성을 강하게 가진다는 가정을 견지하고 있다. 첫째, 초기 채택자들은 개인적 문제나 제한된 사회체계 내에 국한된 사고나 행동반경을 가진 사람이라기보다는 폭넓은 시각을 가지거나 이타주의적, 세계주의(cosmopolite)적 사고폭을 가지는 사람들이다. 둘째, 의견 지도자적 특성이 강하며, 주로 대인적인 커뮤니케이션에 비해 매스미디어를 통한 커뮤니케이션 채널에 더 적극적으로 의지하는데, 주로 과학적이고 기술적인 정보와 각종 사회기관 또는 기구들에 직접적인 접촉과 연결을 하는 경향이 있다. 셋째, 초기 채택자들은 평소 자신의 역할과 입장을 다른 사람들과 바꾸어 생각할 수 있는 역지사지의 능력이 있다. 넷째, 자신들만의 폐쇄적이거나 독단적인 신념 체계가 강한 경우에는 초기 채택자가 될 가능성이 작다. 마지막으로, 초기 채택자들은 구체적 사실 또는 지식을 추상화할 수 있고 논리적인 것을 추구하는 성향이 있으며 주어진 목적을 향해 가장 효과적인 수단을 이용한다. 수용자의 개별적 특성 중에서 뉴미디어 채택에 있어서 변별력이 있다고 검증되어 온 변인 네 가지가 우선 주목할 만하다(양찬일,

1996, 19-20쪽).

1) 모험심(ventureness): 별로 접해 보지 않은 새로운 현상이나 작업에 뛰어드는 성향이며 아직 혁신적 제품이나 아이디어들에 관한 가치가 실증적으로 검증되지 않았을 경우의 위험성(risk)이 존재함에도 불구하고 구입 또는 이용하는 정도이다.

2) 성취동기(achievement motivation): 성취동기란 "어떤 목표를 향해 행동하도록 압력을 가하는 욕구"라고 할 수 있다. 성공의 기대와 성취 노력 사이에는 상응 관계가 있는 것으로 나타나 있으며 성공할 것을 기대하면서 그 일을 해낼 수 있는 능력이 있다고 믿는 사람은 실제로 잘 해낸다는 점이 성취동기에서의 중요한 개념이다(김성태, 1985, 169쪽; 양찬일, 1996, 19쪽 재인용).

3) 독단성(stubbornness): "특정 수용자가 어떤 새로운 혁신이 기존의 자기 의견이나 신념에 반대되거나 일치하지 않을 때 드러내는 심리적 방어 자세"로 정의된다(서성한, 1990, 157쪽; 양찬일, 1996, 20쪽 재인용).

4) 기존 제품, 아이디어에 대한 태도(attitude toward precedent innovation): 기존의 제품, 아이디어에 대하여 수용자들이 이미 가지는 태도가 긍정적, 호의적일수록 새로운 혁신에 대한 저항은 높을 것이라는 추론을 할 수 있다.

4. 커뮤니케이션 채널, 사회적 환경, 채택자 주변 구성원들의 영향

신기술과 아이디어를 채택하고 이용하는 과정을 로저스(Rogers, 2003)

는 신기술에 관한 지식(knowledge) → 설득(persuasion) → 결정(decision) → 실제 이용(implementation) → 확인(confirmation)이라는 다섯 단계로 나누고, 이용자들이 이 과정을 거치는 동안 신기술의 채택에서 나타날 수 있는 불확실성을 줄여나간다고 설명하면서 각 단계별로 영향력이 있는 커뮤니케이션 채널의 특성에 관하여 논의했다. 개혁(혁신)의 채택 이전의 초기 단계인 지식(인지)단계에서는 지체자들을 제외한 나머지 유형의 채택자들은 주로 대인 채널이 아닌 매스미디어의 영향력이 크며, 설득 단계로 접어들면서는 개혁자들은 제외한 나머지 유형의 집단들이 대인 채널의 의존도가 증가하게 된다. 다음으로, 채택의 결정 단계에서는 개혁자(혁신자)들의 대인 채널 의존도는 높아지는 반면, 여타 유형의 채택자들은 설득 단계보다는 조금 낮으나 지식단계에 비해서는 높은 수준을 유지한다.

또한 개인적 요인 외에 채택자들이 영향을 받는 사회체계와 사회적 관계의 특성도 채택 행위에 영향을 미치는 요인으로 제안되고 있다. 사회적 공동 목표와 요구를 충족시키기 위해 사회 내의 구성요소들이 일정한 패턴으로 구조화되는 형식과 사회변동의 정도에 의해서 개인들의 채택 행위가 변화할 수도 있다. '사회적 공동 목표가 어떠한가' 그리고 '이에 따른 변화와 혁신이 얼마나 요구되는가' 등에 대한 태도는 채택자 개개인들로 하여금 주로 의견지도자 또는 매스미디어 등의 매개체를 통해 신기술이나 뉴미디어의 채택 및 소비와 관련한 의사결정과정에 어느 정도 신속히 임해야 하는가를 판단하는 요인들로 작용할 수 있다는 것이다(이준호, 2015).

검증과 발전

개혁의 확산이론을 검증한 연구의 사례를 살펴보면 다음과 같다. 토나츠키와 클라인(Tornatzky & Klein, 1982)은 이전까지의 연구 결과를 종합하여 뉴미디어 이용자들의 신기술 채택에 영향을 주는 요인으로 25개의 다양한 변인을 추출했고, 이들을 이용하여 검증연구를 해본 결과, 호환성, 인지된 이점, 복잡성, 비용, 의사 소통성, 분할성, 이익 추구성, 사용자 그룹의 의견 합치, 시험가능성, 그리고 관찰 가능성 등 10가지를 유의미한 요인들로 제시했다(이준호, 2015).

이준호(2003)는 기술 자체의 특성과 수용자 요인들이 디지털 TV의 채택 의도의 적극성과 채택 여부와 어떠한 영향 내지 연관성을 가지는가를 분석했다. 디지털 TV의 상대적 우월성과 신뢰성, 소득과 학력, 성취동기, 기존 TV에 대한 만족도, 독단성, 사회변동에 대한 태도, 그리고 미디어 채택, 보유 정도와 인터넷, 신문, 영화의 이용량은 디지털 TV의 채택 의도와 기채택 여부 모두를 판별할 수 있는 중요한 기준이라는 결과가 나타났다.

주정민(2004)의 연구에서는 디지털 TV의 채택 요인이 해당 매체의 성격과 특징에 따라서 달라진다는 것을 강조하면서, 인구 사회학적 변인, 상대적 이점(우월성), 채택 비용, 혁신성, 커뮤니케이션 특성 등 개별 이용자들의 특성이 뉴미디어 채택에 작용하는 중요한 변인임을 보고했다.

2012년 말에 아날로그 지상파TV 방송이 종료되고 디지털 지상파TV로의 전환에 관한 수용자 연구들이 개혁확산 및 채택 이론의 틀을 적용하여 수행되었다. 전국 시청자들의 디지털 전환기 개혁채택 과정에서 영향을 미치는 요인을 분석한 연구(권정아, 박광만, 2010)와 지상파 디지털 방송을 직접 수신할 의향과 수신기기의 채택에 영향을 주는 요인 연구(유경한, 강상현, 권혁민, 2010)가 있다. 앞의 연구의 결과, 수도권 거주자와 비거주자 간의 디지털 전환 시기에 격차가 존재했고, 아날로그 방송의 종료 시기와 종료 사실을 정확하게 이해하고 디지털 방송에 대한 경험이 있으며, 디지털 방송의 인지된 특성에 대해 높이 평가할수록 디지털 전환 시기가 빨라지는 것으로 나타났다. 후자의 연구에서는 디지털 방송 수신기기의 채택은 기존의 개혁확산과 유사한 패턴을 보였으나, 지상파 디지털 방송 직접 수신 의도에는 디지털 전환 인지도와 필요성, 기존 방송의 만족도 등의 수용자 요인이 크게 영향을 미치는 것으로 나타났다. 또한 디지털 방송 수신기기의 채택 여부에는 개혁 특성 요인이 강한 영향력을 갖고 있는 것으로 나타났다(이준호, 2015).

개혁 성향은 어떤 사회 또는 집단에서 다른 사람보다 새로운 것을 쉽고 빠르게 수용하는 정도이다(한상권, 2009). 로저스(Rogers, 2003)는 새로운 기술을 채택하는 것은 개인의 개성이나 새로운 것을 시도하려는 자발성에서 비롯된다고 설명하였다. 개혁 성향이 높은 사람은 새롭고 익숙하지 않은 것을 접했을 때 개방적인 태도를 보이지만, 개혁 성향이 낮은 사람은 변화를 싫어하고 새로운 것에 대한 두려움을 갖는다(한상권, 2009). 이처럼 개혁 성향은 개인의 성격 요인이 강조된 것이며 사람에 따라 차이를 지닌다. 박인곤과 신동희(2010)는 개인의 성향은 서로 다르기 때문에 새로운 기술을 채택하는 것에서 차이를 보인다고 설명하였다. 이러한 설명에 따르면 새롭게 등장한 매체로서 1인 방송의 선택과 이용에 개인의 개혁 성향이 영향을 미칠 수 있음을 가정할 수 있다.

이용과 충족 이론과 개혁의 확산이론을 통해 제시된 미디어 이용 동기(needs), 이용자의 개인적 성향(personal tendency), 인지된 개혁의 특성(perceived innovativeness)이 1인 방송 이용에 주는 영향에 관해 살펴본 연구도 있다. 연구 결과 이용자가 지닌 미디어 이용 동기, 개인적 성향, 그리고 1인 방송의 개혁적 특성에 대한 인지가 1인 방송의 이용에 중요한 영향을 미치는 요소들이지만, 콘텐츠 분야에 따라 서로 다른 동기, 성향, 인지된 특성 요소들이 영향을 미치고 있었다. 인지된 개혁의 특성 중 '적합성'은 뷰티 · 패션 콘텐츠를 제외하고 모든 콘텐츠 분야에 걸쳐 공통으로 정(+)적 영향을 미치는 요인으로 나왔다. 이는 1인 방송이 단지 새로움 때문에 혹은 새로운 유행이라고 생각해서 시험적으로 이용해 보는 미디어라기보다는 이용자 자신의 관심과 욕구를 충족시키기 위한 목적으로 능동적으로 선택하는 미디어라는 것을 의미한다. 이는 또한 1인 방송이 개혁(innovation)의 초기 단계를 지나서 확산 단계로 접어들고 있음을 보여 주는 것이다(한영주 · 하주용, 2019).

평가 및 의의

개혁의 확산이론은 발전커뮤니케이션의 연구 전통을 확립한 에버릿 로저스(Everett Rogers)에 의해 확립되었다. 그의 정보 전파모델은 정보, 설득, 결정 또는 채택, 확증의 네 단계로 나누어져 있다. 이 과정은 맥과이어(McGuire, 1973)의 설득 단계와 비슷하다. 그러나 미디어의 역할은 첫째 단계인 정보에 대한 인지 단계에 집중되어 있다. 이 단계 후에 개인적인 접촉, 조직적 전문가의 의견과 충고, 실제 경험이 채택과정에서 적용된다.

초기 확산이론 학파는 조직과 설계, 선형적 효과, 지위와 전문성의 위계, 사회구조, 보강과 피드백을 강조했다. 초기에 이론화를 주도한 로저스는 조작적 성격을 가진 위로부터의 커뮤니케이션에 결점이 있으므로 확산이론에서 강조하는 것의 오류를 지적하며 해석과 반응의 지속적인 작용 과정을 강조하는 커뮤니케이션 융합모델을 대안으로 제시하기도 했다. 즉 송신자와 수신자 간의 상호이해의 증진을 중요하게 보았다. 새로운 발전 이론에서는 매스미디어의 제한적 역할을 인정하고, 사회 기반과 토착문화에 대한 이해에 초점을 맞춤으로써 확산 과정에 대한 설명력을 높였다(맥퀘일, 2003).

더 나아가서 미디어는 대인적 관여가 없이 공중에게 직접적으로 정보를 전달하는 경우도 있고 다른 형태로 확산이 일어나기도 한다. 로저스는 의견지도자들과 이를 따르는 수용자들 간의 엄밀한 구분은 지극히 단순한 것이라 보았고, 궁극적으로 확산을 하나의 네트워크 지향적 과정이라고 정의했다(리틀존, 1992).

개혁의 확산이론은 커뮤니케이션 분야에서 중요한 이론으로 실제로 사회학, 농업 사회학, 인류학, 경제학, 의료 사회학, 마케팅 등 많은 다른 학문 분야에서도 실용적으로 적용되었다. 예를 들어 인디언 사이의 말(馬) 확산에 관한 위슬러(Clark Wissler, 1922)의 연구, 아이오와 잡종 연구소에 대한 라이언과 그로스(Ryan & Gross, 1943)의 연구, 뉴스의 확산에 관한 연구 등이 대표적이다.

『개혁의 확산(Diffusion of Innovations)』을 저술한 로저스는 오랜 기간에 걸쳐 여러 분야에서 이루어진 확산 관련 연구에서 혁신, 한 사람에서 다른 한 사람으로의 커뮤니케이션, 사회 또는 지역사회 환경, 그리고 시간

요소가 포함되어 있다는 것을 확인했다.

이 이론은 원래 19세기 프랑스의 사회학자인 가브리엘 타르드(Gabriel Tarde)의 이론에 기초하고 있다. 그의 저서 『모방의 법칙(The Laws of Imitation』(1903)에서 타르드는 혁신 채택의 S형 곡선과 대인커뮤니케이션의 중요성을 이론화했다. 또한 타르드는 의견 주도력(opinion leadership)이라는 개념도 소개했는데 이들이 이웃 사람들이 혁신을 채택하는 데 영향을 준다고 보았다. 새로운 미디어 기술의 증가는 미디어 관련 학자들에게 지속적인 관심거리다. 새로운 기술이 사회 변화와 이 같은 변화가 야기되는 데에서 미디어 기술의 역할에 관한 관심은 지속될 것으로 보여서 개혁의 확산이론 활용도는 매우 높을 것으로 보인다(브라이언트 & 톰슨, 2005).

개혁의 확산이론은 개혁(혁신)의 시간적 패턴과 역할주도자 등에 대한 진단뿐 아니라 상징적 상호주의와 체계이론, 그리고 사회학습이론과도 연관성이 높으므로 융합적인 이론이다. 그리고 앞으로도 상징적 모델링, 설득, 사회적 촉진, 동기화와 같은 다양한 개인적, 심리적 변인과 확산을 연결한 후속 연구를 통해 이론적 확장성도 높을 것으로 보인다.

참고문헌

권정아 · 박광만(2010). 시청자의 디지털 전환에 영향을 미치는 요인에 관한 연구. 〈
정보통신정책연구〉, 17권 3호, 81-102.

김성태(1985). 『발달심리학』. 법문사.

리틀존(1992). Theories of Human Communication, 『커뮤니케이션 이론』. 김흥규
역. 나남. 637.

맥퀘일(2003). Mass Communication Theory 4th ed. Dennis McQuail, 『매스커뮤니
케이션 이론』, 양승찬 · 강미은 · 도준호(역), 나남.

박인곤 · 신동희(2010). 스마트폰 이용자들의 이용과 충족, 의존도, 수용자 혁신성이
스마트폰 이용 만족에 미치는 영향에 관한 연구. 〈언론과학연구〉, 10권 4호,
192-225.

브라이언트 & 톰슨(2005). Bryant. J., & Thompson, S. Fundamentals of Media
Effects. 『미디어 효과의 기초』, 배현석 역. 한울아카데미.

서성한(1990). 〈경영학 개론〉. 박영사.

양찬일(1996). 〈인터넷의 확산 과정에 영향을 미치는 요인에 관한 연구: 수용자의
저항성 분석을 중심으로〉. 중앙대학교 석사학위논문.

오택섭(1995). 뉴미디어 수용에 관한 연구. 〈한국사회변동과 언론〉. 나남.

유경한 · 강상현 · 권혁민(2010). 지상파 디지털 방송 직접 수신 의향 및 디지털 방
송 수신기기 채택 요인에 관한 연구. 〈한국방송학보〉, 24-4호, 122-162.

유형목(1987). 혁신의 수용과 확산에 관한 실증적 연구. 건국대학교 석사학위논문.

이준호(2003). 디지털 방송 기술 채택에 영향을 미치는 요인에 관한 연구. 〈한국방
송학보〉, 17권 3호, 87-120.

이준호(2015). 스마트 TV 채택과 채택 의도 결정요인 연구. 〈지역과 커뮤니케이션〉,
19(3), 125-167.

주정민(2004). 디지털TV 채택 요인에 관한 연구. 〈방송연구〉, 2004년 겨울호, 199-

225.

한상권(2009). IPTV의 채택 결정요인에 관한 연구. 한양대학교 대학원 박사학위
논문.

한영주, 하주용(2019). 미디어 이용 동기, 개인적 성향, 인지된 개혁의 특성이 1인
방송 시청에 미치는 영향: '이용과 충족' 이론과 '개혁의 확산' 이론을 중심으
로. 〈방송통신연구〉, 152-190.

McGuire, W.(1973). Persuasion, resistance, and attitude change, in I. de Sola
Pool et al. (eds.), *Handbook of Communication*, 216-252. Chicago: Rand
McNally.

Rogers, E. M. & Shoemaker, P.(1971). *Communication and innovations: Cross-
cultural approach.* New York, NY: Free Press.

Rogers, E. M.(1986). *Communication technologies: The new media in society.* New
York, NY: Free Press.

Rogers, E. M.(1995). *Diffusion of innovations,* 4th ed. New York, NY: Free Press.

Rogers, E. M.(2003). *Diffusion of innovations,* 5th ed. New York, NY: Free Press.

Ryan, B. & Gross, N.(1943). The diffusion of hybrid seed corn in two Iowa
communities. *Rural Sociology,* 8, 15-24.

Straubhaar, J. & LaRose, R.(1996). *Communications media in the information society.*
Belmont, CA: Wadsworth.

Tarde, G.(1903). *The Laws of Imitation.*(E.C. Parson, Trans.). New York: Holt.

Tornatzky, L. G. & Klein, K. J.(1982). Innovation characteristics and innovation
adoption-implementation: A meta-analysis of findings. *IEEE Transactions
on Engineering Management,* 29(1), 28-45.

Wissler, C.(1922). *Man and culture.* New York: Crowell.

6장

·

배양효과이론

이론 개요

미디어 환경이 발달한 미국은 미디어 관련 조사·연구가 20세기 초부터 활발히 진행되었다. 상당한 시간을 다양한 미디어 소비에 투자하는 현대인들에게 미디어는 긍정적이든 부정적이든 상당한 영향을 미칠수 있다. "미디어의 영향력은 어디 정도인가?"란 질문에 답하기 위해 여러 학자가 다양한 연구 방법을 통해 나름의 답을 내놓고 있다. 이들 중 1970년대 거브너(George Gerbner)와 그의 동료들에 의해 제기된 배양 이론(cultivation theory) 또는 문화계발이론은 올드미디어와 뉴미디어의 혼재속에 살아가는 현대인들에게 미디어의 영향력에 대한 경각심을 일깨워줄 수 있는 효과이론으로 여전히 많은 학자에 의해 관련 연구가 활발히 수행되고 있다.

배양 이론은 텔레비전이 중시청자(heavy viewers)에게 미치는 강력하고 장기적인 영향력을 설명하는 이론이다. 1960년대부터 미국 사회는 폭력 범죄가 빈번해지면서 이에 대한 원인을 밝히는 데 정부가 주도적으로 나섰다. 텔레비전의 저녁 방송 시간대(prime time)에 방영된 프로그램을 대상으로 폭력적 내용의 양과 질을 조사하는 프로젝트에 참여한 거브너(Gerbner)는 텔레비전이 보이는 폭력지수(violence index)를 개발하고 이들 프로그램이 얼마나 폭력적인 내용을 전달하고 있는지 객관적인 증거를 마련하였다(그리핀, 2012; 오미영·정인숙, 2005).

또한 텔레비전 시청자를 하루 평균 4시간 이상 시청하는 중시청자(heavy viewers)와 2시간 이하로 시청하는 경시청자(light viewers)로 구분하고 중시청자들이 텔레비전에서 묘사한 대로 세상을 더 위험하고 폭력적인 곳으로 인식하고 있다는 것을 밝혀냈다(Gerbner & Gross, 1976). 거브너와 그의 동료들에 의해 수행된 후속 연구들은 1) 폭력에 연루될 가능성, 2) 밤길을 걷는 것에 대한 두려움, 3) 지각된 경찰의 수와 활동 내용, 4) 타인에 대한 불신 등에서 중시청자와 경시청자의 인식에 차이가 있으며, 중시청자들이 텔레비전에서 묘사한 세상과 유사한 답을 내놓았음을 밝혔다(그리핀, 2012). 즉, 폭력적인 내용의 텔레비전 프로그램을 많이 시청한 사람들은 자신이 폭력에 연루될 가능성이 높을 것이라고 답했으며, 밤길을 혼자 걷는 것에 대한 두려움과 타인에 대한 불신이 상대적으로 컸다. 이것은 중시청자들은 텔레비전을 통해 세상을 인식하고, 텔레비전을 통해 현실을 구성한다는 점을 시사한다(오미영·정인숙, 2005). 이러한 중시청자의 부정적 현실 인식 상태를 일컬어 거브너와 동료들은 "비열한 세상 증후군(mean world syndrome)"으로 명명했다.

차배근(2003)은 자신의 저서에서 거브너의 배양 효과는 사회 구성원들에게 사회적 현실에 대한 특정한 관념을 형성해 주기에 '이데올로기적 효과(ideological effects)'와 유사한 개념이라고 설명한다. 이런 관점은 다양한 이데올로기들이 텔레비전을 위시한 매체의 이용을 통해 사회 구성원들에게 전이되고 강화될 수 있음을 시사한다. 예를 들어 인종적 이데올로기의 내재화는 텔레비전 경시청자보다 중시청자에게서 많이 발견될 수 있겠다. 이는 또한 외모지상주의에 따른 우리 사회의 이상적인 남성성과 여성성에 대한 텔레비전의 현실구성(construction of reality)도 중시청자들에게서 더 많이 발견될 수 있음을 말해준다.

배양 효과연구에 대한 주요 기본 가정으로 1) 매스미디어 특히 텔레비전은 우리 사회 문화를 전달하는 주요 에이전시(agency)이며, 2) 텔레비전이 전하는 메시지들은 대동소이하다는 메시지의 획일성(uniformity of messages), 3) 텔레비전 시청자들은 대부분 비선별적(nonselective)으로 텔레비전을 소비한다는 것이다. 즉, 특정 프로그램을 보기 위해서라기보다, 휴식과 오락을 위해 습관적(habitual)으로 텔레비전을 보고 있다는 것이다 (차배근, 2003).

거브너와 동료들은 후에 주류화(mainstreaming)와 공명(resonance)이란 개념을 추가해 자신들의 이론을 보다 정교화했다. 주류화는 "텔레비전의 중시청을 통해 사회 각 집단의 세계관이 하나로 수렴될 때 발생"(Gerbner et al., 1980; 셰버린 · 탠커드, 1997, 351쪽 재인용)한다는 것으로 경시청자들이 특정 이슈에 대해 다양한 의견을 제시할 때, 중시청자들은 텔레비전 세계에서 제시된 관점을 공유할 가능성이 많다는 것이다. 공명은 배양 효과가 특정 그룹들에 더 선명히 나타난다는 것을 설명하는 개념이다. 예를 들어, 범죄에 쉽게 노출되는 사회적 약자인 여성, 어린이, 노약자들은 범죄 뉴스나 범죄를 다룬 드라마를 자주 보게 되면 남성 성인들에 비해 더 많은 두려움을 갖게 되며, 이는 결국 텔레비전에서 전하는 메시지를 상대적으로 쉽게 수용하게 된다는 것이다.

학자들은 최근 텔레비전뿐만 아니라 게임이나 인터넷 등 뉴미디어를 이용해 배양 효과의 유효함을 증명하고 있다. 이들은 또한 미디어 세상이 그리는 폭력만이 아니라 다양한 이데올로기적 메시지가 미디어를 통해 사회 구성원들에게 전이되고 강화되는 것을 밝혀나가고 있다. 전통 배양 효과 연구의 소재인 텔레비전뿐만 아니라 뉴미디어를 대상으로 연구(예: Williams, 2006)가 수행되고 있다. 또한 폭력이나 범죄를 주로 다뤘던 기존의 미디어 메시지를 벗어나 환경(예: Good, 2009), 라이프 스타일(예: Jin & Jeong, 2010), 청소년들의 자존감(예: Martins & Harrison, 2012), 자동차 운전 행태에 대한 청소년들의 인식(예: Beullens, Roe, & Bulck, 2011) 등 다양한 미디어 메시지의 영향력에 대해서도 연구가 이루어지고 있다.

이들의 연구 결과들은 새로운 미디어 환경에서도 배양 이론은 아직도 유효한 이론으로 다양한 미디어 메시지가 이용자들에게 미치는 장기적 영향력을 실증적으로 보여 주고 있다(배상률, 이재연, 2012).

일찍이 Lippman(1922)은 '머릿속의 그림(picture in our head)'이라는 용어를 사용해 매스미디어가 제공하는 왜곡된 현실을 수용자가 사실인 것처럼 착각하게 되는 현상을 설명했다. 매스미디어는 현실을 있는 그대로가 아닌 재구성하는 방식으로 제공하지만, 수용자들은 이를 현실로 인식하게 된다는 것이다. 현실 세계를 모두 경험할 수 없는 인간은 미디어를 통해 소통하는 주관적 방식을 수용하여 세상에 대한 적응과 인식을 구성한다. 현실 세계가 너무 크고 복잡하므로 대중은 직접 체험으로 모든 현실을 인식하는 것이 불가능하며, 미디어를 통해 만들어진 '유사 환경'을 머릿속에 인지시키게 된다. 미디어는 끊임없는 현실 묘사를 통해 수용자에게 의미 형성의 경험을 제공하고, 수용자는 미디어가 제시하는 현실을 통해 의미 세계를 창조해 왔다. 그 가운데 TV는 수용자의 인지 형성 측면에서 그 어떤 매체보다 강력한 힘을 지니고 있으며 가장 흔하고 지속적인 학습 환경을 제공하는 미디어이다.

TV는 영상매체가 지니는 특성으로 인해 수용자의 심리적 관여도를 유발한다. 이는 TV가 보여 주는 대상과 시청자가 마치 상호작용하는 듯한, 이른바 '유사 사회적 상호작용(parasocial interaction)'으로 이어지면서 TV의 경험을 자기 경험처럼 받아들이게 한다. 또한 TV가 갖는 일상성은 모든 사회현상과 문제를 수용자가 쉽게 현실로 받아들이고 이해할 수 있도록 도와주며, 그 결과 수용자들은 TV 속 현실을 실제 현실과 대체하게 만든다. 실제로 TV 방송 프로그램은 기획과 촬영, 편집, 편집 후 작업을 통해 수많은 사실이 축소, 강조되고 변화된다. 그러한 결과물이 수용자에게 다수의 표상과 함께 어떠한 리얼리티 체험을 불러일으키는가는 연구자들 호기심의 대상이 되었다. 이 때문에 매체의 현실 재구성(reconstruction of reality)을 포함해 TV가 묘사하는 장면들이 수용자에게 어떤 영향을 미치는가에 대한 논의가 이어져 왔다(Weimann, G., 김용호 역, 2003).

Gerbner(1972)는 시청자들이 허구를 다루는 TV 드라마를 현실로 인식하는 문제와 위험성을 배양 효과(cultivation effect)로 설명한 학자이다. 거브너의 배양 효과에 따르면 TV 드라마를 많이 시청하는 집단(heavy-viewer)은 적게 시청하는 집단(light-viewer)에 비해 TV 드라마에 묘사된 세상을 현실 그대로 인식하는 경향을 보인다. 드라마를 많이 시청하는 사람들은 TV 세계를 보면서 현실 세계의 '사실'을 습득하며 시청 기억을 자동으로 축적해 실제 세계에 대한 신념을 형성한다는 것이다. 이런 맥락에서 TV 드라마는 수용자들에게 현실에 대한 특정한 신념과 가치관 등을 주입하는 대표적인 사회화 도구가 된다.

Gerbner(1972)는 TV를 '가장 강력한 문화적 무기'이자 '이데올로기 도구'로 보았다. Gerbner의 배양 효과는 미디어의 영향력과 효과를 설명하는 중요한 이론으로, 애초 TV 드라마의 폭력성에 대한 경고와 위험성을 알리기 위한 연구 결과로 제시되었다. 여기서 '배양'이라는 용어는 수용자의 현실 지각에 영향을 줌으로써 머릿속 생각을 구성한다는 의미이다. 배양 효과이론의 기본적 주장은 매스미디어가 현실 세계에 대한 인간의 생각을 구성하는 데 큰 영향을 지닌다는 것(Adoni & Mane, 1984, 나은영, 2012에서 재인용)으로, TV 드라마에서 폭력 장면을 많이 시청한 사람일수록 폭력에 대한 노출이나 위협의식을 더 많이 느끼고 현실 세계보다 과장되게 묘사되는 TV 내용을 현실로 받아들인다는 것이다.

배양 효과의 중요한 개념 가운데 하나는 주류화(mainstreaming)이다. 이는 사회 현실에 대한 다양한 인식이 하나의 사회 주류 안으로 수렴하는 동질화 효과를 말한다. 즉, 사회집단의 생활환경이나 세계관이 각기 다름에도 불구하고 TV는 현대사회 주류를 우선 전달하고 드러냄으로써 시청자들을 일관된 방식으로 결부시킨다는 것이다. 주류화는 사회 소속이나 성격 차이에서 비롯되는 개인적 견해, 가치, 습관의 차이가 TV 사이에서 흡수되고 극복되고 있음을 보여 주는 것이다. 이러한 주류화 개념은 TV가 사회 구성원의 다양한 견해를 흡수하여 공통의 견해와 지각을 계발한다는 것을 의미하며, TV가 재구성한 세계에 의해 더 많은 사람이 점차 동화된다는 것을 보여 준다(Weimann, G., 김용호 역, 2003). 주류화는 TV에 노출되는 시간에 비례하여 중시청자들이 TV가 묘사하는 객체 이미지에 더욱 빠져들게 된다는 것을 의미한다(문성준, 2013).

사회학에서는 이러한 심리 과정을 '학습'으로 압축하여 설명한다. 수용자들은 TV의 행동과 특성을 배우며, TV 시청량이 많은 중시청자일수록 TV 이미지를 현실 세계의 대표로 받아들인다는 것이다. 이 때문에 수용자는 TV 속 가상 세계를 자신의 것으로 받아들이면서 드라마 속 주인공이나 특정 집단에 대해 고정관념을 형성하게 된다(오미영, 2014).

검증과 발전

배양 효과이론은 매우 영향력이 커, '패러다임'이라고 명명되기도 하는 중요한 미디어 효과이론이다(Bryant & Miron, 2004; Morgan & Shanahan, 2010). 'cultivation'을 '문화계발'로 번역하기도 하지만, 미디어가 문화계발에 영향을 준다기보다 수용자의 현실 지각이나 타인의 의견 지각에 영향을 줌으로써 머릿속의 '생각'을 구성해 가는 측면이 있으므로 배양 효과라고도 부른다. 배양 효과이론의 기본적인 주장은 매스미디어가 현실 세계에 대한 인간의 생각을 구성하는 데 큰 영향을 지닌다는 것이다(Adoni & Mane, 1984). 어떤 미디어에 지나치게 많이 의존할 때, 그 미디어가 묘사하는 현실이 진짜 현실인 것처럼 생각할 수 있다는 것이다.

현재까지의 배양 효과 연구는 대부분 TV를 중심으로 이루어졌다. 배양 효과를 검증해 온 전통적인 연구 방법은 일단 해당 미디어의 내용분석을 하여 '미디어가 묘사하는 현실'을 파악한 다음, 미디어 이용자를 중시청자와 경시청자로 나누어 이들이 추정하는 현실이 '미디어 응답'에 가까운지 또는 '현실 응답'에 가까운지를 판단하는 것이었다(e.g., Gerbner & Gross, 1976). 즉, 미디어 중시청자들의 응답은 미디어 현실에 더 가깝고, 경시청자들의 응답은 실제 현실에 더 가깝다는 결과를 근거로, 해당 미디어가 수용자 머릿속의 현실을 구성하게 되는 배양 효과를 가져왔다고 결론짓는 연구들이 전형적이다. TV 드라마 중시청이 성 고정관념과 관련된 사회적 현실을 왜곡된 방향으로 형성하는 데 큰 영향을 준다는 연구(Carveth & Alexander, 1985), 오락 프로그램이 물질주의적 가치 형성에 영향력을 지닌다는 연구(Reimer & Rosengren, 1990), 그리고 TV 중시청자가 청소년들의 중독성 물질 남용에 대해 부정적 지각을 지니게 된다는 연구(Minnebo & Eggermont, 2007), 탈북자들의 TV 드라마 시청이 남한 사회의 현실 인식에 영향을 준다는 연구(이민규, 우형진, 2004) 등 다양한 영역에서 배양 효과가 검증되었다.

특히 중시청자와 경시청자 사이에서 발견되는 차이점이 나이, 교육, 신문 구독, 그리고 성별 등의 변인에서도 나타남을 보여 주었다. 즉 텔레비전 시청과 세상에 대한 서로 다른 시각 사이의 관계는 실제로 다른 변인에 의해 발생할 수 있다는 것이다. 배양 효과를 비판한 대표적인 학자인 폴 허쉬(Paul Hirsch, 1980)는 만약 동시에 다른 변인 모두를 통제한다면 텔레비전에 의한 배양 효과는 매우 작다고 주장했다.

또한 텔레비전 시청은 어떤 집단에는 강력하지만, 다른 집단에는 그렇지 못하다는 것은 다른 변인들과 상호작용하기 때문이라는 연구도 있다. 예를 들어 루빈, 퍼스, 그리고 테일러(Rubin, Perse, & Talyor, 1988)는 습관적이면서도 많은 텔레비전 시청에 나타나는 일반적인 배양 효과는 특정 프로그램에만 관련된다는 점을 발견했다. 맥로드(McLeod)와 그의 동료들(1995)도 본래의 배양 효과와 수정된 가설을 모두 검증한 결과, 배양 효과는 일어나지 않았고 다만 범죄 보도가 자주 등장하는 지역 텔레비전 뉴스를 전반적으로 많이 이용하는 경우 종합적인 범죄 위기감을 발생시키는 데 가장 강력한 효과를 주고 있음을 발견했다(세버린, 탠카드, 2004).

TV에서 지나치게 많이 다루어지는 주제보다는 덜 다루어지는 주제일 경우에 배양 효과가 더 크게 나타난다는 연구에 비추어 볼 때(Hetsroni, 2008), 미디어가 묘사하는 현실 주제에서 사람들이 무엇인가를 배우고 알아 감으로써 배양 효과를 가져오게 된다는 사실을 알 수 있다. 이와 유사한 결과는 국내에서도 발견되었다.

우형진(2006)은 TV 뉴스 중시청이 우리나라 사람들에게 잘 알려진 자연재해나 질병 및 인재 사고보다 잘 알려지지 않은 자연재해나 희귀한 질병 및 경험 못 한 테러의 발생 가능성에 더 큰 영향을 준다는 결과를 보고했다. 배양 효과가 적용될 수 있는 영역의 다양화가 진행됨과 동시에, 미디어가 점차 발전, 변화해 감에 따라 새로 등장하는 미디어에 맞는 배양 효과 연구들도 때맞춰 진행되었다. 배양 효과를 VCR 이용에 적용한 연구(Perse, Ferguson, & McLeod, 1994), 인터넷의 배양 효과를 살펴본 연구(이준웅, 장현미, 2007) 등이 이에 해당한다.

비교적 최근에 배양 효과를 다룬 연구들은 주로 초기 배양 효과의 가정들에 문제가 있음을 지적하고 있다(cf. Hawkins & Pingree, 1981). 그중 특히 미디어 내용의 획일성 가설과 비선택성 가설을 반박하는 연구들이 상당수 있었다. 예를 들면, 윌리엄스(Williams, 2006)는 청소년들을 비디오

게임에 한 달가량 노출시켰을 때 실제 세계의 위험 지각이 증가하기는 하지만, 실제 세계의 총체적인 위험 지각보다는 게임에 묘사된 사건이나 상황과 관련된 범죄의 위험성만 높게 지각한다는 결과를 얻었다. 이와 유사하게 TV 토크쇼도 청소년들의 현실 지각에 영향을 주는 과정이 해당 프로그램 내용에 제한적임을 밝힌 연구도 있다(Rossler & Brosius, 2001).

미디어의 배양 과정에서 특히 '공명효과(resonance effect)'는 TV에서 본 현실이 시청자의 실제 현실과 일치할 때 발생한다(Miller, 2005). TV에서 본 폭력이나 불륜이 현실에서도 발생하는 것을 관찰하면, 현실이 TV와 일치한다는 믿음이 더 강해지기 때문이다. 마찬가지로, 게임에서 경험한 폭력이 현실에서도 경험될 때, 게임 속 현실이 실제 현실과 큰 차이가 없다는 착각은 더욱 강해질 수 있다. 그런데 TV 프로그램이 미국보다 다양한 나라에서는 배양 효과가 더 약하게 나타났다는 연구에 비추어 볼 때 (Morgan & Shanahan, 2010), 미디어에서 알게 되는 내용의 다양성이 확보되는 경우에는 편향적인 배양 효과를 줄일 수 있을 것이라 기대된다.

이것은 SNS 상황에도 적용될 수 있다. 즉, SNS에서 알게 되는 정보가 동질적이지 않고 다양하다면, 동질적인 미디어 내용의 과소비로 인한 현실 왜곡 지각을 어느 정도 줄일 수 있을 것이라 예상할 수 있다. SNS에서도 공명효과가 발생할 가능성이 큰 이유는 SNS가 묘사하는 현실 안에 이미 본인의 선택성이 상당 부분 반영되어 있기 때문이다. 그렇게 본인이 선택해서 구성해 놓은 SNS의 현실을 실제 현실인 양 받아들이는 것이 이중적 효과를 발휘하여 문제가 될 수 있다는 것이다. 기존 미디어에서보다 SNS에서 자아도취적 성향 또는 자기 설득 과정이 나타나기 쉽다는 의미이다. SNS 중이용자들의 경우, 원래 유사했던 사람의 의견을 필요 이상으로 더 많이 보게 되어 합의 착각이 커지면서 현실과 SNS 간의 차이가 더 적다고 생각하게 되고, 이에 따라 공명효과까지 더해짐으로써 의견의 극화가 발생할 확률도 증가할 수 있다.

배양 효과이론은 미디어로 인해 사람들의 현실 지각이 달라질 수 있다고 주장한다. 또한 합의 착각 효과는 타인의 의견에 대한 잘못된 지각으로 인해 발생하는 인지적 편파의 일종이다. 소셜 네트워크 서비스(SNS)는 타인의 의견과 관련된 현실을 파악하기 용이한 미디어로 선택적 노출, 선택적 주의집중, 그리고 동기화된 정보처리가 일어나기에 적합한 환경이기 때문에, 배양 효과와 합의 착각 효과가 동시에 나타날 수 있는 여건을 지니고 있다.

이에 SNS 중이용자와 경이용자의 현실 인식 차이를 분석함으로써 배양 효과와 합의 착각 효과를 함께 검증한 연구(예, 나은영, 2012) 결과를 보면 다음과 같다. 먼저 정치 성향(보수, 중도, 진보) 인구 비율 추정치를 분석한 결과, 트위터와 페이스북 중이용자들이 경이용자들보다 현실 정치 성향 비율과 SNS 정치 성향 비율 간의 추정치 차이가 적었고 상관관계는 높았다. 이는 트위터 중이용자가 경이용자보다 현실이 SNS와 더 유사하다고 생각한다는 사실을 말해주는 결과로, 배양 효과를 지지한다고 해석할 수 있다. 또한, 전체적으로 본인의 정치 성향에 해당하는 사람들이 다수라고 생각하는 경향이 있어, 합의 착각 효과도 지지되었다.

전체적으로 볼 때 배양 효과와 합의 착각 효과는 트위터와 페이스북 모두에서 발견되어, 이 점에서는 두 종류 SNS가 크게 다르지 않다고 할 수 있다. 이 연구의 시사점은 SNS 중이용자는 SNS 안의 모습이 실제 현실의 모습과 큰 차이가 없다고 생각하고, SNS 경이용자는 SNS 안의 모습을 지나치게 과장된 상태로 추측함으로써, 이 두 집단 간의 '지각 양극화'가 발생할 가능성이 있다는 점을 밝혀낸 것이다(나은영, 2014).

문화계발이론 또는 배양 이론으로 미디어가 소비 가치에 미치는 영향도 설명할 수 있다. 우리는 텔레비전을 포함하여 미디어가 만들어내는 상징적 세계와 상호작용하면서 살아가는데, 이러한 상호작용이 시청자의 현실 인식에 영향을 준다. 시청자들은 텔레비전이 만들어내는 왜곡된 이미지에 지속해서 노출됨으로써 왜곡된 현실 인식을 가지게 된다는 것이다. 이는 '비열한 세상 신드롬(mean world syndrome)'으로 표현되기도 하는데, 즉 텔레비전을 많이 보는 중시청자들은 경시청자들보다 세상을 더 위험한 곳으로, 믿을 수 없는 사람들로 가득한 곳으로 인식한다는 것이다(Gerbner et al., 2002). 현실 인식에 대한 배양 효과가 발생하는 과정에 대해 Shapiro & Lang(1991)은 시청자들은 텔레비전에서 본 것이 실제가 아니라는 것을 종종 잊어버리기 때문이라고 설명한다. 반면 일부 학자들(Hawkins & Pingree, 1987; Shrum, 2004; Shrum, Burroughs, & Rindfleisch, 2004)은 배양 효과에서 사용되는 종속변인을 두 가지로 나누어 접근하는데, 하나는 인구통계학적인 일차적 측정(demographic or first-order measurement)이고 다른 하나는 가치체계와 관련된 이차적 측정이다(value-system or second-order measurement). 일차적 측정은 범죄를 저지른 사람 또는 특정 집단의 비율, 직업분포 비율, 이혼율 등 인구통계학적인 비율에 관한 판단을 말하며, 이차적 측정은 텔레비전 내용으로부터 배양된 가치, 태도, 신념과 관련된 것으로, 불신 수준, 폭력에 대한 수용 수준, 물질주의적 가치 수준 등이 그 예이다.

Shrum et al.(2004)은 이 두 가지 유형의 효과는 다른 방식으로 발생한다고 본다. 첫째, 인구통계학적인 일차적 측정은 판단이 요구되는 시점에 마음속에 쉽게 떠오르는 기억을 끄집어냄으로써, 즉 가용성 휴리스틱 정보처리 과정을 통해 발생하는 현실에 대한 인식이다. 예를 들어, 시청자들에게 "현실에서 범죄행위가 얼마나 빈번하게 일어난다고 생각하십니까?"라고 묻는다면, 중시청자들은 자주 접했던 텔레비전의 시각적 정보에 대한 기억을 쉽게 떠올림으로써 응답하게 된다는 것이다. 두 번째 가치체계와 관련된 이차적 배양 효과는, 이미 형성되어 있는 가치가 새로 들어오는 정보에 의해 강화 및 변화하면서 발생하는 것이다. 따라서 가치체계와 관련된 배양 효과는 시청 중에 발생하며, 특히 시청 조건에 의해 영향을 받는다. 예를 들어, 시청 중에 얼마나 몰입했느냐 등에 따라 그 효과가 달라진다는 것이다.

미디어가 소비 가치에 미치는 영향은 가치체계와 관련된 이차적 배양 효과이다. 텔레비전 시청과 물질주의적 가치 간의 관계에 관한 연구들은 텔레비전 시청을 많이 할수록, 물질주의적 가치를 담은 메시지가 시청자에게 내면화되면서 물질주의적 가치를 높게 평가함을 발견하였다 (Burroughs, Shrum, & Rindfleisch, 2002; Shrum, et al., 2005). 특히 오락 프로그램 시청은 시청자의 물질주의적 가치와 계층 지향적 소비와 관계가 높은 것으로 보고된다(금희조, 2006; 양혜승, 2006). 또한 텔레비전 시청의 배양 효과는 시청자의 프로그램에 대한 몰입 정도와 인지 욕구에 따라 조절되는 것으로 나타났다(Burroughs et al., 2002; Shrum et al., 2005).

이러한 배양 효과는 텔레비전 프로그램에 대한 실증적 내용분석으로도 일부 설명이 가능하다. 즉 텔레비전에 사회경제적 상위 계층이 집중적으로 등장하며, 소유와 소비 수준을 과도하게 부유한 것으로 묘사되고 있으며, 이러한 경향은 드라마와 예능프로그램의 경우에 현저하게 나타난다(양혜승, 2009). 텔레비전 시청은 연애에서 소비를 중시하는 정도와 적절한 연애 소비 수준에 관한 판단에도 영향을 준다(이주현, 김은미, 2012). 이와 같은 선행 연구들은 매스미디어, 특히 텔레비전이 시청자의 소비 가치에 영향을 줄 것이라는 가설 설정을 가능하게 한다.

한편, 배양 이론은 주로 텔레비전을 중심으로 연구되었는데, 이는 배양 이론이 가지는 기본적인 가정 때문이다. 즉 수용자는 일관되게 편향적으로 제시되는 메시지를 수동적으로, 비선택적으로 받아들이기 때문에 배양 효과가 발생한다는 것이다. 그러나 시청자의 프로그램에 대한 집중 정도와 인지 욕구가 배양 효과를 증가시켰다는 연구(Burroughs et al., 2002; Shrum et al., 2005)는 배양 효과가 수용자의 수동적 시청만을 전제로 발생하는 것은 아니라는 것을 보여 준다. 오히려 이용자의 자발적이고 선택적인 이용이 학습 및 설득 효과를 증가시킴으로써 배양 효과를 발생할 수 있다는 점을 고려할 때(Shrum, 2004), 소셜미디어에 의한 배양 효과도 예측 가능하다. 나은영(2012) 연구에서는 트위터와 페이스북 이용자 모두에서 중이용자가 경이용자보다 현실 정치 성향 비율을 추정함에 있어서 SNS 정치 성향 비율과 그 차이를 더 적게 인식하고 있었고, 중이용자는 SNS가 현실을 더 잘 반영한다고 인식하고 있었다. 또한 SNS 중이용자는 경이용자보다 범죄 희생 확률과 실업률 추정치 등 사회문제 인식에서도 더 부정적인 것으로 인식하고 있는 것으로 나타났다.

문화계발 효과이론은 현실에 대한 대중의 관념과 이미지가 미디어에서 전달하는 메시지에 장기간 노출된 결과라는 것을 가정한다(Gerbner & Gross, 1976). 구체적으로 미디어는 지속해서 일관된 내용을 전달하기 때문에 대중에게 현실에 대한 특정한 개념을 계발하는 힘을 갖는다(Gerbner, Gross, Morgan, & Signorielli, 1994).

따라서 프로그램 장르와 관계없이 텔레비전을 많이 볼수록 사회적 현실의 객관적인 척도보다 텔레비전에서 제시된 허구적 현실을 더 가깝게 인식할 가능성이 크다(Gerbner & Gross, 1976). 현존하는 문화계발 효과연구에서 가장 많이 다루어진 주제는 텔레비전의 폭력 묘사와 폭력성이 실제 범죄 및 피해 발생 인식에 미치는 영향이다(Potter, 1993). 1960년대 미국인의 일상에 텔레비전의 존재가 깊숙이 자리 잡으면서 미디어의 부정적 효과에 대한 불안감이 공중 및 정치적 의제로 떠올랐고 미국 정부는 텔레비전의 폭력성이 청년에게 미치는 효과를 분석하였다. 대표적인 연구가 문화지표연구로 불리는 거브너(Gerbner) 프로젝트였다. 해당 프로젝트에서 거브너와 동료들은 콘텐츠 분석을 통해 미국 텔레비전 속 폭력 행위 수치가 실제 폭력 행위 수치를 크게 초과한다는 사실을 발견하였다(Gerbner & Gross, 1976; Gerbner, Gross, Eleey, Jackson-Beeck, Jeffries-Fox, & Signorielli, 1977). 또한 텔레비전 중시청자가 경시청자에 비해 범죄 발생률을 실제 비율보다 과대평가하는 경향이 있으며 세상을 불안한 장소라고 더 강하게 인식한다는 것을 발견하였다(Gerbner et al., 1994). 결론적으로 중시청자는 실제 사회의 모습 대신 텔레비전에서 본 불안한 사회의 모습이 마음속에 배양되어 사악한 세계관을 갖게 된다는 것이다.

문화계발 효과이론이 처음 소개된 1970년대에는 프로그램 유형 수가 상당히 적었기 때문에 시청자의 선택은 제한적이었으며 미디어 노출 효과가 단순하고 유사한 경향을 보였다(Lee & Niederdeppe, 2011). 그러나 프로그램 구성과 장르가 다양화된 현대 미디어 환경에서 연구의 필요성을 의심한 학자들조차 결국 장르 연구의 불가피성을 인정하게 되었다(Morgan & Shanahan, 2010). 이에 일군의 학자들은 연애 리얼리티 프로그램(Ferris, Smith, Greenberg, & Smith, 2007), 드라마(Quick, 2009), 뉴스(Romer, Jamieson, & Aday, 2003) 등 다양한 장르에 대해 문화계발 효과를 검증하였다.

그 결과 허구적인 장르보다 사실적인 장르에서 문화계발 효과가 더 강하게 발생한다는 것을 발견하였다(Grabe & Drew, 2007). 리얼리티 프로그램은 다른 장르보다 내용과 형식 면에서 시청자에게 더욱 현실적으로 다가가기 때문에 시청자가 텔레비전 속 세상을 실제 세상으로 받아들일 가능성이 크다(나은경 · 김도연, 2012). 특히 시청자의 관음적 욕망이 연결된 연애 리얼리티 프로그램은 문화계발 효과 측면에서 주목할 만하다. 존스와 넬슨(Jones & Nelson, 1997)은 텔레비전 등 미디어에서 보여 주는 결혼 및 연애에 대한 관념이 시청자에게 결혼 및 연애관을 평가하는 기준이 된다고 주장하였다. 선행 연구에서도 연애 리얼리티 프로그램 시청 횟수가 많을수록 해당 프로그램에서 제시하는 연애 태도를 지지하는 것으로 확인된 바 있다(Ferris, Smith, Greenberg, & Smith, 2007). 또한 중시청자의 연애 관계에 대한 정의와 반사회적 행동의 빈도에 대한 인식이 연애 리얼리티 프로그램에서 묘사된 것과 유사하다는 결과와 연애 리얼리티 프로그램 시청이 대학생들의 성에 대한 전반적인 태도에 영향을 미치는 것으로 나타났다(Bond & Drogos, 2014; Riddle & De Simone, 2013).

한편 국내에서는 김미라(2008)가 연애 리얼리티 프로그램 시청이 연애와 이성 관계에 대한 태도, 연애 상대 선택 시 신체적 기준의 적용에 있어 유의미한 영향을 미치는 것을 확인하였다. 또 박현유(2009)는 연애 리얼리티 프로그램을 많이 시청할수록 성에 대해 개방적인 태도와 이성 교제에 대해 호의적인 태도를 가진다는 사실을 밝혀내었다. 이선영(2017)은 TV 연애 프로그램이 시청자의 사랑에 대한 열정 인식에 긍정적인 영향을 미치는 것을 발견하기도 하였다.

연애 기대감이란 연애 상대방과 로맨틱한 관계에 대한 이상을 의미한다(공유경·주만화·정용국, 2023). 연애 리얼리티 프로그램의 구성은 남녀 출연자들이 한 공간에서 머물면서 이성의 환심을 사기 위해 자신의 매력을 뽐내고 로맨틱한 분위기의 데이트를 하는 과정을 연출한다. 특히 출연자의 수려한 외모와 안정된 직업을 공유함으로써 시청자에게 연애 및 결혼에 대한 이상적인 기대를 투영할 수 있는 대상을 제시한다. 결국 시청자는 연애 리얼리티 프로그램을 지속해서 시청하면서 자신의 연애 및 결혼 상대에 대한 환상적인 이미지를 갖게 되고, 프로그램 출연자와 유사한 상대와 로맨틱한 관계를 상상할 가능성이 있다고 예측할 수 있다.

예를 들어 세그린과 나비(Segrin & Nabi, 2002)는 연애 리얼리티 및 로맨틱 코미디 프로그램에 많이 노출된 시청자일수록 사랑에 대해 낭만적인 관점을 갖게 되며 육체적인 조화를 강조한다는 점을 발견하였다. 국내에서도 텔레비전 오락 프로그램을 많이 시청할수록 이성에 대한 비현실적인 연애 및 결혼 기대를 하게 된다는 연구 결과가 확인된 바 있다(금희조, 2007). 한편 결혼 기대감은 배우자와의 관계, 미래 결혼 생활, 부부 관계 특성 등 결혼과 관련하여 향후 일어날 일에 대한 가능성에 대해 예상하는 것을 의미한다(조혜주, 2005). 결혼 기대감을 종속변인으로 사용한 선행 연구에서는 드라마와 오락 프로그램을 많이 시청할수록 결혼 관계에 대해 긍정적인 기대를 많이 하는 경향이 있다는 것을 발견하였다 (Signorielli, 1991).

반대로 오스본(Osborn, 2012)은 연애 프로그램을 많이 시청하고 프로그램이 묘사하는 비현실적인 연애 관계에 대한 믿음이 높을수록 배우자에게 덜 헌신적이며, 배우자가 아닌 다른 상대에게 더 큰 매력을 느끼는 것을 보여 주었다(이준영·유우현, 2023).

국내의 지상파 드라마 〈펜트하우스〉에 표현된 폭력의 양을 확인하고 폭력이 어떠한 맥락에서 묘사되는지 분석한 연구에서는 드라마의 폭력성을 측정하기 위해 PAT를 사용했다. 거브너의 폭력지수(VI, violence index)를 활용하여 폭력적 장면의 횟수를 세거나, 신(scene) 단위로 폭력을 분석하는 것은 폭력의 양을 측정하는 데 집중하는 것인데 비해 가해자-행동-희생자(perpetrator(P)-act(A)-target(T))를 포함하는 PAT 단위를 사용하는 경우, 폭력의 행위와 행위자를 종합적으로 판단할 수 있어 맥락 요인이 잘 드러나기 때문이다(Smith et al., 1998). 또한 폭력의 행위 역시 물리적인 것 외에 언어폭력이나 심리적 압박 등의 행위로 확장하여 측정할 수 있다는 장점이 있다(정유진·최윤정, 2022).

이 연구의 분석에 따르면 드라마 〈펜트하우스〉에서는 하나의 에피소드당 18.3개의 PAT가 나타나 폭력성 수준이 과거보다 증가했고 매우 높았다. 그리고 가해자와 피해자의 성별 조합에 따라 폭력이 묘사되는 맥락에 차이가 존재했다는 점을 발견했다. 여성 가해자의 폭력은 복수를 하기 위해 사용되었고, 여성 가해자-여성 피해자의 경우 복수 코드가 전제되어 정당성이 부여되지 않은 폭력 행동이 다수 등장했고 이러한 폭력에 대한 보상이나 처벌 없이 간과되고 있었다. 여성 가해자-남성 피해자의 경우 폭력이 유머러스한 맥락에서 그려지고 있으며 폭력 피해를 보더라도 위협감이나 공포감 대신 모욕감과 수치심을 느끼는 것으로 확인되었다. 남성 가해자–남성 피해자는 폭력의 발생 장소가 업무공간이나 길거리 등 공적 장소가 많았으며, 여성이 포함된 경우는 주거지에서 폭력이 발생하였다고 보고했다(정유진·최윤정, 2022).

평가 및 의의

배양 효과는 미디어의 장기적인 효과가 대표적인 이론으로 현대 미디어 중 텔레비전이 개인의 경험과 세상에 대해 배우는 삶의 상황에 대한 신념을 알려주는 우리의 '상징적 환경'을 지배하는 중요한 위치를 차지한다고 주장했다. 또한 텔레비전은 전통적 신념과 행동을 바꾸고 위협하거나 약화하기보다는 주로 그것들을 유지하고 안정시키며 강화하는 기존 산업 질서의 문화적 무기(Gross, 1977)로 묘사되고 있다(맥퀘일, 2003).

그동안 배양 효과를 검증하기 위해 많은 연구가 이루어졌는데 텔레비전을 통한 경험은 이 이론이 가정하는 것보다 더 다양하고 누적적이지 않을 수 있다는 점과, 미국 이외의 다른 국가에서는 콘텐츠와 이용이 다르므로 배양 효과가 일어나지 않는다는 비판도 있다. 미국 외의 다른 나라에서 나타난 증거는 여전히 일반화하기 힘들다. 이런 점에서 배양 효과는 설득력이 있지만 상징적 구성과 시청자의 행동과 견해 사이의 관계에 영향을 미치는 많은 중재 변인이 존재하기 때문에 배양 효과를 명백하게 검증하는 것은 매우 어려운 작업으로 보인다(맥퀘일, 2003).

또한 배양 효과에 대한 주요 비판으로 폭력에 대한 개념 정의의 모호성, 액션, 연속극, 시트콤 등 많은 장르의 프로그램을 드라마로 한꺼번에 통합해서 분석한 문제, 시청 시간을 기준으로 경시청자와 중시청자로 구분한 기준의 합리성 문제, 상관관계 등 통계 해석 문제 등에 문제와 한계가 많다는 점을 지적했다(Griffin, 2004). 특히 모건과 샤나한(Morgan & Shanahan, 1997)은 그동안 수행되었던 82개의 배양 효과 관련 선행 연구에 대한 메타분석을 통해 텔레비전 시청 시간과 폭력에 대한 인식, 성적 태도, 정치 성향 등에 대한 응답 간에는 +.091의 상관관계가 있다고 보고했다. 이 같은 수치는 관련성은 있지만 효과가 매우 미약하다는 것을 의미한다.

상대적으로 텔레비전 이외에 모바일 미디어를 통해서 콘텐츠를 이용하는 지금과 같이 매체가 다변화되고, 채널이 세분된 시기에도 여전히 타당성을 가지고 있을까? 있다면 어느 정도의 타당성을 가지고 있을까? 이에 대한 대답은 반은 맞고 반은 틀린다고 볼 수 있다. 즉 전체적으로 볼 때 배양 효과는 텔레비전을 통해 많은 드라마나 뉴스를 시청하는 수용자들이나 세대에게는 여전히 현실에 대한 재구성 형성에 어느 정도 영향을 주지만, 그렇지 않은 수용자들에게는 효과가 떨어지고, 또한 콘텐츠 장르별로 차이가 있다는 결과가 있음을 참고하면 지금과 같은 미디어 환경에 적용하기에는 한계가 있는 것으로 보인다.

배양 효과이론은 비판 이론적 내용과 인문학적 질문도 포함한다. 배양 이론은 TV를, 지배계급을 위한 문화 창출의 주된 사회적 기관, 또는 "총체적인 문화 패턴을 만드는 주요 기관(chief creator of synthetic cultural patterns")(Gerbner et al., 1978, p. 178)으로 상정하기 때문이다. 즉 비판이론과 마찬가지로 텔레비전은 스토리텔링을 전체적인 공익보다 특정 계층의 목적(자본주의적 메커니즘)에 봉사하기 위해 사용된다는 점을 시사한다. 특히 폭력적인 내용을 담은 범죄 관련 보도가 화이트칼라의 범죄나 소비자 사기 등과 같은 뉴스보다 넘치는 이유는 시각적이고, 편집하기 쉽고, 비용도 적게 들고, 시청자의 관심을 끌기가 유리하기 때문으로 본다. 또한 현대인은 가족이나 지인, 학교, 교회, 지역공동체보다 복합적인 대량생산과 마케팅을 통해 생산된 매스미디어 상품에 의해 지배된다고 보는 것이다. 이런 점에서 비판 커뮤니케이션과 관점을 공유하는 부분이 있다.

또 한 가지 배양 이론의 확장 가능성은 1990년 이후 진화를 거듭하면서 폭력 이외에도 미국에서의 인종 다양성, 성적 스테레오타입, 불안, 소외, 인종차별에 대한 태도, 경제적 부(affluence)에 대한 문제 등 보다 다양한 분야로 확대되었다는 점이다. 이를 통해 텔레비전이 지배적 문화를 어떻게 대변하고 있는지에 관해 설명을 시도하고 있다는 점이다. 예를 들어 다양성지수에 대한 영화를 포함한 영상매체에 출연한 인물의 다양성을 조사한 1995년 연구인데, 연구 결과 미디어는 실제보다 인종의 다양성을 매우 부족하게 반영하고 있음을 발견했다.

그럼에도 배양 이론은 주로 방법론적 문제로 인해 다음과 같은 비판을 받는다. 첫째, 폭력을 어떻게 사회별로 정의할 수 있는가에 대한 것으로 유목화하기 힘들다는 점이 많이 지적된다. 폭력도 국가 및 사회별, 상황별로 역사성을 가지고 관찰해야 한다는 비판이다. 그리고 범죄, 폭력, 이혼 등에 대한 텔레비전에서 재현한 것들을 배타적으로 독립해서 유목화하지 못하고 있다는 점이다. 둘째, 지금과 같은 무수한 채널이 존재하는 수용자의 선택적 시청이 가능한 상황에서 배양 효과가 유지될 수 있는가에 대한 의문이다. 이에 대해 배양 이론의 지지자들은 수용자들이 대체로 많은 채널이 있더라도 그중에 즐겨보는 채널은 몇 개에 불과하고, 동시에 의례적인, 또는 습관적인 시청을 주로 하므로 텔레비전은 아직도 지배적인 주류문화 형성에 영향력을 끼치고 있다고 주장한다. 또한 시청자들이 세상이 현실보다 위험한 장소이기에 텔레비전만을 실내에서 시청한다면 애초에 이러한 공포는 어디서 출발하는가? 라고 질문한다. 즉 그 시작은 텔레비전이라는 주요 기관을 통해서 만들어진다는 사실이 배양 이론의 타당성을 증명한다는 것이다. 셋째, 중시청자에 대한 구분 문제로 배양 이론에서는 시청 양과 인식만을 변인으로 상정하기 때문에 경시청자라도 주변의 인물과의 커뮤니케이션을 통해 많은 영향을 받는 점에 관해서는 설명이 부족하다는 비판이 있다(West & Turner, 2004, pp. 388-399).

참고문헌

공유경 · 주만화 · 정용국(2023). 연애 리얼리티 프로그램 몰입 및 지속시청 의도에 영향을 미치는 요인에 관한 연구. 〈한국콘텐츠학회지〉, 23권 3호, 509-522.

그리핀, 엠(2012). 첫눈에 반한 커뮤니케이션 이론(2012년 번역 개정판). 서울: 커뮤니케이션북스.

금희조(2006). 텔레비전 시청이 물질주의적 소비와 공적 사회 참여에 미치는 영향. 〈한국언론학보〉, 50(6), 362-387.

김미라(2008). 리얼리티 데이트 프로그램 시청이 데이트와 이성 관계에 대한 시청자 인식에 미치는 영향에 관한 연구. 〈한국언론학보〉, 52권 2호, 353-377.

나은경 · 김도연(2012). 리얼리티 표방 TV 프로그램 장르의 문화계발 효과: 현실 유사성 인식의 매개와 숙명적 태도에 미치는 영향을 중심으로. 〈한국언론정보학보〉, 57호, 181-201.

나은영(2012). SNS 중이용자와 경이용자의 현실 인식 차이: 배양 효과와 합의 착각 효과. 〈한국심리학회지: 사회 및 성격〉, 26(3), 63-84.

맥퀘일(2003). Mass Communication Theory 4th ed. Dennis McQuail, 『매스커뮤니케이션 이론』, 양승찬 · 강미은 · 도준호(역), 나남.

문성준(2013). 미드에 대한 노출, 주인공에 대한 이미지, 그리고 서구에 대한 고정관념. 〈언론학연구〉, 17(2), 5-31.

박현유(2009). 〈리얼리티 프로그램이 청소년의 이성 관계에 대한 태도에 미치는 영향에 관한 연구〉. 서강대학교 대학원 석사학위논문.

배상률 · 이재연(2012). 미디어가 청소년에게 미치는 문화배양효과 연구. 한국청소년정책연구원.

세버린, 탠카드(2004). Severin, Werner J; Tankard, James W, Communication theories : origins, methods, and uses in the mass media(2004). 『커뮤니케이션 이론』. 박천일 · 강형철 · 안민호 역, 나남출판, 2004.

양혜승(2006). 텔레비전 오락 프로그램 시청이 개인들의 물질주의적 가치관 및 삶과 사회에 대한 만족도에 미치는 영향. 〈한국방송학보〉, 20(4), 121-155.

양혜승(2009). 한국 텔레비전 프로그램에 나타난 소유와 소비 이미지 실증분석: 프로그램형, 방송 채널, 편성 시간대별 차이를 중심으로. 〈한국언론학보〉, 53(3), 30-57.

오미영(2014). TV 드라마 시청자의 비서직 인식에 대한 연구. 〈비서 · 사무경영연구〉, 23(1), 49-69.

오미영 · 정인숙(2005). 『커뮤니케이션 핵심 이론』. 서울: 커뮤니케이션북스.

우형진(2006). 문화계발이론의 '공명효과(resonance effect)'에 대한 재고찰: 위험 인식에 대한 텔레비전 뉴스 효과를 중심으로. 〈한국언론학보〉, 50(6), 254-276.

이민규 · 우형진(2004). 탈북자들의 텔레비전 드라마 시청에 따른 남한 사회 현실 인식에 관한 연구: 문화계발 효과와 문화동화 이론을 중심으로. 〈한국언론학보〉, 48(6), 248-273.

이선영(2017). 20대의 텔레비전 연애 프로그램 시청, 열정과 친밀감 인식, 연인관계 질 간 관계에 관한 연구. 〈사회과학연구논총〉, 33권 1호, 225-261.

이숙정 · 한은경(2013). 소비 가치에 영향을 주는 요인에 관한 연구: 미디어 배양 효과와 청소년의 소비사회화를 중심으로. 〈광고학 연구〉, 24(8), 257-275.

이주현 · 김은미(2012). 텔레비전 시청이 연애에서의 소비 및 소비 수준에 대한 인식에 미치는 영향. 〈한국언론학보〉, 56(6), 196-221.

이준영 · 유우현(2023). 연애 리얼리티 프로그램 〈나는 솔로〉 시청이 연애 및 결혼 기대감에 미치는 영향 : 사회적 비교와 사회적 시청의 매개효과를 중심으로. 〈미디어 경제와 문화〉, 21(3), 97-132,

이준웅 · 장현미(2007). 인터넷 이용이 현실 위험 인식에 미치는 영향: 인터넷 문화계발 효과에 대한 탐색적 연구. 〈한국언론학보〉, 51(2), 363-391.

정유진 · 최윤희(2022). 드라마 〈펜트하우스〉 화면에 나타난 폭력성 연구-맥락적 요인을 중심으로. 〈커뮤니케이션 이론〉, 18(4), 199-255.

조혜주(2005). 결혼 기대-실재 간 격차가 결혼 만족도에 미치는 효과: 문제해결 능력과 대처 능력의 조절 효과 검증. 고려대학교 대학원 석사학위논문.

차배근(2003). 『매스커뮤니케이션 효과이론』(2판). 서울: 나남출판

Adoni, H., & Mane, S.(1984). Media and the social construction of reality: Toward an integration of theory and research. *Communication Research,* 11(3), 323-340.

Beullens, K., Roe, K., & Van den Bulck, J.(2011). The Impact of Adolescents' News and Action Moview Viewing on Risky Driving Behavior: A Longitudinal Study. *Human Communication Research,* 37(4), 488-508.

Bond, B. J., & Drogos, K. L.(2014). Sex on the shore: Wishful identification and parasocial relationships as mediators in the relationship between Jersey Shore exposure and emerging adults' sexual attitudes and behaviors. *Media Psychology,* 17(1), 102-126.

Bryant, J., & Miron, D.(2004). Theory and research in mass communication. *Journal of Communication,* 54, 662-704.

Burroughs, J. E., Shrum, L. J., & Rindfleisch, A.(2002). Dose television viewing promote materialism? Cultivating American perceptions of the good life. In S. Broniarczyk & K. Nakamoto(Eds.) *Advances in consumer research(pp. 442-443).* UT: Association for Consumer Research.

Carveth, R. & Alexander, A.(1985). Soap opera viewing motivations and the cultivation hypothesis. *Journal of Broadcasting & Electronic Media,* 29, 259-273.

Ferris, A. L., Smith, S. W., Greenberg, B. S., & Smith, S. L.(2007). The content of reality dating shows and viewer perceptions of dating. *Journal of Communication,* 57(3), 490-510.

Gerbner, G.(1972). *Violence and television drama : Trends and symbolic function.* In G. A. Comstock & E. Rubinstein(Eds.), Television antisocial behavior, Washington, D.C.: Government Printing Office.

Gerbner, G., & Gross, L.(1976). Living with television: The violence profile. *Journal of Communication,* 26(2), 173-199.

Gerbner, G., Gross, L., Eleey, M. F., Jackson-Beeck, M., Jeffries-Fox, S., & Signorielli, N.(1977). TV violence profile no. 8: The highlights. *Journal of Communication,* 27(2), 171-180.

Gerbner, G., Gross, L., Eleey, M. F., Jackson-Beeck, M., Jeffries-Fox, S., & Signorielli, N.(1978). Cultural Indicators: Violence profile no. 9: *Journal of Communication,* 28, 176-206.

Gerbner, G., Gross, L., Morgan, M., & Signorielli , N.(1980). The "mainstreaming" of America: Violence profile no.11. *Journal of Communication,* 30(3), 10-29.

Gerbner, G., Gross, L., Morgan, M., Signorielli, N., & Shanahan, J.(2002). Growing up with television: Cultivation process. In J. Bryant & D. Zillmann(Eds.). *Media effects: advances in theory and research(pp. 43-68).* NJ: Lawrence Erlbaum.

Good, J. E.(2009). The Cultivation, Mainstreaming, and Cognitive Processing of Envrionmentalists Watching Television. *Environmental Communication,* 3(3), 279-297.

Grabe, M. E., & Drew, D. G.(2007). Crime cultivation: Comparisons across media genres and channels. Journal of Broadcasting & Electronic Media, 51(1), 147-171.

Griffin, E.(2004). *A First Look at Communication Theory.* N.Y.: McGraw Hill. pp. 386-387.

Gross, L.(1977). Television as a Trojan horse, *School Media Quarterly,* Spring: 175-180.

Hawkins, S., & Pingree, I.(1981). Uniform messages and habitual viewing: Unnecessary assumption in social reality effects. *Human Communication Research,* 7(4), 291-301.

Hawkins, R. P., Pingree, S., & Adler, I.(1987). Searching for cognitive processes in the cultivation effect: Adult and adolescent samples in the United States and Australia. *Human Communication Research, 13(4), 553-557.*

Hetsroni, A.(2008). Overrepresented topics, underrepresented topics, and the cultivation effect. *Communication Research Reports, 25*(3), 200-210.

Hirsch, P.(1980). The scary world of the nonviewer and other anomalies: A reanalysis of Gerbner et al.'s findings on cultivation analysis, *Communication Research,* 7, 403-456.

Jin, B., & Jeong. S.(2010). The impact of Korean television drama viewership on the social perceptions of single life and having fewer children in married life. *Asian Journal of Communication,* 20(1), 17-32.

Jones, G. D., & Nelson, E. S.(1997). Expectations of marriage among college students from intact and non-intact homes. *Journal of Divorce & Remarriage,* 26(1-2), 171-189.

Lee, C. J., & Niederdeppe, J.(2011). Genre-specific cultivation effects: Lagged associations between overall TV viewing, local TV news viewing, and fatalistic beliefs about cancer prevention. *Communication Research,* 38(6), 731-753.

Lippmann, W.(1922). *Public Opinion,* N.Y.: Macmlillian.

McLeod, J., Daily, K., Eveland, W., Guo, Z., Culver, K., Jurpius, D., Moy, P., Horowitz, E & Zhong, M.(1995). The synthetic crisis: Media influences on perceptions of crime, Paper presented at the *annual meeting of the communication theory and methodology division of the Association for the Education in Journalism and Mass Communication,* Washington, D.C., August.

Miller, K.(2005). *Communications theories: Perspectives, processes, and contexts.* New York: McGraw-Hill.

Minnebo, J., & Eggermont, S.(2007). Watching the young use illicit drugs: Direct experience, exposure to television and the stereotyping of adolescents' substance use. *Young,* 15, 129-144.

Morgan, M. & Shanahan, J.(1997). Two Decades of Cultivation Research: An Appraisal and a Meta-Analysis, in *Communication Yearbook 20,* Brant Burelson(ed.), CA: Sage, Thousands Oaks, 1-45.

Morgan, M. & Shanahan, J.(2010). The state of cultivation. *Journal Of Broadcasting & Electronic Media, 54*(2), 337-355.

Osborn, J. L.(2012). When TV and marriage meet: A social exchange analysis of the impact of television viewing on marital satisfaction and commitment. *Mass Communication and Society,* 15(5), 739-757.

Perse, E. M., Ferguson, D. A., & McLeod, D. M.(1994). Cultivation in the newer media environment. *Communication Research, 21*(1), 79-104.

Potter, W. J.(1993). Cultivation theory and research: A conceptual critique. *Human Communication Research,* 19(4), 564-601.

Quick, B.(2009). The effects of viewing Grey's Anatomy on perceptions of doctors and patient satisfaction. *Journal of Broadcasting & Electronic Media,* 53(1), 38-55.

Reimer, B. & Rosengren, K. E.(1990). Cultivated viewers and readers: A life-style perspective. In N. Signorielli & M. Morgan(Eds.), *Cultivation analysis: New directions in media effects research*(pp. 181-206). Newbury Park, CA: Sage.

Riddle, K., & De Simone, J. J.(2013). A Snooki effect? An exploration of the surveillance subgenre of reality TV and viewers' beliefs about the "real" real world. *Psychology of Popular Media Culture,* 2(4), 237-250.

Romer, D., Jamieson, K. H., & Aday, S.(2003). Television news and the cultivation of fear of crime. *Journal of Communication,* 53(1), 88-104.

Rossler, P., & Brosius, H. B.(2001). Do talk shows cultivate adolescents' views of the world? A prolonged-exposure experiment. *Journal of Communication, 51,* 143-163.

Rubin, A., Perse, E. & Taylor, D.(1988). A methodological examination of cultivation, *Communication Research,* 15, 107-134.

Segrin, C., & Nabi, R. L.(2002). Does television viewing cultivate unrealistic expectations about marriage? *Journal of Communication,* 52(2), 247-263.

Shapiro, M. A., & Lang, A.(1991). Making television reality unconscious processes in the construction of social reality. *Communication Research,* 18(5), 685-705.

Shrum, L. J.(2004). The cognitive processes underlying cultivation effects are a function of whether the judgement are on-line or memory-based. *Communications,* 29, 427-344.

Shrum, L. J., Burroughs, J. E., & Rindfleisch, A.(2004). *A process model of consumer cultivation: A role of television is a function of the type of judgement.* In L. J. Shrum(Ed.) *The psychology of entertainment media: Blurring the lines between entertainment and persuasion*(177-191). London: Lawrence Erlbaum Associates.

Shrum, L. J., Burroughs, J. E., & Rindfleisch, A.(2005). Television's cultivation of material values. *Journal of Consumer Research,* 32(3), 473-479.

Signorielli, N.(1991). Adolescents and ambivalence toward marriage: A cultivation analysis. *Youth & Society,* 23(1), 121-149.

Smith, S. L., Wilson, B. J., Kunkel, D., Linz, D., Potter, W. J., Colvin, C. M., & Donnerstein, E.(1998). Violence in television programming overall: University of California, Santa Barbara study. In M. Seawell(Ed.), *National television violence study*(3rd ed.)(5-220). Newbury Park, CA: Sage.

Weimann, G.(2003). 『매체의 현실구성론』. 김용호 옮김. 서울: 커뮤니케이션북스.

West, R. & Turner, L.(2004). *Introducing Communication Theory: Analysis and*

Application. 2nd Ed. N.Y.:McGraw Hill. 385-390.

Williams, D.(2006). Virtual Cultivation: Online Worlds, Offline Perceptions. *Journal of Communication,* 56(1), 69-87.

7장

·

의존효과이론

이론 개요

매스커뮤니케이션의 영향력에 대한 믿음의 변화는 역사적 해석을 내포하고 있다는 캐리(Carey, 1988)의 지적을 살펴볼 필요가 있다. 그는 강력한 미디어 효과에서 제한된 효과로 그리고 다시 더 강력한 효과 모델로 변한다는 주장의 기본적인 근거는 시대에 따라 사회가 변한다는 것에 있다고 했다. 예를 들어 사회적으로 안정적이었던 1950년대와 1960년대에 비해 두 차례 세계대전의 격변기 동안에는 미디어가 강력한 효과를 발휘했다.

사회의 안정은 언제든지 범죄, 전쟁, 경기 침체 혹은 어떠한 정신적 공황으로 말미암아 깨질 수 있으며, 그때마다 매스미디어는 일종의 책임을 떠맡게 된 것이다. 우리가 그러한 상호관계 이유에 대해서 추측해 볼 수도 있겠지만, 실제로 미디어가 위기의 시기에 더 큰 영향력을 가지거나 지각을 강화한다는 가능성을 배제할 수 없다. 이러한 관점은 유럽에서의 공산주의의 붕괴나 1990년대 걸프 전쟁, 발칸반도 전쟁과 같은 국제 분쟁의 영향력에 적용해 볼 수 있을 것이다.

이러한 가능성과 관련해서 몇 가지 이유가 있다. 대부분의 경우 사람들은 오로지 미디어를 통해서 매우 중요한 역사적 사건을 알게 되고, 메시지와 미디어를 연관시킬 수도 있다. 변화와 불안정한 시기에 사람들이 미디어를 정보와 지표의 원천으로서 더욱 의존할 가능성 역시 매우 높다 (Ball-Rokeach & Defleur, 1976; Ball-Rokeach, 1985).

미디어는 또한 개인적인 경험 밖의 일들에 대해서 더 큰 영향력을 보여왔다. 긴장이 팽배하고 불안한 시기에 정부와 기업, 그리고 다른 엘리트 집단과 이익 집단들은 종종 여론의 영향력을 행사하고 여론을 통제하기 위한 수단으로 미디어를 이용하려고 한다(맥퀘일, 2003).

미디어 의존 이론은 1976년 볼 로키치(Ball-Rokeach)와 드플로워 (Defluer)에 의해 개발된 이론이다. 미디어 의존 이론은 미디어, 개인, 그리고 사회적 환경이 모두 상호 의존적 관계를 형성하고 있다는 이론이다. 미디어 이용에 따라 충족되는 욕구에 의존하면 할수록 미디어가 사람들의 생활에 미치는 역할은 더욱 중요해지고, 그렇게 되면 미디어의 영향력은 더욱 커질 것이라는 설명이다. 그런 점에서 이 이론은 기본적으로 사회체계 이론을 전제로 하고 있다. 사회체계 이론에서는 사회 내에 각 구성요소가 어떤 목적을 달성하기 위해서 상호 의존적 관계를 형성하고 있으며, 전체는 부분의 단순한 합과는 다른 특징을 나타내게 된다. 또한 미디어 의존 이론은 기능주의 이론의 하나로서 개인이 예측 불가능한 사회 환경적 변화들에 대해 정보를 얻기 위해서 미디어에 의존하게 만들며,

이는 불확실성을 감소시키기 위한 행동으로 간주한다.

미디어 의존 이론은 구성요소 간의 의존관계를 설명하고 있다. 여기서 의존이란 어느 한 요소의 욕구 만족이나 목표 성취가 다른 한편의 것과 연관되어 있는 관계라는 것을 의미한다. 여러 가지 체계의 구성요소는 세 가지 단계로 나뉜다. 사회적 환경이나 미디어 체계와 같은 거시적 단계(macro level), 사회적 환경 내에서 특정한 목표와 위치를 가지는 개인 차원의 미시적 단계(micro level), 그리고 대인간 네트워크의 단계인 중시적 단계(meso level)가 그것이다. 미디어 의존 이론은 이 중에서도 개인이 미디어 체계에 대한 의존을 늘리거나 줄이게 되는 거시적 단계에 초점을 맞추고 있다.

개인화와 도시화가 진행되면서 개인과 사회적 네트워크의 영향력은 줄어들었다고 보는 것이 미디어 의존 이론가들의 일반적인 견해다. 그와 같은 사회적 환경에서 미디어는 수용자들에게 정보를 생산, 처리, 분배해 주는 능력을 제공하는 데 결정적 역할을 하게 된다. 정보사회에서 사람들은 세상을 이해하고 세상에서 의미 있고 효과적으로 살아가기 위해서, 그리고 오락과 여가생활을 위해 미디어에 점점 의존하지 않을 수 없다는 것이다. 여기서 미디어 영향력의 토대는 더욱 큰 사회체계와 그 체계 내에서의 미디어 역할, 그리고 그러한 미디어와 수용자가 맺는 관계에 달려있다. 미디어 자체가 강력한 영향을 갖기 때문이 아니라 주어진 사회체계 내에서 주어진 방식으로 수용자의 욕구에 부응하는 과정에서 자연스럽게 나타나는 효과이자 영향력이라고 볼 수 있다.

한편 미디어 정보에 대한 수용자의 의존 정도는 미디어 메시지가 언제, 그리고 왜 수용자의 신념과 느낌, 그리고 행동을 변화시키는가를 이해하는 핵심 요인이다. 미디어 효과가 궁극적으로 발생하는 것은 주어진 매체나 메시지가 수용자에게 얼마나 필요한 것인가와 관련될 때 나타나기 때문이다. 볼 로키치와 드플로우는 개인들의 의존 정도는 미디어가 수행하는 특정한 정보제공 기능의 수와 중요성, 그리고 사회 속에 내재하는 변화와 갈등의 정도와 함수 관계에 있다고 주장한다.

의존 이론은 이용과 충족 이론과 유사한 점도 있는데, 여기에 대해서 볼로키치는 두 이론이 기본적으로 다른 연구 문제와 프레임을 가진다고 주장했다. 우선 이용과 충족 이론은 개인적 단계에서의 욕구를 다루지만, 의존 이론은 거시적, 중시적, 미시적 단계를 모두 포함하기 때문이라는 것이다. 그런 면에서 첫째, 미디어 의존 이론은 테스트하기에 적합한 보다 일관된 이론적 개념 체계를 제공하고, 둘째, 이용과 충족 이론에서는 능동적 수용자라는 개념을 제시하고 있지만, 능동적 수용자의 미디어에 대한 반응을 본래적 의존이라는 개념으로 설명함으로써 능동적 수용자의 설명력을 상당히 약화하고 있다고 주장한다. 셋째, 이론과 충족 이론은 오로지 개인적 미디어 관계에 대한 설명이 가능한 것에 비해서 의존 이론은 다양한 차원에서의 의존관계에 대해서 적용할 수 있다는 차별성이 있다.

의존이란 인지적 차원, 감정적 차원, 행동적 차원으로 나눌 수 있고, 먼저 인지적 차원의 의존이란 모호성의 해결, 태도 형성, 의제 설정, 신념, 가치 등에 대한 미디어의 영향을 의미하고, 감정적 차원의 의존이란 사회 구성원으로서의 개인들에 의한 감정을 만들어내는 효과를 의미하며, 행동적 차원의 의존이란 미디어의 영향이 없었더라면 하지 않았을 무엇인가를 하는 것을 의미한다. 즉 무엇을 생각하고 느끼고 행동할 것인가에 대해서 미디어가 얘기해 준다는 것으로써 사회적 맥락이나 미디어의 구조뿐만 아니라 미디어 이용에 대한 기대와 동기가 중요하다는 것을 강조한다. 이런 면에서 미디어를 활용한다는 것은 미디어에 대한 의존으로 직결된다. 즉 미디어를 적극적으로 자신의 생활에 활용하는 능동적인 수용자도 곧 미디어에 그만큼 의존하는 수동적인 수용자가 된다는 것이다.

볼 로키치는 미디어 메시지에서 얻어지는 인지적, 감정적 또는 다양한 효과들에 의해서 미디어 의존이 생기는데, 개인의 기대에 대한 만족이 높을수록 의존이 일어난다고 보았다. 이에 비해 루빈과 윈달(Rubin & Windahl, 1986)은 충족의 의도적 추구와 만족은 미디어의 효과이며, 능동적으로 정보를 추구하는 경우와 습관적으로 정보를 추구하는 경우 둘 다 미디어 의존이 일어남을 주장했다. 이러한 맥락에서 보면 텔레비전 중독자의 경우에도 나쁜 생각을 떨쳐버리기 위해서 또는 시간을 보내기 위해서 등의 의도, 즉 능동적 이유가 있다고 볼 수 있다(오미영·정인숙, 2005).

미디어 의존 이론은 수용자의 미디어 이용을 미디어수용자사회 간 상호의존적 관계에서 형성되는 것으로 접근하고 이를 통해서 수용자가 미디어에 얼마나 의존하는지를 규명하는 데 초점을 두었다(Ball-Rokeach & Defleur 1976). 즉 미디어 의존 이론은 언제, 어떤 조건에서 미디어가 수용자의 인지(beliefs), 정서(feelings), 행동(behavior)에 영향을 미치는지를 3자 간(미디어, 수용자, 사회) 상호관계를 토대로 검증했다(허경호, 2009). 이런 측면에서 본다면, 미디어의 영향력은 미디어, 수용자, 사회 등 3개 요인에 의해서 나타난다. 수용자 개인이 미디어로부터 얼마나 많은 정보가 필요한가에 따라서 미디어 의존이 이루어진다고 할 수 있다. 즉 수용자 개인이 달성하고자 하는 목표가 미디어로부터 얻는 정보에 의해 달려있을 때 개인의 미디어 의존도는 높아진다(BallRokeach, 1985).

의존 이론은 매스커뮤니케이션 효과를 더욱 적절히 이해할 수 있기 위해서는 개인적으로, 상호작용적으로, 그리고 체계적으로 변인들을 고려해야 한다고 주장한다. 이 이론의 핵심은 수용자들이 욕구를 충족시키고 목적을 달성하기 위해서 미디어 정보에 의지한다는 것이지만, 미디어와 수용자와 사회 간의 3중 상호작용을 가정한다는 것이 특징이다. 이러한 체계의 상호작용은 미디어의 정보에 대한 수용자의 의존 정도가 다양하다는 점을 의미한다(리틀존, 1992).

변인은 두 가지 요소로 구성된다. 첫째, 사회체계에서의 구조적인 안정도, 두 번째는 역할을 하는 정보 기능의 수와 집중성이다. 미디어는 환경감시와 오락을 제공하는 등 여러 기능을 수행한다. 그런데 이러한 미디어의 기능은 집단 간 차이가 있다. 매체로부터 받는 정보에 대한 한 집단의 의존도는 매체가 그 집단에 더욱 중심적인 정보를 제공할수록 증가한다. 의존에 미치는 또 다른 변수는 사회적 안정도이다. 이 말은 사회 변화와 갈등이 높을 때 기존의 제도나 신념 및 관행은 도전받게 되고, 사람들에게 재평가하고 선택하도록 강요한다는 것이다. 이런 경우 정보 획득을 위한 미디어의 의존성은 증가하게 된다고 본다.

의존 이론은 이런 면에서 인지, 감정, 그리고 행태적인 세 가지 형태의 효과를 수반한다. 이 세 가지 범위에 있는 매스컴 효과들은 수용자들의 미디어와 정보에 대한 의존도와 함수 관계에 있다고 본다. 볼 로키치와 드플로어는 5가지 유형의 인지적 효과로 이를 다음과 같이 요약했다. 첫째, 모호성의 해결이다. 환경 안에서 전개되는 사건들은 종종 추가적인 정보에 대한 욕구를 불러일으켜서 모호성을 조장한다. 미디어 자체가 모호성을 조장하는 경우도 있다. 모호성이 존재할 때 미디어에 대한 의존은 증가하게 된다. 이 경우 미디어 메시지가 가지는 이해 구성 능력이나 상황을 규정하는 힘도 크다. 반대로 모호성이 감소하는 경우에는 효과도 감소한다. 둘째, 인식 효과는 태도 형성에 영향을 준다는 것이다. 클래퍼(Klapper)의 확산 이론가들이 정리한 선택 및 기타 중재 과정이 이 효과를 규정하는 데 기여한다. 셋째, 미디어 커뮤니케이션은 의제 설정을 만들어낸다. 이 점에서 수용자들은 미디어를 이용해서 중요한 이슈가 무엇인지, 그리고 어떤 내용에 관심을 가져야 하는지 결정한다. 넷째, 인지적 효과는 신념 체계의 확장에 영향을 준다. 정보는 종교나 정치와 같은 범주들 내에서 신념의 확대를 가져올 수 있으며, 이것은 또한 한 개인의 범주와 신념의 수를 늘리기도 한다. 다섯째, 인지 효과로 가치의 명징화(value clarification)는 미디어가 시민권과 같은 가치 영역에서 충돌을 일으킬 때 발생한다. 즉 갈등에 직면할 경우 수용자들은 그들 자신의 가치를 명료화시키도록 동기화된다. 감정적 효과는 감정과 정서적인 반응과 관련되어 있다. 두려움이나 근심, 사기(morale) 또는 소외감과 같은 상태들은 미디어 정보에 의해서 영향을 받는다.

효과는 행태 영역에서도 일어나는데 새로운 행태를 촉발하는 활성화 현상과 낡은 행태를 종식하는 불활성화 현상도 미디어로부터 수용된 정보의 결과로써 발생한다고 본다. 의존 이론에서 추론될 수 있는 핵심은 미디어 메시지가 개인들이 미디어 정보에 의존하는 정도만큼만 사람들에게 영향을 미친다는 것이다. 다시 말해서 사람들이 이해하고 행동하고 나아가서 도피하는 데 필요한 적절한 준거의 틀을 제공해 줄 사회적 실체를 가지지 못할 때, 수용자들이 이러한 방법을 통해서 수용된 미디어 정보에 의존할 때만 다양한 수정 효과를 가질 수 있다(리틀존, 1992).

한편, 루빈(Alan Rubin)과 세븐 윈달(Sven Windahl)은 이용과 의존이라고 부르는 하나의 연합 모델을 제시한 바 있다. 의존 이론의 이용 및 충족접근에 더욱 결정적인 의미를 부여해 주는 것과 마찬가지로 이용과 충족은 의존에 대해서 자의적 요소를 더해준다. 그러므로 이용과 충족은 환경과 맥락에 따라 영향받게 된다. 이 모델에 의하면 사회 제도와 미디어 체계가 개인의 욕구와 흥미 및 동기를 창조하기 위해서 수용자와 상호작용한다는 것을 보여 준다. 결국 개인이 충족에 대한 여러 가지의 미디어적 소스와 비미디어적 소스를 선택하는 데 영향을 미치며, 이에 따라 다양한 의존의 통로를 만들어 줄 수 있다는 것이다(Rubin & Windahl, 1986).

의존 이론에 따라서 미디어의 특정 부분에 점차로 의존하는 사람들은 그 부분에 의해 인지적, 감정적, 그리고 행태적으로 영향을 받게 되는데 이런 의미에서 의존은 더욱 광범위한 사회적 미디어 시스템과 제도로 귀환한다. 특정한 미디어 내용이 어떤 욕구를 충족시키는 데 이용되거나, 또는 특정한 형태의 미디어가 시간을 보내기 위해서 의례적으로 또는 도피를 위한 기분 전환 수단으로 습관적으로 소비될 때 의존 체제는 발전된다. 수용자들은 여러 방식으로 미디어를 통해서 자신의 욕구를 충족하게 되는데, 개인별로 미디어를 다른 맥락에서 다르게 이용할 수도 있다고 본다. 그리고 개인의 욕구는 언제나 엄격하게 개인적인 것만은 아니고 문화에 의해서 또는 다양한 사회적 조건들에 의해서 형성될 수 있다고 보는 것이다. 즉 개인의 욕구, 동기 및 미디어의 이용은 개인의 통제에서 벗어나 있을 수 있는 외부의 사회문화적 요소에 따라서 우연히 발생할 수 있다고 전제한다는 점이 중요하다.

이러한 외부 요인들은 미디어의 이용 목적과 방식에 대해서만이 아니라 비미디어적 대안의 이용 가능성에 대해서도 중요한 억제 요인으로 작용한다. 예를 들어서 운전을 하지 못하고 가까이에 친구가 거의 없는 나이 든 사람들은 생활 형편이 다른 남들과 살아가는 것과는 달리 텔레비전에 의존할 수 있다. 소외된 지역에서 출퇴근하는 사람은 정보와 뉴스를 위해서 라디오에 더 의존하게 된다. 10대들은 동료 집단의 특정 규범 때문에 특정 장르의 음악에 더욱 의지할 수도 있다.

일반적으로 미디어 이용이 쉬울수록, 또 그 이용 가치를 크게 느낄수록, 인지된 도구성이 크면 클수록, 그리고 사회문화적으로 더욱 크게 용납될수록 미디어의 이용이 가장 적합한 기능적 대안으로 채택될 가능성은 커진다. 나아가서 개인의 욕구 충족을 위한 대안이 많으면 많을수록 그 대안은 어떤 하나의 매체에 대한 의존도를 감소시킬 수 있다. 그러나 기능적 대안은 개인의 선택이나 심리적 성향의 문제일 수만은 없고, 특정 미디어의 이용 가능성 등과 같은 사회문화적 요소에 의해서 제한을 받게 된다고 보는 것이 의존 이론의 특징이다(리틀존, 1992).

미디어 의존 현상은 특히 복잡하고 다원화된 사회에서 더 뚜렷하게 나타날 수 있다. 이런 현상과 관련해서 차배근(1999)은 미디어의 효과에 가장 중요한 영향을 미치는 요인으로 정보적 자원(information resources)을 꼽았으며, 이를 미디어에 대한 수용자의 의존도로 규정했다. 이런 맥락에서 본다면, 사회가 복잡해지고 다양해짐에 따라서 우리들은 미디어를 통해서 주변 사회에서 발생하는 다양한 이슈를 알게 될 뿐만 아니라 미디어 의존을 통해서 이슈에 대한 특정한 안목과 인식을 형성하게 된다.

다매체·다채널 시대에서 미디어는 하나의 정치 경제적 체계로서 사회발전의 매개체가 될 뿐만 아니라, 수용자 정보 지식의 전달자, 오락제공자로서 기능을 수행한다고 볼 때 사회와의 관계 속에서 수용자의 미디어 의존 현상을 규명하는 것은 상당히 설득력이 있는 입장으로 보인다. 정보의 출처로서 이용 가능한 대안 미디어가 부족하면 할수록 수용자들이 쉽게 이용할 수 있는 특정 미디어에 더욱 의존하게 된다. 즉 수용자들이 하나의 미디어 채널에 의존하면 할수록 커뮤니케이션 효과는 더욱 커지게 되며, 미디어들이 많으면 많을수록 특정 채널에 대한 영향력과 그 의존도는 떨어진다. 또한 미디어의 의존도와 미디어 노출량이나 정도는 상관관계가 있을 가능성이 높지만, 단순히 미디어의 노출 정도보다는 미디어의 의존도가 더욱 그 메시지의 영향력에 있어서는 크게 작용한다.

전술했듯이 미디어 시스템 의존은 수용자, 미디어 사회 3자 간의 관계를 중시하고, 새 구성요소들은 하나의 시스템처럼 서로 연관이 되어 있다고 보는 시각이다. 구체적으로 말하면 미디어 시스템 의존은 정보 제공자로서의 전체 미디어 시스템이 그 구성원들의 목표를 달성하는 데 얼마나 도움이 되느냐 하는 정도에 따라 달라진다. 한편, 개인 미디어 의존은 수용자와 특정 미디어의 명확한 의존 상관관계를 경험적으로 측정할 수 있는 기반을 제공해 준다. 미디어 이용 동기인 사회에 대한 이해, 적응, 놀이에 관한 동기적인 목표를 개념화하는 데 도움을 제공한다. 이전의 미디어 의존 연구 결과들은 대체로 미디어 의존과 수용자들의 지각 사이의 상관관계를 보여 주고 있다. 즉 미디어 의존 이론 연구들은 미디어 의존이 수용자들의 정서적, 인지, 행동적 변화를 불러온다는 사실을 밝혀냈고, 미디어 이용 빈도, 욕구 만족도, 수용자들의 정체성은 미디어 의존을 예측하는 중요한 요소임을 보여 주고 있다.

미디어 의존 이론은 사람들이 일상생활에서 갖는 가장 기본적인 목적 (goals)들을 이해 추구, 방향 설정, 재미 추구의 세 가지로 규정하고, 이들을 개인 차원과 사회적 차원으로 나눠 모두 여섯 가지의 기본 목적(goal)을 제시한다(개인적 이해 추구, 개인적 방향 설정, 개인적 재미 추구, 사회적 이해 추구, 사회적 방향 설정, 사회적 재미 추구)(Ball-Rokeach, 1985).

검증과 발전

개인의 미디어 의존 유형을 김진영(2003)은 2개 유형 즉 거시적 차원의 미디어 시스템 의존도와 개인 차원의 미디어 의존도로 나누어 설명했다. 먼저 미디어 시스템 의존도는 정보 제공자로서 미디어 시스템이 구성원을 만족시키는 데 도움이 되는 정도와 관련한 것으로, 미디어 시스템이 메시지의 확산과 정보를 제공해 강력하고 거시적인 미디어 의존도를 창출해 낸다. 개인적 미디어 의존도라는 것은 미시적인 관점으로 특정 미디어에 대한 수용자의 의존도를 말하며, 이는 미디어가 자신과 주변 및 사회를 이해하는 데 도움을 주는 정도(즉, 사회에 대한 이해), 성공적으로 사회생활을 할 수 있도록 이끄는 정도, 놀이를 통해 긴장 완화와 도피를 할 수 있게 도움을 주는 정도에 달려있다(김진영, 2003).

즉 개인은 자신의 사회 환경을 이해할 필요성이 있을 때 미디어에 의존하게 된다는 것이다. 즉 사회적 환경에서 의미를 찾거나 효과적인 행동이 필요할 때 미디어 의존이 발생할 수 있다. 또한 복잡한 문제해결이나 긴장으로부터 도피할 필요성이 있을 때도 미디어에 의존할 수 있다. 이런 개인의 미디어 의존 시스템은(개인적/사회적) 이해(understanding), (행위/상호작용) 지향(orientation), (사회적/개별적) 놀이(play)로 구분된다(Ball-Rokeach, 1985).

볼 로키치(BallRokeach, 1985)에 의하면, 이해에서 사회적 이해는 사회 환경을 이해하려는 목적을 위해서 의존하는 것을 말하고, 개인적 이해는 자기 자신을 이해하려는 목적을 위해서 미디어 시스템의 정보자원을 이용하는 것이다. 미디어 의존도라는 것은 개인이 욕구 충족을 위해서 혹은 목표를 달성하기 위해서 미디어에 의존하는 정도이다(허경호, 2009).

그동안 미디어 의존 이론에 관한 실증적인 연구는 제한적이었지만, 미디어 의존과 수용자들의 지각과의 상관관계에 대해서는 대체로 일관성 있는 연구 결과를 보인다. 예를 들어 미디어 의존과 미디어 평가, 그리고 정부 행정 지식의 상관관계에 대한 베커와 휘트니(Becker & Whitney, 1980)의 연구 결과, 신문 미디어에 대한 의존도가 높은 사람들이 지역 소식에 더 많은 지식을 가지고 있으며, 텔레비전 미디어 의존도가 높은 사람보다 지역 행정에 대한 이해와 믿음이 더 큰 것으로 나타났다. 밀러와 리즈(Miller & Reese, 1982)는 미디어 의존에 대한 개념을 정리했는데, 미디어 의존이란 각종 미디어 노출을 포함하는 복잡한 구조이고, 하나의 특정 미디어나 다른 미디어에 대한 신뢰를 표현하는 것이라고 보았다.

이들의 연구는 특정 미디어에 대한 신뢰가 미디어에 대한 노출과 정적 상관관계가 있음을 밝혀냈다. 또한 외부에 대한 위협이나 불확실성이 커지면 커질수록 정보에 대한 욕구가 커지고, 결과적으로 더욱더 미디어에 의존하는 미디어 시스템 의존관계를 보여 준다. 볼로키치는 어떻게 주변 환경과 상황들이 미디어 의존관계를 이끄는지를 잘 설명해 주고 있는데, 이와 비슷하게 허시버그, 딜먼, 그리고 볼로키치(Hirshburg, Dillman &

Ball-Rokeach, 1986)는 자연재해와 미디어 의존관계를 연구하면서 화산 폭발이 일어났을 때 사회 체제의 한 시스템으로서 미디어가 주요 정보원이었으며, 사람들이 그 사건을 이해하기 위해 지속해서 미디어에 의존한다는 것을 밝혀냈다.

또한 로게스와 볼로키치(Loges & Ball-Rokeach, 1993)의 연구에서는 사회와 자기 자신에 대한 이해 욕구가 큰 사람들이 신문에 대한 의존도가 높았고, 인구통계학적인 변수도 신문에 대한 의존도에 영향을 주는 것으로 나타났다. 또 다른 미디어 의존 연구는 신문 구독이 지역사회 애착과 참여 의식을 고취하는 데 중요한 역할을 한다는 사실을 밝혀냈다. 더불어 그동안 미디어 이용이 수용자들의 지각에 상당한 영향을 미친다는 사실을 오랫동안 입증해 왔다.

한편 자국의 정보나 오락을 얻을 수 있는 대안 미디어가 부족한 미국 유학생을 대상으로 인터넷 의존과 그 결과로써 인터넷을 통해 전해지는 메시지 효과를 살펴본 연구에서는 유학 생활에서 이용 및 비교할 수 있는 기능적 대안 미디어의 부재로 인해 이용이 가능한 유일한 대안인 인터넷에 의존 현상을 보였고, 유학생들의 인식은 정보에 대한 욕구나 민족 정체성은 의존 현상을 설명해 주는 중요한 변인임을 보고했다. 인터넷에 대한 의존 현상은 수용자들의 인지적, 정서적, 행동적 변화를 불러왔다. 그리고 인터넷 이용처럼 자연재해나 사회 격변 상황이 아닐 때도 일상생활에서 미디어 의존이 일어날 수 있음을 밝혔다. 즉 정보에 대한 욕구와 민족 정체성이 높은 유학생들이 인터넷 미디어 의존이 높았고, 민족 정체성과 미디어 의존이 높은 유학생들이 민족 정체성과 미디어 의존이 낮은 유학생들보다 인지적 행동적 변화, 예를 들어서 의제 설정과 대화의 빈도수가 더 많다는 점을 발견했다(김진영, 2003).

또한 한국에서 유학 중인 중국 유학생들의 의존효과를 분석한 연구 결과 한국 학생들보다 더 강한 인터넷 의존 현상을 가지는 것으로 나타났다. 민족 정체성과 정보와 오락의 욕구는 인터넷 의존과 정적인 상관관계를 보였으며, 인터넷에 의존이 강한 중국 유학생일수록 동료 유학생들과 인터넷에서 얻은 자국의 정보를 주제로 나누는 대인커뮤니케이션 빈도가 높았다. 그리고 인터넷 의존, 대인커뮤니케이션, 정보와 오락의 욕구, 민족 정체성, 인터넷 이용 시간에 관한 경로분석 결과, 인터넷 의존은 커뮤니케이션 욕구와 대인커뮤니케이션 사이의 매개변인인 것으로 나타났다(김진영, 2008).

미디어 의존 이론을 스마트폰 의존에 적용한 연구도 있다. 주요 결과는 다음과 같다. ① 개인적 이해(understanding) 추구, 사회적 이해 추구, 개인적 방향 설정, 사회적 방향 설정, 개인적 재미 추구, 사회적 재미 추구, 자기표현 추구 등 일곱 가지의 목적 요인이 스마트폰 의존의 개념을 구성함을 실증적으로 검증했다. ② 전반적으로 스마트폰에 대한 의존도가 높은 사람들은 그렇지 않은 사람들보다 TV 시청을 더 많이 하며, 가족이나 친척들과의 대화를 더 많이 했다. 또한 ③ 스마트폰 이용자가 어떤 목적으로 스마트폰에 의존하게 되느냐에 따라서 스마트폰의 영향력이 달랐다(김용찬, 신인영, 2013).

또한 미디어 의존 이론에 입각해 지역방송 프로그램 의존 유형을 분석한 연구도 있는데, 지역민들은 지역사회에 잘 적응하고 주변인과의 원활한 상호작용을 도모하려는 사회적인 욕구, 즐거움을 얻거나 스트레스를 해소하려는 개인적인 욕구를 충족시키기 위해서 지역방송을 시청하는 것으로 나타났다(이승주, 김선남, 2020).

평가 및 의의

의존 이론은 개인이 미디어 체계에 대한 의존을 늘리거나 줄이게 되는 거시적 단계에 초점을 맞추고 있다. 즉 의존 이론은 욕구와 충족접근에 따라서 제공된 이론을 거시적 체계로 확장함으로써 일부 보완한 측면이 있다. 다시 말해 수용자와 미디어, 그리고 더욱 확대된 사회체계 사이에 통합된 관계를 제안한 것이다. 물론 욕구와 충족 이론도 루빈과 윈달(Rubin & Windahl, 1986)이 주장한 이용과 의존 이론을 통해 거시적인 사회체계를 포함하여 이용과 충족을 설명했다는 점에서 의존 이론과 연결을 시도하기도 했다.

의존 이론은 궁극적으로 체계의 변화를 설명하기 위한 시도였다. 그러나 미디어 의존 이론은 보통 사람들의 미디어 의존 경험이 광범위한 사회체계의 변화와 어떻게 강력한 연관관계를 맺고 있는지에 대해서는 실증적으로는 입증하지 못하고 있다. 또한 어느 정도가 이상적인 미디어 의존인지에 대한 설명도 약하다는 비판을 받고 있다. 의존의 정도가 점점 커질 것인지 줄어들 것인지에 대한 예측이 가능하지도 않고, 특히 뉴미디어가 미디어에 대한 의존을 강화할 것인지, 약화할 것인지에 대한 설명도 제공하고 있지 않다는 점이 한계다.

전체적으로 요약하면 의존 이론은 실질적으로 검증하기 어렵고, 핵심 개념인 의존의 의미와 강도가 불분명하고, 장기적 효과에 대한 설명력이 약하다고 평가된다. 그러나 체계 지향적이고 미시적 이론과 거시적 이론을 통합하고 있다는 점, 그리고 특히 위기와 사회적 변동 속에서 더 존재감이 있는 미디어의 중요한 기능과 역할에 대해서 타당한 설명을 시도했다는 점은 분명한 강점으로 평가된다.

참고문헌

김용찬, 신인영(2013). '스마트폰 의존'이 전통적 미디어 이용과 전통적 커뮤니케이션 방식에 미치는 영향. 〈한국방송학보〉, 27(2), 115-156.

김진영(2003). 미디어 의존 이론 연구: 미국 유학생들의 인터넷 이용, 민족 정체성, 미디어 의존, 그리고 인지적, 행동적 변화와의 관계를 중심으로. 〈언론과학연구〉. 3권 2호.

김진영(2008). The Study of International Students' Internet Dependency. 〈커뮤니케이션학 연구〉, 16(4), 185-204.

리틀존(1992). Theories of Human Communication, 『커뮤니케이션 이론』. 김홍규 역. 나남. 628-634.

맥퀘일(2003). Mass Communication Theory 4th ed. Dennis McQuail, 『매스커뮤니케이션 이론』, 양승찬 · 강미은 · 도준호(역), 나남.

오미영 · 정인숙(2006). 『커뮤니케이션 핵심 이론』. 커뮤니케이션북스.

이승주, 김선남(2020). 지역방송 프로그램 시청유형에 관한 연구-미디어 의존 이론을 중심으로-. 〈정치정보연구〉, 23(2), 291-315.

허경호(2009). 대학생의 인터넷 의존도의 이용과 충족 시각적 특성. 〈사이버커뮤니케이션학보〉, 26권 4호, 195-233.

Ball-Rokeach, S. J.(1985). The origins of individual media-system dependency: A sociological framework. *Communication Research*, 12(4), 485-510.

Ball-Rokeach, S. J., & DeFleur, M. L.(1976). A dependency model of mass-media effects. *Communication Research*, 3(1), 3-21.

Becker, L., & Whitney, D.(1980). Effects of media dependencies, Audience assessment of government, *Communication Research*, 7(1), 95-120.

Carey, J.(1988). *Communication as Culture*. Boston, MA: Unwin Hyman.

Hirshburg, P., Dillman, D., & Ball-Rokeach, S.(1993). Media system dependency theory: Responses to the eruption of Mt. St. Helens in Ball-Rokeach, S, & M. Cantor eds., *Media, audience and social structure*(117-126), Newbury Park: Sage.

Loges, W. & Ball-Rokeach, S.(1993). Dependency relations and newspaper readership. *Journalism Quarterly,* 70(3), 602-14.

Miller, M., & Reese, S.(1982). Media dependency as interaction: Effects of exposure on reliance on political activity and efficacy, *Communication Research*, 9(2), 227-48.

Rubin, A., & Windahl, S.(1986). The uses and dependence model of mass communication, *Critical Studies in Mass Communication*, 3, 184-199.

8장

·

침묵의 나선 이론

이론 개요

침묵의 나선 이론(Sprial of Silence)은 여러 다른 이론보다 매스미디어의 매우 강력한 영향력을 가정하는 이론이다. 이 이론에서는 매스미디어가 여론에 강력한 효과를 미치고 있음에도 불구하고 연구의 한계 때문에 과거에는 이러한 효과가 과소 평가되거나 발견되지 않았다고 주장한다. 이 이론에서는 미디어의 세 가지 특성, 즉 누적성, 편집성, 일치성이 결합하여 여론의 강력한 효과를 만들어낸다고 주장한다. 누적성은 특정한 주제나 메시지가 이례적이 아니라 장기적으로 형성됨을 의미하고, 편재성은 매스미디어가 사회 전반에 광범위하게 존재하는 것을 말한다. 일치성이란 각종 신문과 잡지, 방송, 그리고 다른 미디어에 의해서 종종 공유되고 발전될 수 있는 사건이나 이슈에 대한 통일적 상을 의미한다. 이러한 일치성의 효과는 사람들이 다른 메시지를 선택할 수 없게 함으로써 선택적 노출을 극복할 수 있게 하고, 또 대다수 사람들이 매스미디어가 제시하는 방향대로 문제를 바라본다는 인상을 만들어낸다.

여론 형성에서 역할을 담당하는 또 다른 요인은 침묵의 나선이라고 부르는 것이다. 논쟁적 문제가 있을 때 사람들은 여론의 향방에 대한 인상을 형성한다. 사람들은 자신의 의견이 대다수에 속해 있는지 혹은 그렇지 않은지 확인하려고 하고, 여론이 그들 의견에 동의하는 쪽으로 바뀌고 있는지를 판단하려고 한다. 만약 자신의 의견이 소수에 속한다고 느끼면 그 문제에 대해서 침묵하려는 경향이 있다. 또한 여론이 자신의 의견과는 다른 방향으로 변하고 있다고 생각하면 사람들은 그 이슈에 침묵하려는 경향이 있다는 것이다. 따라서 소수 의견을 가진 사람들이 침묵하면 할수록 특별히 다른 관점이 나타나지 않는다고 여기는 사람들이 늘어나게 되고, 따라서 사람들은 더욱 침묵하게 된다는 것이 침묵의 나선의 개념이다.

침묵의 나선 이론은 그들이 속한 환경에서 어떠한 의견과 행동 양식이 인정되고 인정되지 않는지, 그리고 어떤 의견과 행동 관행에 힘을 얻고 혹은 잃는지를 판단하게 하는 '의사 통계적 감각기관(quasi-statistical sense organ)'을 갖고 있다고 가정한다(Noelle-Neumann, 1993). 매스미디어는 사람들이 여론의 향방을 찾으려 하는 정보원이기 때문에 침묵의 나선에서 중요한 역할을 담당한다. 매스미디어는 침묵의 나선 형성에 세 가지 방법으로 영향을 줄 수 있다. 첫째, 매스미디어는 어떤 의견이 지배적인가에 대한 인상을 만들다 만든다. 둘째, 매스미디어는 어떤 의견이 증가하는가에 대한 인상을 만든다. 셋째, 매스미디어는 공중 속에서 소외되지 않고 표명할 수 있는 의견이 어떤 것인가에 대한 인상을 만든다(Noelle-Neumann, 1973).

노엘레 노이만은 이슈에 대해 거리낌 없이 말하고자 하는 의지는 대체로 의견 분위기에 대한 지각에 의해서 영향을 받는다고 주장한다. 즉, 만약 의견 분위기가 자신의 의견과 다르면 그 사람은 침묵하려고 한다. 이러한 침묵을 동기화시키는 요인은 고립에 대한 두려움이라는 것이다(세버린 · 탠카드, 2004).

이 이론의 주요 과정은 다음과 같다. 침묵의 나선 이론은 중요한 사회적 문제의 논의에서 고립되는 것을 피하려고 많은 사람이 자신이 생각하는 바가 우세한 의견인가 혹은 열세한 의견인가를 판단하고 그에 따라 행동하게 된다. 여기서 중요한 부분은 매스미디어가 여론 분위기를 평가하기 위해서 접근하기 가장 쉬운 정보원이라는 점과 어떤 관점이 미디어에서 지배적인지 판단하게 되고, 궁극적으로 개인적 의견 형성의 표현에 영향을 미친다는 점이다.

사실 이 이론은 여론조사 결과와 다른 선거에 대한 예측 자료가 일치하지 않은 독일 정치 상황을 설명하기 위해서 공식화되었다. 특히 노엘레 노이만은 이와 같은 현상에는 미디어가 함의된 여론을 잘못 전달한 데 그 원인이 있다고 보았다. 즉 미디어는 침묵하는 다수의 의견에 반하여 좌파적 경향이 우세한 여론 분위기를 전달했다는 것을 지적한다. 팔레츠와 앤트만(Paletz & Entman, 1981)은 1970년대 미국 미디어에서도 정치적으로는 반대의 경향이지만 비슷한 상황이 나타났다는 점을 지적한다. 이들은 1960년대 급진주의에서 전환한 미국 언론이 1970년대 들어 보수적 가치를 전파하기 시작했다고 본다. 하지만 여론조사 결과를 분석해 보면 진보 성향이 침묵의 나선형을 그리고 쇠퇴했다는 것은 나타나지 않았다(맥퀘일, 2003).

침묵의 나선 이론에 대한 또 한 가지 문제는 어떤 희생이 있더라도 목소리를 내는 강성층(hard core)이 존재한다는 사실이다. 이들은 본인들의 신념과 대의를 위해 기꺼이 소외의 위협에 대항하는 사람들로 침묵의 나선에서 가장 끝에 있는 존재들이다. 대표적으로 낙태권을 주장하는 여성단체, 동물권 보호 단체, 그린피스(Greenpeace), 반전단체 등이 대표적이다(West & Turner, 2004).

검증과 발전

리카드슨(Rikardson, 1981)은 중동 문제에 대한 스웨덴의 여론과 스웨덴 신문의 주장 사이에 매우 밀접한 관계가 있다는 것을 발견했는데, 특히 이 두 가지는 다른 여러 나라에서 여론조사를 통해 측정된 견해와는 매우 달랐다. 하지만 이 연구에서 신문의 주장과 여론 형성 사이에 인과관계는 밝히지 못했다. 한편 칼슨과 동료들(Carlson et al., 1981)은 정당 지지, 경제 상황과 언론 사설의 관계를 살펴보았는데, 이들은 정치적 견해가 경제적 상태에 대한 평가를 기반으로 우선 형성되고 그 후에 미디어의 내용에 의해서 영향받는다고 결론을 내렸다. 이론의 주창자인 노엘레노이만은 핵 에너지 문제에 대한 언론의 관심이 높아지면서 이에 대한 부정적 보도가 증가하고 있다는 점을 발견하고 침묵의 나선 현상을 다시 적용해 보았다. 연구 결과 시간이 지나면서 핵에너지에 대한 공중의 지지는 현저하게 감소하였고, 변화의 시점을 놓고 볼 때 이러한 여론의 변화에는 나선형의 패턴이 나타났음을 발견했다(맥퀘일, 2003).

라소사(Lasorsa, 1991)는 적대적 의견 분위기에 대한 두려움이 정말로 강력한가에 의한 의문을 제기하고 이 문제를 조사하기 위해서 연구한 바 있다. 이 연구에서 정치적 의견에 거리낌 없는 표명이 노엘레 노이만이 주장한 것처럼 의견 분위기 지각에 의해서뿐 아니라 연령, 교육 수준, 수입, 정치에 관한 관심, 자기 효율의 수준, 해당 이슈에 대한 자신의 관련성, 뉴스 미디어 이용, 그리고 자기 입장에 대한 확신 등과 같은 다른 변인에 의해서도 영향을 받는지 분석했다.

회귀 분석 결과 의견표명은 인구 사회학적 변인, 자기 효율의 수준, 뉴스 미디어에서 정치적 정보에 대한 주목, 그리고 자기 입장에 대한 확신 등에 의해서 영향을 받지만, 이슈에 대한 개인적 관련성과 일반적 뉴스 미디어의 이용에 의해서는 영향을 받지 않았다. 이러한 연구 결과를 통해서 사람들이 노엘레 노이만의 이론이 제시하는 것처럼 다수의 여론에 직면해서 그리 무력하지 않고 침묵의 나선에 대항하여 싸울 가능성도 있다는 점을 보여 주었다.

노엘레 노이만의 주장으로는 사람들이 무엇을 다수 의견인가로 판단하는 데 매스미디어가 매우 중요한 역할을 한다. 림머와 하워드(Rimmer & Howard, 1990)는 매스미디어가 다수 의견을 헤아리는 데 사용된다는 침묵의 나선 핵심 가설을 검증했다. 이를 위해서 암을 유발한다고 느껴지는 독성 쓰레기 물질에 관한 여론을 다루는 설문조사를 실시했다. 연구 결과 미디어 이용과 독성 쓰레기 물질에 관한 다수의 입장을 정확히 평가하는 능력은 아무런 관계가 없었다. 따라서 매스미디어가 침묵에 나서면서 중요한 역할을 한다는 주장은 받아들여지지 않았다.

살웬, 린, 메테라(Salwen, Lin & Matera, 1994)는 지역사회 3곳에서 시민들의 공식 영어 이슈에 대한 의견의 자발적 표명 정도에 관해서 연구했다. 연구 결과 의견표명의 일반적 경향이 해당 이슈에 대한 지역적 의견, 혹은 지역적 미디어 보도에 대한 지각보다는 전국적 의견 혹은 전국적 미디어 보도에 의한 지각과 관련되어 있다는 점을 발견했다. 이러한 결과는 침묵에 나선 이론에 대해서 매우 엇갈린 지지를 제공하고 있다(세버린·탠카드, 2004).

국내에서 이루어진 주요 연구를 살펴보면 먼저 정일권과 동료들(2009)은 우리나라와 같이 지역주의적 성격이 강하게 나타나는 상황에서 지역적 이슈를 대상으로 침묵의 나선 효과를 검증하였을 때, 지역 내 준거집단 영향력 때문에 사회적 다수 여론에 의한 침묵의 나선 효과가 잘 나타나지 않는다고 보고했다. 또한 일부 연구들은 다수 여론이 자신의 의견과 반대되는 경우 오히려 더 적극적으로 자신의 의견 표현 행위 사례들을 보고하고 있다(예, 김무곤, 안민호, 양승찬, 2001; 양승찬, 2005).

정효명(2012)은 이렇게 일관되지 않은 결과가 나타나는 이유를 개인의 주변 사람들과의 관계 속에 발생하는 대인커뮤니케이션에서 찾고 있다. 이 연구에서는 개인이 주변 사람들과의 동질적인 대인커뮤니케이션이 많을수록 전체 여론을 오인할 가능성이 높아지며, 이는 결국 개인의 의사 표현 행위에 영향을 주고 있음을 보여 주었다.

침묵의 나선 이론의 논의를 바탕으로 SNS를 통한 의견표현 행위에 매스미디어와 SNS를 통한 여론 지각이 어떠한 영향을 미치는가를 분석한 연구도 있다. 연구 결과를 요약하면, 먼저 정치적 성향이 뚜렷할수록 여론 인지의 오류가 높아질 가능성을 확인하였다. 이는 많은 선행 연구에서 확인된 결과와 일치하는 부분이다. 특히, 정치적으로 진보적 성향이 높을수록 정몽준 후보에 대해서 실제보다도 낮게 지각할 가능성을 확인하였다. 자신이 좋아하는 후보에 대한 지지 의견에 대해서는 선택적으로 더 많이 노출하고, 더 주목하는 과정에서 여론에 대한 오지각이 발생한 것으로 이해할 수 있을 것이다.

이와 함께, 매스미디어의 여론에 대한 의사 합의 인식이 클수록 의견 표현에 대한 두려움은 적게 나타나고 있음도 확인하였다. 이러한 결과는 침묵의 나선 이론에서 제시한 여론 인식의 관계와 부합하는 결과라 할 수 있다. 하지만, 침묵의 나선 이론에서 제시한 것과 달리, 의견표현 행위는 단순히 고립에 대한 두려움만으로 설명되지 않음을 보여 주었다. 즉, 의사 합의 인식 경향이 클수록, 오히려 의견표현 행위가 줄어드는 것을 확인한 것이다. 이는 침묵의 나선 이론에서 제시한 것과는 달리, 의견표현의 두려움이 아니라 오히려 의견표현 행위에 대한 필요성에 대한 개인의 인식이 오히려 의견표현 행위에 영향을 줄 수 있음을 의미하는 것이다.

즉 의견표현의 부담감은 오히려 의견 표현 행위를 유발하는 조건으로 작용하고 있음을 시사하고 있다. 특히, SNS의 공간에서 자신의 의견이 소수 의견으로 인식될 때 더욱 적극적인 의견표현 행위 의지를 갖는 것은, SNS 공간이 타인의 의견을 감지할 수 있는 공간인 것과 동시에 자신의 의견을 표현할 수 있는 공간이며 동시에 SNS에 있는 타인들이 전혀 모르는 사람들이 아닌 일정 정도의 동질성 또는 유사성을 갖고 있는 존재이므로 이를 통해 어느 정도의 설득 가능성을 기대하고 있는 것으로 설명할 수 있을 것이다.

결론적으로 이러한 결과는 선거와 같은 상황에 있어서 침묵의 나선 이론 설명은 지나친 단순화의 위험이 있고, 특정 후보에 대한 강한 지지/반대의 태도를 갖고 있는 경우, 주변 의견과 자기 의견의 불일치는 오히려 적극적인 의견 표현 행위를 유발하는 조건으로 작용한다는 점을 발견했다(홍원식, 2017).

최근에 논쟁적인 정치 사회적 이슈에 대해 기업이 자기 입장을 표현하는 'CSA(corporate social advocacy)' 문제를 통해 침묵의 나선 이론을 검증한 연구도 있다. 연구 결과 모병제 도입 이슈에서는 개인과 여론 의견이 일치할수록 이슈에 대한 의견표명 의도가 높아졌으며, 개인-기업 의견이 일치할수록 기업에 대한 의견표명 의도가 높아졌다. 포용적 이민정책 이슈에서는 개인-기업 간 의견이 일치할수록 이슈와 기업에 대한 의견표명 의도가 높아졌다. 이러한 결과는 기업과 의견이 일치했을 때 의견표명 의도가 증가한다는 점에서 침묵의 나선 이론을 지지하는 결과이며, 동시에 준거집단이 여론이 아닌 기업이라는 점에서 이 이론의 타당성을 입증했다.

한편 이슈별로 상이한 결과도 나왔는데, 모병제 도입 이슈와 달리 포용적 이민정책 이슈에서는 기업과의 의견일치 여부가 의견표명 의도에 모두 영향력이 있는 것으로 나타났다. 그리고 공중은 CSA의 주체가 대기업인 경우에 더욱 민감하게 반응하고, 자신과 의견이 다를 때 기업에 대해 비판적 의견을 밝힐 가능성이 있다는 점도 확인했다(김가람, 신별, 조수영, 2022).

평가 및 의의

침묵의 나선 이론의 특징이자 장점은 비단 침묵의 나선 이론에만 해당하는 것은 아니지만 커뮤니케이션이 대인 및 미디어 채널을 수반하는 현상으로 보고, 이때 미디어가 어느 견해가 지배적인가를 명백히 밝힘으로써 여론을 알린다는 사실에 집중한다는 점이다. 따라서 개인 또는 수용자들은 이런 경우 미디어를 '여론의 바로미터(barometer)'로 판단하고 우세한 관점(여론)에 입각해서 자신의 의견을 표현하거나 역으로 표현하지 않는다는 점을 강조한다. 미디어는 여론을 공포하는 기능을 하는 과정을 통해 결과적으로 수용자들의 침묵의 나선 현상은 지속된다고 보고 있다.

어떤 면에서 침묵의 나선 이론은 대중 사회 이론과 유사한 점이 있으며, 사회적 관계의 질적 수준을 다루는 데 있어 비관적 입장을 갖고 있다 (Taylor, 1982). 카츠(Katz, 1983)는 침묵의 나선 이론의 타당성은 개인적인 대안적인 준거집단이 사회 내에서 존재하는지 또는 어떠한 역할을 하는지에 따라 평가될 수 있다고 보았다. 즉 준거집단이 활성화될수록 침묵에 나선 과정이 작동할 범위는 더욱 줄어들고, 이는 소수 의견과 일탈적 의견을 지지하는 사람들이 가시화되고 미디어를 대신해서 영향력을 행사할 가능성이 있기 때문이다. 이와 관련하여 모스코비치(Moscovici, 1991)는 여론 형성 과정에서 조용한 다수보다는 의견을 변화시키는 데 큰 역할을 하는 큰 목소리를 내는 소수에 더 주목해야 한다고도 지적한다.

아직 침묵의 나선 이론을 지지하는 근거는 미약하고 이론의 주장과 불일치하는 경우가 많았다. 글린과 동료들(Glynn, et al., 1997)은 미국과 서구의 연구 결과를 분석한 결과 여론에 대한 지각이 공개적 의견표명에 영향을 미치는 증거는 미약하다고 평가했다. 또한 침묵의 나선 이론은 전체적으로 자기 관여(ego involvement)에 따른 차이를 고려하지 않고 있고, 사람들이 다른 사람들의 의견에 동조하기 위해 목소리를 내는 경향이 있다는 경험적 증거가 희박하다는 비판도 있다(Glynn, Hayes, Shanahan,

1997).

또, 한 가지는 국가별 차이를 보일 수 있다는 점이다. 침묵의 나선 이론은 미디어의 영향력을 너무 많이 강조하고 있는데 이는 1980년대 독일의 미디어의 누적성, 편재성, 공명성에 의한 결과로 미국이나 다른 나라의 경우 차이가 있을 수 있다는 것이다(West & Turner, 2004). 그렇다 하더라도 미디어 보도가 시사적 이슈와 관련한 공중의 정서에 대한 사람들의 지각을 형성한다는 근거는 충분히 있다(맥퀘일, 2003).

침묵에 나선 이론의 장점은 거시적이면서도 미시적인 설명력을 가졌고, 이론이 역동적이라는 평가를 받는다. 그리고 여론의 움직임, 특히 선거 기간의 여론 동향을 설명해 준다. 또한 뉴스 매체의 역할과 책임에 대한 중요한 문제 제기를 해준다는 장점이 있다. 반면에 전반적으로 미디어의 영향력과 보통 사람들에 대한 회의적 관점을 가지고 있고, 침묵의 이유를 지나치게 단순화하고 있다. 그리고 침묵 효과에서 나타날 수 있는 인구학적, 문화적 차이를 간과하고 있고, 침묵 효과에 대응할 수 있는 공동체의 힘을 평가 절하하고 있다는 단점이 있다.

침묵에 나선 이론은 방법론적 독창성 면에서도 평가받고 있다. 노엘레 노이만은 의견의 분위기, 투표, 의도, 소외의 두려움, 의견 제시의 자발성 등의 변이를 측정하기 위해서 매우 다양한 방법론을 사용했기 때문이다. 횡단, 서베이, 조사, 패널 연구, 언론인 서베이 내용분석 등이 주로 사용된 방법인데, 연구 문제를 해결하기 위해 질적, 양적 방법론을 골고루 사용했다.

그런데 이 이론은 1988년에서 1989년 오렌지 카운티 지역의 당 지지도에 대한 조사에서는 효과가 입증되지 않았다. 반면 1991년 걸프전에서 미국은 진실로 합의했는지, 아니면 미디어 보도가 전쟁 반대 여론을 약화하는 침묵에 나선 효과를 가져왔는지를 분석한 연구에서는 효과가 입증되었다. 그러나 침묵의 이유는 노엘레 노이만이 말한 사회적 소외에 대한 두려움보다는 남들을 따라서 하는 행동을 취하는 밴드왜건 효과 (bandwagon effect) 때문이었다. 이 이론은 의제 설정 이론이나 배양 효과이론보다 이론적 깊이는 약하지만 아이디어 자체는 매우 오랫동안 국제적인 관심을 받았다(오미영·정인숙, 2006).

한편 다른 사람의 판단 능력에 대한 의심 또한 침묵을 가속하는 한 요인이다. 이에 따라 다수가 공유할 수 있는 아이디어지만 사람들이 말하기를 꺼림으로써 그 지위가 소수자의 지위로 줄어들게 된다는 것이다. 이것을 '다원적 무지 효과'(pluralistic ignorance)라고 부른다. 즉 다수의 사람이 실제와는 반대되는 의견의 방향으로 강하게 믿게 되는 어리석은 상황이 초래된다는 것이다. 예를 들어서 노엘레 노이만은 낙태 찬성론자와 반대론자 중에서 반대론자들의 주장이나 법률이 많아서 찬성론자들은 자연히 소수 집단으로 자리매김하게 된다는 것이다. 그러나 실제로 여론 조사를 해보면 정반대의 결과가 나왔으며, 소총 소지의 문제, 인터넷 음란물 문제도 마찬가지라는 주장이다.

또한 사람들은 고립을 피하기 위해서라기보다 승자와 동질성을 유지하기 위한 갈망에서 동조할 가능성도 있다고 설명한다. 예를 들면 중요한 선거가 끝난 후 실제보다 더 많은 사람이 자신은 승자에게 투표했다고 응답하는 결과가 나오고 있는 것이 이와 같은 현상을 대변한다. 이와 같은 행위는 뒤늦게 승자에 편승하려는 시도나 반사된 영광을 취하려는 시도라기보다는 가치가 적재된 어떤 이슈에서 벗어나 있음으로써 받게 되는 사회적 오명을 피하기 위한 방어 전략이다. 비록 이 같은 편승 전략이 순응주의자라는 낙인을 찍는다 해도 그와 반대되는 입장에 서는 것보다 나쁘지 않을 것이라고 사람들은 생각한다는 것이다. 노엘레 노이만은 범죄자나 도덕적 영웅을 제외하고는 대부분 이와 같은 사고 성향을 나타내고 있다고 설명한다(오미영 · 정인숙, 2006).

침묵의 나선 이론에서는 매스미디어를 통한 여론 지각과 이에 따른 의사 표명 행위의 관계에서 공명(consonance), 즉 여러 매스미디어들의 동질적 목소리를 중요한 전제로 하고 있다. 하지만, 최근 미디어 환경에서 개인이 여론을 접하게 될 때, 매스미디어를 통해 전달되는 동질적(consonant) 정보에만 노출되기보다는 SNS를 통해 특정 의견에 치우친 편파적(biased) 정보를 동시에 접하는 경우가 많아지고 있기 때문이다(홍원식, 2017).

이러한 이중적 정보 노출이 서로 불협화된(dissonant) 목소리를 내는 경우 침묵의 나선 이론을 현대 미디어 상황에 적용하기에는 엄연한 한계가 있다. 결론적으로 많은 연구들이 침묵의 나선 이론에 기반하여 개인의 의견표명 행위를 설명해 왔지만, 노엘레 노이만(Noelle-Neumann, 1974)이 침묵의 나선 이론을 주창한 1970년대와 오늘날의 미디어 환경은 여론 지각의 환경 측면에서 매우 다르다는 점에 주목할 필요가 있다. 특히 SNS가 매스미디어 못지않게 여론 인지에 있어서 중요한 역할을 하는 현재 상황에서 침묵의 나선 이론은 효용성의 한계를 보인다. 침묵의 나선 이론은 미디어의 효과뿐만 아니라 여론 형성과 관련된 많은 것을 다루고 있어서 앞으로 이러한 다양한 요인들을 고려하면서 연구할 필요가 있을 것으로 보인다.

참고문헌

김가람, 신별, 조수영(2022). CSA(Corporate Social Advocacy)는 인터넷 공론장 활성화에 기여하는가? 침묵의 나선 이론을 접목한 CSA의 공익적 역할에 대한 조명. 〈홍보학 연구〉, 26(4), 51-85.

김무곤 · 안민호 · 양승찬(2001). 『미디어와 투표 행동』. 서울: 삼성언론재단.

맥퀘일(2003). Mass Communication Theory 4th ed. Dennis McQuail, 『매스커뮤니케이션 이론』, 양승찬 · 강미은 · 도준호(역), 나남.

세버린, 탠카드(2004). Severin, Werner J; Tankard, James W, Communication theories : origins, methods, and uses in the mass media(2004). 『커뮤니케이션 이론』. 박천일 · 강형철 · 안민호 역, 나남출판, 2004.

양승찬(2005). 『미디어와 유권자: 미디어의 영향에 관한 이론적 접근』. 커뮤니케이션북스

오미영 · 정인숙(2006). 『커뮤니케이션 핵심 이론』. 커뮤니케이션북스.

정일권 · 김지현 · 이연주(2009). 여론조사 보도가 여론 지각과 의견표명에 미치는 영향에 관한 연구: 성형수술을 중심으로. 〈스피치와 커뮤니케이션〉, 11호, 157-194.

정효명(2012). 동질적인 대인커뮤니케이션과 침묵의 나선: 2007년 대통령 선거를 중심으로. 〈한국언론학보〉, 56(3), 85-109.

홍원식(2017). 소셜 네트워크서비스와 매스미디어를 통한 의사 합의 지각과 의사 표현 행위에 대한 연구: 침묵의 나선 이론을 중심으로. 〈정치 커뮤니케이션 연구〉, 45, 129-154.

Carlson, G., Dahlberg, A., and Rosengren, K.(1981). Mass media content, public opinion and social change, in K. Rosengren(ed.), *Advances in Content Analysis,* 227-40, Beverly Hills, CA: Sage.

Glynn, C., Hayes, A., and Shanahan, J.(1997). Perceived support for one's opinion and willingness to speak out, *Public Opinion Quarterly,* 61(3), 452-63.

Katz, E.(1983). Publicity and pluralistic ignorance: notes on the spiral of silence, in E. Wartella et al. (eds.), *Mass Communication Review Yearbook,* Vol.4, 89=99. Beverly Hills, CA: Sage.

Lasorsa, D.(1991). Political outspokenness: Factors working against the Spiral of Silence, *Journalism Quarterly,* 68, 13-140.

Moscovici, S.(1991). Silent majorities and loud minorities in J. Anderson(ed.), *Communication Yearbook* 14, 298-308, Newbury Park, CA: Sage.

Noelle-Neumann, E.(1973). Return to the concept of powerful mass media, in H. Eguchi & K. Sata(eds.), *Studies of Broadcasting: An International Annual of Broadcasting Science,* 67-112, Tokyo: Nippon Hoso Kyokai.

Noelle-Neumann, E.(1993). *The Spiral of Silence: Public Opinion—Our Social Skin,* 2nd ed., Chicago: Univ. of Chicago Press.

Paletz, D. & Entman, R.(1981). *Media, Power, Politics.* New York: Free Press.

Rikardson, G.(1981). Newspaper opinion and public opinion, in K.E. Rosengren (ed.), *Advances in Content Analysis,* 215-26, Beverly Hills, CA: Sage.

Rimmer, T. & Howard, M.(1990). Pluralistic ignorance and the Spiral of Silence: A test of the role fo the mass media in the Spiral of Silence hypothesis, *Mass Comm Review,* 17, 47-56.

Salwen, M., Lin, C. & Matera, F.(1994). Willingness to discuss official English: A test of three communities, *Journalism Quarterly,* 71, 282-290.

Taylor, D.(1982). Pluralistic ignorance and the spiral of silence, *Public Opinion Quarterly,* 46: 311-55.

West, R. & Turner, L.(2004). *Introducing Communication Theory: Analysis and Application.* 2nd Ed. N.Y.: McGraw Hill. 419-422.

9장

·

프레이밍 이론

이론 개요

미디어는 세상을 보여 주는 일차적인 창(窓)의 기능을 한다. 그런데 미디어는 존재하는 그대로의 무수한 현실과 사실 중에 어떤 특정한 것이나 사실들을 미디어 고유의 화법이나 표현(구두 및 문자언어 또는 영상)으로 재구성해서 보여 주기 때문에 프리즘과 같은 기능을 한다는 해석이 타당할 것이다. 특히 미디어의 저널리즘적 기능은 뉴스를 통해 세상이 어떻게 돌아가고 있는지와 관련된 유용한 정보를 전달해 줄 뿐만 아니라 이를 어떻게 해석하고 이해해야 할 것인가를 알려주기도 한다. 이러한 언론을 통해 사람들은 정치, 문화, 사회, 경제 등 특정 사안에 대한 이슈를 탐색하고, 나아가서 여론이 어떠한가를 파악할 수도 있다.

그런데 이러한 이해는 뉴스를 전달하는 언론의 특정한 창이 되는 틀(frame)에 의해 이루어진다. 다시 말하자면 뉴스가 전달되는 창은 세상의 윤곽이 어떠한가를 보여 주는 하나의 틀을 제공한다. 문제는 이러한 창의 성격이 어떠한가 하는 점이다. 얼마나 많은 창을 통해 정보가 전달되는가, 그 창의 크기는 어떠한가, 창은 얼마나 흐리고 맑은가, 창은 주로 어디를 향해 놓여있는가 등의 많은 요인들이 사람들이 세상을 이해하는 정도를 결정하게 한다(Tuchman, 1978). 결국 이러한 언론이라는 창을 통해서 세상에 대한 개념을 공유하게 된다.

그런데 특정의 창을 통해 전달되는 이상 언론이 세상을 단순히 반영하기보다는 현실의 일부를 선별적으로 판단하고 이를 가공하여 보여 주게 된다. 그래서 언론에서 보이는 모습은 있는 그대로의 전체가 아니라 '표현이 가능한 여러 현실 중 가공된 일부'라고 할 수 있다(Tuchman, 1978). 언론 수용자나 공중은 현실을 이해하기 위해서 언론의 보도에 의존할 수밖에 없으므로 언론이 전달하는 이미지나 담론은 매우 중요하다. 보도의 대상이 되는 특정 이슈나 관련 당사자들을 어떻게 보도하는가에 따라 수용자의 태도가 달라질 수 있기 때문이다.

프레이밍 연구는 비록 그 개념의 다양성으로 혼란스러운 면을 가지고 있지만 기본적으로 미디어가 특정 이슈나 사건을 어떻게 보도하는지를 특정 프레임을 통해 분석하고, 더 나아가서는 미디어에서 프레임화된 보도가 결과적으로 수용자들이 그 이슈나 사건을 이해하는 데 어떤 영향을 미치는지, 그리고 어떻게 미디어의 프레임들이 형성되는지를 살펴보는 것이다. 매스미디어 연구에서 정의된 프레임 개념 가운데 하나는 "뉴스 보도에서 전반적인 맥락을 제공할 뿐만이 아니라, 선택, 강조, 제외, 그리고 편집을 통해 주요 이슈가 무엇인지를 제시하는 중심적 역할을 하는 사상(idea)"이라 정의한다(Tankard et al., 1991, p. 3).

프레이밍 이론의 핵심은 해석의 스키마타(schemata of interpretation)에 관한 것으로 미디어는 뉴스를 제공할 때 일정한 틀을 도입함으로써 수용자들이 어떤 메시지를 유목화해서 해석하고 평가하도록 작용하는 역할을 한다는 것이다(Eko, 1999). 일련의 프레이밍 연구는 미디어 메시지가 일정한 틀에 따라 정의되고 유목화되고, 수용자의 뇌리에 일정한 틀을 만들도록 하여 그 이해를 돕거나(Dunegan, 1993), 뉴스이벤트에 대한 해석을 달리하도록 영향을 미칠 것(Edelman, 1993; Hornig, 1992)으로 전제한다. 여론 변화에 대한 프레이밍 이론은 여론의 변화를 추동하는 주요한 원인이 언론의 프레임과 수용자의 해석적 프레임이라고 보고 언론의 보도 방식을 통해서 구성되는 수용자의 해석적 프레임의 구성에 주목하고 이 해석적 프레임이 개인이나 집단의 의견에 미치는 영향을 연구한다.

리프만(Lippman, 1922)에 의해 제기된 언론에 의한 假환경(pseudo-environment)은 이제 우리에게는 眞환경처럼 인식되고 있다. 언론이 제공하는 것은 현실 그대로의 모습과는 다르며, 특정한 측면으로 부각하거나 확대 또는 축소함으로써 수용자들에게 중개된 현실을 제공하게 된다. 고프만(Goffman, 1974)은 현실구성은 "미디어가 표출하는 현실 또는 상징과 사회 간의 사회적 상호작용"으로, 터크만(Tuchman, 1978)은 뉴스를 "수용자들이 세상을 이해하게끔 하는 특정한 틀"로 정의했다. 따라서 뉴스는 단순한 현실의 반영이라기보다는 사회적 현실을 구성하는 하나의 틀로서 파악된다. 이러한 선택과 배제와 관련된 것이 바로 프레임(또는 프레이밍)이다. 갬슨과 라쉬(Gamson & Lash, 1989)는 프레임을 "이슈와 관계있는 사건들을 이해하는 하나의 중심적인 구성 아이디어를 제시하는 것"이라고 정의 내렸다. 그리고 그 과정은 "시간에 걸친 점유와 미디어 사용의 조수 간만"이라고 언급했다. 엔트만(Entman, 1993)에 의하면 프레이밍은 지각된 현실의 특정한 측면을 선택하고 그것을 텍스트 안에서 부각하게 (salient) 된다. 실제로 엔트만(1993)은 프레이밍은 선택과 중요성으로 추출될 수 있다고 언급했다.

> 프레이밍 하는 것은 인지하고 있는 사실의 몇 가지 관점을 선택하는 것
> 이며 그런 관점들을 커뮤니케이션 텍스트 안에서 특정한 문제에 대한
> 정의, 일반적인 해석, 도덕적 평가, 묘사된 이슈의 해결 방안 제시, 그리
> 고 권고를 발전시키는 하나의 방법으로 더 중요하게 묘사되는 것이다
> (Entman, 1993, p. 56).

간햄(Ghanem, 1997)에 의하면, 프레임이론은 특정한 사회적 이슈와 관련되어 있다. 또한 엔트만(1991)에 의하면 뉴스 기사의 면(editorial section), 스타일, 그리고 기사 초점 유형 등은 시간에 따라 변화하게 된다. 프레이밍은 저널리스트들이 현실의 특정한 측면을 선택하고, 강조하고 수용자에게 제공하는 뉴스 매체 활동이라고 정의한다. 박선희(2001)는 이러한 뉴스 프레임이 사회적 이슈가 어떤 의미를 지니는지를 둘러싼 현실구성 과정을 보여 주며, 이슈를 인지하고 해석하는 준거 틀을 사회 구성원들에게 제공한다고 지적했다. 이는 뉴스 프레임이 특정한 현실에 대한 선택과 강조뿐만 아니라, 문제를 규정하고, 원인을 규명하는 것은 물론 도덕적인 판단을 한다는 것을 의미한다. 여기에 더해 뉴스 프레임은 문제에 관한 해결 방안마저 제시하게 되는 것이다.

엔트만(Entman, 1993)에 의하면 텍스트 수준에서의 프레임은 특정한

키워드, 흔해 빠진 문구(stock phrase), 정형화된 이미지, 정보원, 그리고 문장 등으로 인해 사실과 판단을 하도록 강요하게 된다. 또한 프레임은 프레이밍 요소들과 긍정적이거나 부정적인 톤(tone)을 결합함으로써 맥락적 단서(contextual cue)를 창출하게 된다. 이러한 맥락적 단서는 전반적인 기사의 톤과 뉴스 기사의 방향을 이끌게 되는 것이다. 프레임에 의한 단서들은 특정 이슈나 추세에 대한 공중의 지각과 평가에 매우 중요한 요소로 작용하게 된다. 특정한 이슈나 대상에 관한 기사의 톤과 방향은 사회적 환경이나 움직임에 기반하여 시간에 따라 변화하게 된다는 것이다.

한편 기틀린(Gitlin, 1980)에 따르면 프레임이론은 뉴스 미디어가 사건 보도에 특정한 상징(symbol)과 주제가 있다고 본다. 이는 뉴스 생산자의 소유 형태, 생산텍스트, 수용자, 그리고 사회의 전체적인 문화의 형태에 따라 그 특정한 주제와 의미를 생산한다는 것이다. 그리고 터크만은 뉴스 프레임을 "세상을 향하여 나 있는 창"으로 비유하면서 뉴스 미디어는 어떤 뉴스는 반복, 확대, 강조하고 어떤 뉴스는 축소 또는 생략하면서 특정한 주제를 만들어내고 있다고 말한다. 또한 "프레이밍은 여러 개의 아이템을 요소로 또는 다른 것이 아닌 것으로 간주하는 것을 포함한다"라고 언급했다. 따라서 뉴스 미디어가 하나의 이슈나 현상을 단계별로 보도할 때 미디어 프레임은 "뉴스 내러티브에 있어서 키워드(keyword), 은유(metaphors), 개념(concept), 상징(symbol), 톤(tone) 그리고 시각적 이미지 강조"를 가진다(Entman, 1991, p. 6). 결국 프레임은 일관성 있는 패턴으로서, 사회에 대한 이슈와 관계를 상징화한 것이라 요약할 수 있다.

뉴스 프레임은 주요한 이슈가 무엇이고, 어떻게 그 이슈가 인식되며, 그 이슈의 어떤 면들이 가장 중요한지, 그리고 그것이 어떻게 나타나는지를 규정한다. '프레임 작업'은 미디어를 통해서 새롭게 나타나는 현실을 보여 준다. 이는 궁극적으로 사회 현실구성에 도움을 준다. 프레임화된 사회 현실은 단순히 보이는 것이 아니라, 지배적인 문화적 신념과 가치들로 공명(resonate)한다(Reese, 1997). 따라서 규격화된 객관성(routinized objectivity)을 보도하는 것이 하나의 뉴스 이슈나 기술을 프레이밍 하는 하나의 방법이다.

집단 간 사회적 갈등에 있어 언론의 사회적 역할은 특히 중요하다. 미디어 정치가 발달하면서 언론은 갈등의 정치화와 사회화의 통로가 되었고, 그런 언론이 다양화되고 있는 갈등을 어떻게 보도하는지에 따라 갈등 당사자들의 이해관계뿐만 아니라, 전체 사회의 안정과 유지라는 측면에서 중요한 함의를 지니기 때문이다(양정혜, 2001). 또한 공중은 직접적인 경험의 한계를 넘어서는 현실의 이해를 위해서 언론이 제공하는 이미지나 담론에 의존할 수밖에 없으며, 이익 집단들로 자신의 쟁점을 공중에게 알릴 수 있는 통로로서 매체 접근(access to media)이 중요하며 매체로부터의 우호적 관심은 공중으로부터의 신뢰 획득과 불가분의 관계에 있기도 하다(양정혜, 2001).

언론의 중요한 역할 중 하나는 사회의 갈등과 이견을 조정하는 기능이다. 그러나 때로 언론은 사회적 이슈나 문제의 핵심과 본질을 보도하기보다는 집단 간의 갈등적 측면을 많이 보도하는 경향이 있다. 갈등 보도는 독자들의 관심과 시선을 사로잡는 데 좋은 소재이기 때문(Neuman et.al, 1992)에 언론 보도에서 차지하는 비중이 매우 높다. 이런 사회적 갈등 보도에 대하여 언론은 보편적으로 체제 중심적 이데올로기 구조, 사건 중심적, 흥미성, 해결 방안 미제시 등의 일관성을 보이는 반면, 각 언론사에 따라서는 정치적 지향성, 신문사의 소유구조, 그리고 기자 개인의 문제로 언론 보도에 있어 각기 다른 차이를 보인다(Shoemaker & Reese, 1996). 따라서 이러한 보도 형태는 뉴스 프레임 효과로 나타난다.

검증과 발전

프레임이론은 매우 다양한 분야에서 이론에 대한 적용과 검증이 이루어지고 있다. 대표적으로는 언론사의 성향에 의한 프레임 특징, 특수상황(환경, 재난, 사회적 갈등 상황 등)에서의 프레임 특징, 국익 관련 국제 관련 보도에서의 국가별 프레임 특징으로 대별할 수 있다.

첫째, 사회 갈등적 이슈에 관한 프레임 연구를 살펴보면 다음과 같다. 언론 보도에 관한 기존의 연구들은 뉴스 프레임의 유형을 사건 중심적 프레임과 이슈 중심적 프레임 형태로 구별한다. 여기서 사건이란 진행 과정과 그 결과를 묘사하는 방식으로 전개되고, 이슈는 사건의 전후 맥락과 역사를 설명한다(Sheufele, 1999). 즉 사건인 행위 자체에 중점을 둔 뉴스 프레임 형식이 있으며, 또한 과도하게 이슈인 배경에 초점을 맞춘 프레임 형식이 있다는 것이다. 1960년대 미국 대학생들의 베트남 전쟁에 대한 반전시위에 대한 보도 연구(Gitlin, 1980)와 원자력 발전에 대한 미국 여론의 변화 과정에 대한 연구(Gamson & Modigliani, 1989)에서 미국 언론은 집단 항의운동을 서술한 뉴스 내용이 행위를 일으킨 배경, 즉 이슈보다 시위에 나타난 표면적 행위(사건)에 초점을 맞추어 보도했다고 보고했다.

갈등집단의 입장에서 본다면, 언론매체는 갈등집단이 정통성을 확보하는 데 핵심적인 역할을 한다. 언론의 관심 없이는 자신들의 문제가 공중의 담론영역에 진입하거나 정치적 의제로 채택되는 것이 불가능하며 결국 공중으로부터 지지를 받지 못할 수도 있기 때문이다(양정혜, 2001). 따라서 사회적 갈등 문제에 대한 언론의 프레임은 매우 중요한 의미가 있다. 즉 언론의 특정 사회적 문제에 대한 프레임은 사회 구성원들이 현실을 해석할 때 결부시킬 수 있는 준거를 제공하여 사회적 갈등 문제의 쟁점에 대해 일정한 유형의 판단이나 의견을 유발하기 때문이다. 따라서 사회적 갈등 보도에서 특정 뉴스 프레임의 사용은 한 집단의 정당성 획득을 촉진할 수도 있고 장애물로 작용할 수도 있다(이재진·유승관, 2010).

'집시법' 상의 야간 옥외집회 관련 조항에 관한 신문보도 경향에 관한 프레임 연구(이재진·유승관, 2010)에서는 보수 성향의 신문은 야간집회에 대해 주로 폭력성 우려 프레임을 통해 야간집회에 대한 우려와 비판의 목소리를 전하고자 했던 반면, 진보적 성향의 신문의 경우는 대항 프레임을 통해 야간집회에 대해 옹호의 메시지를 전하고자 했음을 발견했다.

전체적인 프레임은 주제 중심 프레임이 사건 중심 프레임보다 훨씬 높은 것으로 나타났다. 세부적인 프레임으로는 단순(기타) 프레임이 가장 많았지만, 이를 제외한 특정 톤을 발견할 수 있는 프레임 중에서는 대항 프레임, 폭력성 우려 프레임, 대체 보완 요구 프레임, 양립성 프레임, 적용 혼란 프레임, 금지조항 위헌성 강조 프레임, 책임 귀인 프레임이 있었다.

특히 갈등 보도 프레임의 연구들에 의하면 언론은 이미 확립되어 있는 소수의 뉴스 프레임에 의존해 사회적 갈등을 의미화한다. 일반적으로 하나의 갈등은 여러 단계를 거쳐 전개되는데 뉴스는 갈등이 명확하게 공중의 시야에 드러나는 단계, 즉 파업이나 시위, 소송 등과 같은 가시적인 사건에만 주된 관심을 할애하고 갈등이 빚어지게 된 원인이나 반대 세력의 동기에 대한 설명 혹은 점차 전개되는 과정으로서의 갈등에 대한 설명은 최소화한다(Gersh, 1992; Schmidt, 1993). 따라서 사회적 갈등에 대한 보도 프레임은 갈등에 참여하고 있는 이익 집단의 성격과 갈등의 이슈 특성에 따라 다양한 형태로 나타난다.

사회적 갈등에 대한 전형적인 보도 프레임은 책임 귀인 프레임(양정혜, 2001; 박경숙, 2002; 김선남, 2002; 강내원, 2002; 나미수, 2004; 김원용 · 이동훈, 2005a; 김원용 · 이동훈, 2005b), 권위주의 프레임(박경숙, 2002), 대항 프레임(Price et, al., 1997; Pan & Kosicki, 1993; Valkenburg et. al., 1999; Semetko & Valkenburg, 2000) 등을 예로 들 수 있다.

한편 언론의 사회적 갈등 보도는 법과 질서 프레임에 의존함으로써 대체로 기존 질서와 체계를 옹호하는 양상을 나타낸다는 특징을 가진다(장용호, 1987). 많은 갈등 보도 연구들은 뉴스가 권력 집단을 체계적으로 옹호하는 관행을 보인다고 지적하는데, 예를 들면 노동자들보다는 고용주를, 시위대보다는 경찰을, 새로운 사고보다는 이미 보편화된 가치관을 선호한다는 것이다(양정혜, 2001). 따라서 갈등에 개입된 집단들은 언론의 관심과 공중으로부터의 정통성을 확보하기 위해 자신들의 주장을 정당한 것으로 정착시키려고 노력한다. 법과 질서 프레임은 이러한 노력을 전개하면서 사회적 규범이나 법의 준수가 우선적이고 필수적인 것으로 강조되는 뉴스 프레임의 틀이다(강혜주, 2006).

이렇듯 언론은 갈등 프레임을 통해 사회적 구성에 참여한다. 베스트(Best, 1995)는 언론이 갈등을 다루는 데 있어 높은 도덕성이나 물리적 나약함에 집중해 갈등 개입자를 호의적으로 조명할 수도 있고, 반면에 주변화시킬 수도 있다고 주장했다. 여러 가지 뉴스 프레임을 통해 제시되는 사회갈등에 따라, 정보원으로서 언론에 가장 많이 의존하고 있는 일반 사회 구성원들은 언론 보도를 통해 사회적 갈등을 현실로 받아들이는 경향이 강하다. 이렇게 인식된 현실은 새로운 현실구성에도 큰 영향을 미친다(장석재, 2002).

특히 언론의 시위에 대한 보도는 '시위 패러다임(Protest paradigm)'이라 불리며 저널리즘 연구에서 논의되었다(Arpan et al., 2006; Brasted, 2005; McLeod & Hertog, 1992; Mourão, Brown, & Sylvie, 2021). 시위 패러다임은 언론이 시위 현장에서 어떤 장면을 선택하고 어떻게 묘사하느냐와 관련된 취재 보도 관행을 의미한다. 여기에는 시위를 바라보는 관점으로 폭동, 대치, 스펙터클, 토론 프레임 등이 제시된다(Harlow & Bachmann, 2023). 그런데 문제는 이 가운데서 폭력과 관련되는 폭동과 대치 프레임이 가장 빈번하게 사용된다는 점이다. 시위 패러다임에 갇힌 언론 보도에서는 시위 주제나 내용에 대한 사회적 논란보다 시위대의 폭력적 행위나 경찰과의 충돌이 더욱 강조된다(Brasted, 2005). 그루버(Gruber, 2023)는 1980년대 이후 시위 보도 연구를 분석했는데, 대부분의 연구에서 이와 같은 유형의 시위 패러다임이 나타났음을 확인했다(이문혁·이종혁, 2024).

이 중에서도 폭동 프레임과 대치 프레임은 언론의 시위 보도에서 가장 흔하게 등장한다. 이를 통해 시위 참가자들을 불법화(delegitimization), 주변화(marginalization), 악마화(demonization)하는 효과를 낳을 수 있다(McLeod & Hertog, 1992). 불법화는 시위 개최가 적법한 절차를 거치지 않았으며 참여자들의 과격한 활동이 법에 저촉된다는 점을 강조하는 방식으로 이뤄진다. 주변화는 시위 참여자들이 일반 시민과 다른 소수에 불과하며 이들의 의견도 일반 시민의 주류 여론과 동떨어져 있다고 보도되는 경우에 나타난다.

정부 정책에 반대하는 시민 집회나 임금인상을 요구하는 노동자 시위가 불법으로 단속되며 언론에 의해 부정적으로 다뤄지는 경우가 많다. 방송뉴스의 시위 보도에서 폭력 프레이밍이 구체적으로 어떻게 발생하는지 분석한 이문혁 · 이종혁(2024)은 뉴스 스토리의 초반부에 위치한 키 프레임에서 더 많은 폭력 장면이 관찰됐으며, 지속시간이 짧은 키 프레임에서 더 많은 폭력 장면이 나타났다는 것을 발견했다. 이를 통해 언론이 시청자의 관심을 유도하기 위해 폭력적 장면을 영상의 초반부에 배치한다고 보았다. 따라서 시청률을 의식해 폭동과 대치 등 폭력 관련 프레임을 사용하는 관행을 개선하고, 시위 내용에 주목하고 사회적 토론을 유도하는 역할이 필요하다고 제언했다(이문혁 · 이종혁, 2024).

둘째, 국제 보도에서의 프레임 특징에 관한 연구를 살펴보면 다음과 같다. 뉴스는 사회 구성의 산물로 현실을 재구성하는 기제로 작용한다. 수용자들은 미디어가 그려낸 뉴스라는 창을 통해 사회를 이해하고, 규정지으며 그들만의 틀 즉, 프레임에 가두는 것이다. 이러한 경향은 일반적으로 한 국가 내에서 혹은 한 조직 내에서 일어나는 사건을 다룬 국내 뉴스에 비해 국제적 분쟁을 다룬 국제뉴스에서 더욱 뚜렷하게 나타난다. 국제뉴스는 여러 국가 간 정치, 경제, 문화 등 다양한 측면에서의 접근이 가능하기 때문이다. 국제뉴스 보도의 경우, 자국의 이익을 위한 현실의 재구성이 특정한 방향에서 이루어질 수 있다. 국제뉴스는 양적인 측면에서 제1 세계에 편중되어 있으며, 제3 세계는 제1 세계보다 갈등적이고, 위기 지향적으로 보도되고 있다. 또한 정보의 흐름이 4대 통신사에 의해

결정됨으로 거대 통신사의 시각과 이데올로기가 표현되어 편향된 국가의 이미지를 수용자에게 주고 있고, 이와 같은 현실을 일부의 학자들은 경고하기도 한다(Schramm, 1964).

실제 국내외에서 이루어진 국제뉴스 보도에 관한 연구 사례를 살펴보면 먼저 촘스키(Chomsky, 1979)는 각 시기별 국제 분쟁에 관한 미국 언론의 보도를 중심으로 미디어가 자국의 외교정책과 부합하는 방향으로 사실을 조작하고 있다고 주장하였다. 이후 팔레츠와 빈슨(Paletz & Vinson, 1994)은 좀 더 구체적으로 국제뉴스 보도가 가지는 현실 재구성을 분석하였다. 그들은 KAL 007기 격추 사건에 대한 라오스, 인도, 노스캐롤라이나, 파키스탄, 니카라과, 소련의 뉴스 보도를 분석, 그들의 정치적, 경제적, 이데올로기적 친밀관계에 따라 그들의 목적에 맞게 선택과 해석, 헤드라인의 전략적 사용, 내용의 프레임이 구성되고 있다고 말한다.

또 다른 국제적 분쟁인 아프간 사태에 관한 구소련 미디어의 보도 내용을 살펴본 결과 소련의 군사적 개입은 외부 공격을 받은 아프간 정부의 절박한 요청에 의한 것이고, 이 사태로 인해 발생한 수많은 희생과 고통은 보도에서 견지함으로써 소련의 의도적인 군사적인 전략을 정당화시키고 있었다(Downing, 1988).

정치적인 이슈뿐만 아니라 사회, 경제, 과학 분야에서도 현실에 대한 재구성은 이루어진다. 김수정과 조은희(2005)는 생명과학에 대한 이슈가 국가적으로 어떻게 다르게 틀 지워지는지 알아보기 위해 대한민국과 미국의 뉴스 프레임을 비교 분석하였는데 대한민국의 언론은 '영웅', '선두'라는 프레임을 사용한 반면, 미국의 언론은 '정책 갈등'이나 '윤리적 갈등'이라는 프레임을 사용하여 양국 간 차이가 있었다. 즉, 대한민국과 미국은 각국의 사회적 맥락에 따라 상반되는 프레임을 구성한 것이다.

경제적인 측면에서 이루어진 연구에 따르면 IMF 이슈에 대한 아시아 4개국과 미국의 뉴스 프레임을 분석한 결과 말레이시아를 제외한 IMF 의 지원을 받는 아시아 국가와 미국은 신자유주의의 프레임을 구성하며, 그들이 세계 시장체제의 구성원이 되면 부를 창출할 수 있다는 미국 중심적인 이데올로기를 형성하고 있음을 확인할 수 있었다(Kim, 2004).

또한 1980년대 대한민국에서 있었던 광주 민주화 운동과 1989년도 중국에서 벌어진 베이징 천안문 민주화 운동에 대한 프레임 비교 연구를 살펴보면 두 나라의 정치 환경에 따라 다르게 나타나는 뉴스 프레임을 살펴볼 수 있다. 당시 미국 뉴스에 나타난 대한민국의 광주 민주화 운동은 대한민국 정부에 대항하여 평화를 부활시키고자 한 반시위 행위로 프레임 했고, 반대로 중국의 천안문 민주화 운동은 중국 공산국가에 대한 영웅적인 도전이라 표현했다(Kim & Kelly, 2007).

천안함 침몰에 대해 미국과 중국 일간지의 프레임 차이를 분석한 연구도 있다. 이 연구에서는 미국의 〈뉴욕 타임스〉와 중국의 〈인민일보〉는 다양한 프레임 방식을 통해 '천안함 침몰 사건'이라는 동일의 사건을 다른 방식으로 프레임 했다는 것을 발견했다. 먼저 〈뉴욕 타임스〉와 〈인민일보〉 공히 사건의 본질을 밝히는 깊이 있는 주제 중심적 프레임이 아니라 간략한 에피소드만으로 다룬 일화 중심적 프레임을 구성함으로써 천안함 침몰 사건에 관한 규정과 원인 결과, 책임들을 자의적으로 보도하였다는 점을 발견했다. 나아가서 〈뉴욕 타임스〉는 천안함 침몰 사건을 매우 중요하게 보도하였으나 기사의 내용을 보면 충격에 빠진 대한민국 국민들이나 유가족들의 슬픈 이야기 등 사건의 단면을 보여 주는 에피소드 중심의 보도를 하였고, 〈인민일보〉 또한 사건의 원인, 결과를 밝히기보다는 사건을 축소하고 북한의 입장을 대변하려는 보도 태도를 보여 주었다.

또한 미국의 〈뉴욕 타임스〉는 천안함 침몰 사건의 실체를, 대한민국을 피해자로, 북한을 가해자로 규정지으면서 천안함 침몰 사건은 북한이 의도적으로 저지른 야만적인 행위이며, 악의적 행동이라 일컬었고, 군사적 보복을 정당화시키는 보도 태도를 보여 주었다. 이에 비해 북한과 노선을 함께하는 중국 언론은 이 사건에 대해 최대한 언급을 자제하면서 기본적인 사실 자체만을 보도하거나 북한의 중앙통신사 측의 발언만을 인용하는 등 소극적인 태도를 보여 주었다는 점을 발견했다(유세경, 정지인, 이석, 2010).

국제 보도의 프레임 차이에 대한 또 하나의 연구로 리비아 사태를 둘러싼 국내외 언론 보도의 프레이밍 과정에 관해 분석한 연구에서는 시기별, 국면별로 상황이 변화함에 따라 어떤 프레이밍 변화가 이루어졌는지를 주로 보여 주었다. 즉 사건의 초기에 미디어 프레이밍은 명백하게 인근 국가들의 민주화 운동과 동일한 차원에서 다루어졌고 카다피 압제와 시민들의 인권 보장, 카다피 퇴진의 필연성에 초점을 맞춘 보도가 지속되었다.

그런데 민주화 운동이 점차 내전 국면에 접어들면서 프레임의 변화는 인도주의적 대의에 따른 군사 개입의 요구가 국제 사회에서 점차 커졌고, 국내 언론의 보도 프레임은 이러한 맥락에서 리비아에 대한 인도주의적 개입의 도덕적 정당성과 필요성, 국제법적 합법성을 동시에 포괄해 나갔다는 점을 발견했다. 이 시기에 주권 침해, 비군사적 개입의 가능성, 개입에 따른 부수적 피해의 우려 등의 경쟁적 프레임들은 상대적으로 적었다.

국내 언론의 보도 태도는 진보 · 보수 매체를 막론하고 서방의 매체들보다 더 나아가 정권 교체를 포함한 적극적인 군사적 개입에 찬성하는 모습이 많았음을 발견했다(박진우, 김수연, 2011).

평가 및 의의

프레이밍 이론은 미디어 메시지가 미디어 종사자 좁게 말해서 주로 뉴스메이커들에 의해 일정한 틀에 따라 만들어지고, 수용자의 뇌리에 일정한 틀을 만들도록 하여 그 이해를 돕거나 이슈에 대한 해석을 달리하도록 영향을 미칠 것으로 전제한다. 따라서 프레이밍 이론은 여론의 변화를 추동하는 주요한 원인이 언론이 만들어낸 프레임으로 본다는 점에서 기본적으로 미디어의 역할을 강조하고 있다. 또한 이 같은 시각은 프레이밍 이론이 뉴스가 객관성을 목표로 사실을 전달하기보다는 언론에 의해 만들어지는 사회구성주의적 관점을 강하게 반영하는 것으로 보인다. 따라서 기계적인 내용분석을 통해 수행할 수 없는 연구자의 해석을 통한 질적 분석을 동시에 할 수 있다는 장점이 있다. 그러나 미디어(또는 특정 언론사)가 왜 특정한 프레이밍을 선택하는지에 대한 구조적 문제에 대해서는 상대적으로 설명이 부족하다.

프레이밍이나 프라이밍은 항상 정지돼 있다기보다는 시간의 흐름에 따라 다양한 형태로 변화하는, 즉 다양한 하위 이슈나 하위 이슈의 속성을 파생시키기 때문에 정적인 분석 방법으로 이론을 설명하기에는 한계가 있다. 저널리스트들은 시점과 상황 논리에 따라 이슈나 이슈의 속성을 선택, 강조, 배제, 상술의 과정을 달리하기 때문에 그에 따른 프레임이나 그 효과도 시간에 따라 다를 수밖에 없다. 그렇다면 이에 대한 효과의 추정도 특정 단위 시점에서의 프레이밍 효과를 살펴볼 것이 아니라 그런 효과가 시간대에 따라 어떻게 움직이는지의 변화 양태를 연속적으로 살펴보는 것이 바람직하다는 비판이 존재한다.

왜냐하면 프레이밍이나 프라이밍은 대상 또는 속성의 중요성을 단일 시점에서 측정한다기보다는 미디어 프레임이 수용자 프레임에 어떻게 사후적 태도와 행동으로 연결되는지를 보여 주는 하나의 '인지과정(cognitive process)'이기 때문이다. 미디어 보도 논점이 일정한 시차 뒤에 수용자의 논점을 결정하고(Scheufele, 1999), 나아가 수용자의 태도나 행동의 방향까지 영향을 미치기 때문(de Vreese, 2005)에 프레임의 정태적인 관찰은 프레임을 지나치게 기계적으로 규정짓기 쉽기 때문이다(이완수, 2009).

아이엔가(Iyengar, 1991)의 주제적 혹은 일화적 프레이밍, 엔트만(Entman, 1993)의 문제정의, 원인해석, 도덕적 평가, 해결 방법 제시라는 일련의 프레이밍의 단계, 그리고 치이와 매콤스(Chyi & McCombs, 2004)의 시공간적 프레임과 속성 프라이밍 등 프레이밍과 프라이밍의 중요한 개념 등은 모두 시간에 따라 끊임없이 변화하는 것을 전제로 한다. 따라서 프레이밍이나 프라이밍 이론 자체가 일정한 시점상에서 효과를 밝혀내는 정태적 분석이 아닌, 시간의 흐름 상 나타나는 동태적 분석을 따라야 한다는 의미를 내포한다. 장기간에 걸쳐 프레이밍이나 프라이밍이 어떻게 변화하며, 나아가 그런 변화의 효과가 어떻게 발현되는지를 밝혀야 하는 방법론이 요구된다는 의미이다. 이런 면에서 프레임 연구에 있어 효과가 실현되는 '과정'에 대한 분석이 더 중요한 문제로 보인다(이준웅, 2009; Scheufele, 1999).

프레이밍 이론은 연구자마다 다양한 논의가 존재할 정도로 다층적이기 때문에 체계성이 상대적으로 부족하다. 이는 프레이밍을 설명하는 과정이 그렇게 간단한 문제가 아니라는 점을 의미하는 것으로 기존의 단일 시점상에서 프레이밍의 효과를 예측하는 것은 그 필요성이나 중요성에 한계가 있는 것으로 판단된다. 이에 대한 대안으로 장기간에 걸쳐 프레임의 효과가 일관성 있게 나타나는지에 대한 연구가 필요하다.

그리고 프레임 효과가 과연 언론이 의도한 대로 그대로 대부분 발생하는가에 대한 문제를 들 수 있다. 갬슨(Gamson, 1992)은 사회적 약자 우대 정책, 핵 문제, 중동 문제 등과 같은 이슈에 대한 수용자의 인식에 대해 심층 인터뷰한 결과 수용자들은 미디어 프레임을 그대로 받아들이지 않는다고 주장했다. 메시지 프레임에서 모든 심볼이 똑같이 중요하지 않고, 어떤 은유는 큰 영향을 주는 반면, 다른 것들은 가라앉고, 쉽게 잊히기도 한다는 것이다. 특히 일부 프레임은 아이디어 측면에서 정치문화와 공명하는 경우 자연스럽게 큰 효과를 준다고 주장했다(Gamson, 1992).

이와 비슷하게 크레이머(Cramer, 2016)의 위스콘신 지역민을 대상으로 내용분석과 참여관찰을 통한 연구에서는 메시지가 수용자의 사고를 구조화하는 해석 과정을 촉진하는 요인에 대해 잘 설명하고 있다. 수용자들은 자신들이 처한 실제상황과 경험을 기준으로 미디어가 전달하는 지배적 이데올로기와 협상한다는 것이다. 즉 수용자의 이해관계와 인구 사회학적 차이에 따라 상당 부분 해석을 달리한다는 것이다. 이러한 주장은 스튜어트 홀(Hall, 1980)의 수용자 관련 이론에서 주장하는 바와 비슷하다.

프레이밍 이론의 또 하나의 한계로는 프레이밍 효과 연구자들의 주요 관심사 중 하나는 프레이밍 효과의 추론적 존재를 선명하게 규명하는 데 있지만(Lecheler & de Vreese, 2012; Slothuus, 2008; 우형진, 2015). 프레임이 '왜', '어떻게' 사람들에게 영향을 미치는 것인가에 대한 이해는 매우 복잡하고 다차원적인 분석이 어렵다는 점에서 기인하는 문제가 있다.

프레임이 어떻게 발생하는가에 관한 논의는 우선 인지를 중심으로 한 정보처리 관점에 초점을 맞추어 진행되었다. 또, 한 측면은 프레이밍 효과를 다차원적 인지 처리의 결과로 해석하기도 한다. 수용자는 이용 가능하고, 접근이 가능하며, 적용이 가능한 인지 처리를 거쳐 상이한 프레이밍 효과가 나타난다는 것이다. 이런 연구들은 프레이밍 효과를 수용자의 인지적 처리를 통해 발생하는 것으로 설명한다. 그러나 이러한 논의는 수용자가 경험할 수 있는 다양한 정서의 영향을 반영하지 못한 한계가 있다.

이를 보충하려 정서의 역할을 반영한 연구도 나타나고 있다. 예컨대, 대졸 취업률의 증감을 알리는 경제 보도를 보면서 사람들은 분노, 걱정, 수치, 좌절, 기쁨, 긍지, 안도를 느낄 뿐 아니라(나은경 등, 2008) 대통령 후보 경선에 관한 정치 보도를 보면서 긍지, 기쁨, 분노, 염려 등의 다양한 정서를 경험할 수 있다는(송현주 등, 2008) 결과가 있다. 그러나 전체적으로 프레이밍 효과연구에서 정서적 관점에 관한 연구는 상대적으로 미약하다(나은경 등, 2008).

이런 면에서 조인숙과 김도연(2018)은 담배 소송 보도가 금연 인구 증가에 미치는 영향 탐구를 통해 프레이밍 효과가 인지(생각)-정서(느낌) 처리를 통해 발생하는지 검증했다. 연구 결과, 흡연 폐해에 대한 담배회사의 고의도성 기사는 저의도성 기사보다 흡연자 및 비흡연자들이 금연 정책을 호의적으로 평가하게 하고, 금연 의도를 높이는 것으로 나타났다.

그리고 고의도성 기사의 설득 효과는 인지 평가를 통한 정서 경험을 통해 구성되었음을 확인했다. 이를 통해 언론의 프레임이 수용자의 인지 및 정서 경향을 활성화함으로써 판단과 의사결정에 영향을 미칠 수 있다는 것을 확인했다. 이는 프레이밍 효과의 메커니즘을 인지적 관점으로 논의하거나 혹은 인지적 관점과 거리를 두며 개별적 정서를 토대로 전개한 기존 연구에서 한 걸음 더 나아가서 인지와 정서를 통합하는 관점에서 논의했다는 점에서 의미가 있다(조인숙 · 김도연, 2018).

또한 프레이밍 이론은 소셜미디어에 의존이 커진 현대 미디어 상황을 설명하기에는 많은 한계가 있다. 일정 부분 전통적 레거시(legacy) 미디어는 사회 전반적인 영향을 크게 주는 이슈에 대해서는 프레이밍 효과를 줄 수 있지만 다양한 네트워크를 통해 프레이밍은 상호작용하고 있기 때문이다(Bennett & Pfetsch, 2018). 프레이밍 이론은 그간 주로 전통적 미디어에 대한 계량적 내용분석에 주로 크게 의존했다. 따라서 향후 빅데이터 추출과 네트워크분석 등의 방법을 포함한 보다 '네트워크화된 프레이밍' 분석이 필요할 것으로 보인다(Meraz & Papacharissi, 2013).

이와 같은 논의의 연장선으로 프레임이론을 고안한 대표적인 학자인 앤트만과 어셔(Robert Entman & Nikki Usher)는 디지털 플랫폼 확장에 의한 미디어 생태계 변화에 따라 정치적 정보의 생산과 흐름 그리고 프레임 형성에 플랫폼, 수용자 행태에 대한 데이터, 알고리즘, 이데올로기적 미디어 그리고 해커와 같은 범죄자를 추가로 고려해야 할 것을 제안하였다(Entman & Usher, 2018). 즉 과거의 모델은 상대적으로 위에서 아래로의 톱다운(top-down) 형식의 정보흐름으로 단순한 형식이었지만 현재의 디지털 기술 환경은 매우 다양하고 프레임의 형성이 민주적이기 때문이라는 것이다. 이와 동시에 페이크(fake) 뉴스 및 역정보(misinformation)를 퍼뜨리고, 수용자 극화를 초래하고 사회적 자본을 감소시켜 민주주의의 근간인 공동체적 윤리를 해칠 수 있다. 게다가 이러한 뉴테크 기술의 우선순위는 기업의 수익 극대화에 있지 민주주의적 가치에 있지 않다. 이러한 권력관계를 볼 때 아직도 일반 시민들보다 엘리트들이 많은 분야에서 광범위하게 프레임을 형성하고 있음을 보여 준다(Hindman, 2008).

현대의 미디어 환경은 많은 플랫폼의 등장으로 엘리트들이 제도권의 올드미디어를 우회해서 공중에게 직접 정보를 유통할 수 있다. 트위터나 페이스북을 통한 정보유통은 기존의 게이트키핑(gatekeeping) 과정을 초월하게 되고, 일관적인 이데올로기적 객관성이란 원칙은 소홀히 될 수밖에 없다. 또한 이와 같은 구글, 페이스북, 유튜브, 넷플릭스 등 많은 플랫폼의 알고리즘은 수용자의 경험과 세상에 대한 인식을 형성하는 데 지대한 영향을 미친다(Eslami, et al, 2015). 결과적으로 다양한 플랫폼과 여기서 작동하는 추천알고리즘의 작동은 기존의 올드미디어에 의해 독점되었던 프레이밍 과정에 우선으로 영향을 미치게 된다. 뉴스 조직은 즉각적이고 상세한 피드백을 통해 많은 이용자에 대한 데이터를 수집할 수 있다.

게다가 이런 상황에서는 공공 이슈를 다루거나 정치적인 내용의 경성뉴스보다는 연성뉴스가 더 많이 생산되고 있어 결국 민주주의의 작동에 긍정적인 요인이 아니다. 마지막으로 챗봇과 해커 등이 수많은 가짜 뉴스를 유통시킬 수 있고 심지어 여론조작이나 선거에 영향을 미치는 역기능도 있으므로 이러한 점들이 어떻게 미디어의 프레이밍 과정에 영향을 미치는지에 대해서도 합리적으로 고려할 필요가 있다(Entman & Usher, 2018).

참고문헌

강내원(2002). 사회갈등 보도 기사의 비판적 읽기: 언론의 새만금 간척사업 프레이밍에 대한 갈루아 래터스 분석. 〈한국언론학보〉, 46권 4호, 46-73.

강혜주(2006). 신문사의 이념에 따른 국제뉴스 프레임에 관한 연구. 연세대학교 대학원 석사학위논문.

김선남(2002). 매매춘 관련 TV 뉴스의 프레임 분석. 〈한국방송학보〉, 15권 2호, 41-76.

김수정 · 조은희(2005). 생명과학에 대한 한국과 미국의 뉴스 프레임 비교 연구. 〈한국언론학보〉, 49권 6호, 109-139.

김원용 · 이동훈(2005a). 핵폐기장 중심 원자력 관련 보도에 나타난 매체별 갈등 보도 프레임 비교 연구. 〈한국방송학보〉, 19권 4호, 168-211.

김원용 · 이동훈(2005b). 언론 보도의 프레임 유형화 연구: 국내 원자력 관련 신문보도를 중심으로. 〈한국언론학보〉, 49(6). 166-197.

나미수(2004). 핵폐기장 유치에 대한 텔레비전 뉴스 프레임 분석: KBS, MBC의 전국 및 지역뉴스를 중심으로. 〈한국언론정보학보〉, 26호. 157-206.

나은경 · 송현주 · 김현석 · 이준웅(2008). 정서의 프레이밍-경제 뉴스 보도 기사의 정서 반응 유발 효과. 〈한국언론학보〉, 52권 2호, 378-406.

박경숙(2002). 집단 갈등 이슈의 방송뉴스 프레임 분석: 의약분업 뉴스 프레임을 중심으로. 〈한국언론학보〉, 46권 2호, 310-340.

박진우 · 김수연(2011). 인도주의적 개입의 프레이밍. 〈한국언론학보〉, 55(6), 331-355.

송현주 · 김현석 · 이준웅(2008). 대통령 후보 경선 여론조사 보도에 대한 인지 평가와 정서 반응의 정치적 행동 경향에 미치는 영향. 〈한국언론학보〉, 52권 4호, 353-376.

양정혜(2001). 사회갈등의 의미 구성하기. 〈한국언론학보〉, 45권 2호, 285-286.

우형진(2015). 미디어 효과, 이준웅 · 박종민 · 백혜진 편, 〈커뮤니케이션 과학의 지평〉(261-314쪽), 파주: 나남.

유세경 · 정지인 · 이석(2010). 미국과 중국 일간지의 천안함 침몰 사건 뉴스 보도 비교 분석. 〈미디어, 젠더 & 문화〉, 16, 105-141

이문혁 · 이종혁(2024). 시위 뉴스 영상에서 폭력 프레이밍의 작동 기제 분석-비전 트랜스포머(Vision Transformer)를 활용한 폭력 이미지 분류를 통해. 〈한국언론학보〉, 68권 2호 100-139쪽.

이완수(2009). 의제설정이론에서 그랜저 인과관계 모형의 방법론적 타당성 연구. 〈커뮤니케이션 이론〉, 5(2), 54-100.

이재진 · 유승관(2010). '집시법'상의 야간 옥외집회 관련 조항에 관한 신문보도 경향과 프레임 연구. 〈언론과 법〉, 9(2), 237-286.

이준웅(2009). 뉴스 틀 짓기 연구의 두 개의 뿔. 〈커뮤니케이션 이론〉, 5권 1호, 123-159.

장석재(2002). 사회적 갈등 보도에 나타난 언론 프레이밍 효과: 의약분업 보도를 중심으로. 부산대학교 석사학위논문.

장용호(1987). 사회운동과 언론. 『현상과 인식』, 41호, 37-72.

조인숙 · 김도연(2018). 담배 소송 보도를 통해 본 프레이밍 효과 메커니즘: 생각과 느낌의 이중주. 〈커뮤니케이션 이론〉, 14(4), 102-138.

Bennett W. L, & Pfetsch B. Rethinking Political Communication in a Time of Disrupted Public Spheres. *Journal of communication,* 243-253.

Best, J.(1995). *Image of issues: Typifying contemporary social problems.* New York: Adline de Gruyer.

Brasted, M.(2005). Protest in the media. Peace Review: *A Journal of Social Justice,* 17(4), 383-388.

Chyi, H. I., & McCombs, M.(2004). Media salience and the process of framing: Coverage of the Columbine school shooting. *Journalism & Mass Communication Quarterly,* 81(1), 22-35.

Cramer, K. J.(2016). *The politics of resentment: Rural consciousness in Wisconsin and the rise of Scott Walker.* Chicago, IL: The University of Chicago Press.

de Vreese, C. H.(2005). News framing: Theory and typology. *Information Design Journal+Document Design*, 13(1), 51–62.

Downing, J. H.(1988). Trouble in the backyard: Soviet media reporting on the Afganistan conflict. *Journal of Communication*, 38, 5–32.

Dunegan, K.(1993). Framing, cognitive modes, and image theory: Toward an understanding of a glass half full. *Journal of Applied Psychology*, 78, 491–503.

Edelman, M.(1993). Contestable categories and public opinion, *Political Communication*, 10, 231–242.

Entman, R.(1993). Framing: Toward clarification of a fractured paradigm. Levy, M. & Gurevitch, M. (eds.). *Defining media studies*, New York: Oxford University Press.

Entman. R., & Usher, N.(2018). Framing in a Fractured Democracy: Impacts of Digital Technology on Ideology, Power and Cascading Network Activation *Journal of communication*, 68, 298–308.

Eko, L.(1999). Framing and priming effects. In G. Stone, M. Singletary, & V.P. Richmond(Eds.), *Clarifying communication theories: A hands-on approach*(276–290). Ames, IA: Iowa State University.

Eslami, M., Rickman, A., Vaccaro, K., Aleyasen, A., Vuong, A., Karahalios, K., Hamilton, K., Sandvig, C.(2015). I always assumed that I wasn't really that close to [her]: Reasoning about invisible algorithms in news feeds. In *Proceedings of the 33rd annual ACM conference on human factors in computing systems*(153–162). New York, NY: ACM.

Fulk, J.(1993). Social construction of communication technology. *Academy of Management Journal*, 36. 921–950.

Gamson, W. A.(1992). *Talking politics.* New York, NY: Cambridge University Press.

Gamson, M. & Modigliani, A.(1989). Media discourse and public opinion on nuclear power: A constructionist approach. *American Journal of Sociology,* 95(1), 1-37.

Gamson, W. & Lash, W.(1989). The political culture of social welfare policy, in S.E. Spiro & E. Yuchtman-Yaar(Eds.), *Evaluating the welfare sate: Social and political perspective,* San Diego, CA: Academic Press, 397-415.

Gersh, D.(1992). Promulgating polarization: Study finds media coverage of women minorities tends to be oversimplistic, which exacerbates social strains. *Editor and Publisher,* Vol. 125, No. 41, 30-33.

Ghanem, S.(1997). Filling in the tapestry: The second level of agenda setting. in M. McCombs, D. Shaw and D. Weaver(eds.), *Communication and Democracy: Exploring the intellectual frontiers in agenda-setting theory.* Mahwah London: Lawrence Erlbaum, 3-14.

Gitlin, T.(1980). *The whole world is watching: Mass media in the making and unmaking of the new left.* Berkeley: Univ. of California Pres.

Goffman, Em(1974). *Frame Analysis: An Essay on the Organization of Experience.* Cambridge: Harvard Univ. Press.

Gruber, J. B.(2023). Troublemakers in the streets? A framing analysis of newspaper coverage of protests in the UK 1992-2017. *The International Journal of Press/Politics,* 28(2), 414-433

Hall, S.([1973], 1980). Encoding/decoding. In S. Hall, D. Hobson, A. Lowe & P. Willis(Eds.), *Culture, media, language: Working papers in cultural studies,* 1972-79(128-138). London, UK: Routledge.

Hindman, M.(2008). *The myth of digital democracy.* Princeton University Press.

Holsti, O.(1969). *Content analysis for the social science and humanities.* Reading, MA: Addison-Wesley Publishing.

Hornig, S. (1992). Framing risk: Audience and reader factors. *Journalism Quarterly,* 69, 679–690.

Iyengar, S. (1991). *Is anyone responsible? How television frames political issues.* Chicago: University of Chicago Press.

Kim, S. (2004). Mapping an Economic "Globalization" News Paradigm: A Multi-National Comparative Analysis. *Journalism Mass Communication Quarterly,* 81(3), 601–621.

Kim, Y., & Kelly, J. (2007). Visual Framing and the Photographic Coverage of the Kwangju and Tiananmen Square Prodemocracy Movements: A Partial Replication. International Communication Association, TBA, San Francisco, CA.

Lecheler, S. & de Vreese, C. H. (2012). Getting real: the duration of framing effects. *Journal of Communication,* 61, 959–983.

Lippmann, W. (1922). *Public Opinion.* New York: Macmillan.

Meraz, S., & Papacharissi, Z. (2013). Networked gatekeeping and networked framing on Egypt. *The International Journal of Press/Politics,* 18(2), 138–166.

McLeod, D. M., & Hertog, J. K. (1992). The manufacture of public opinion by reporters: informal cues for public perceptions of protest groups. *Discourse & Society,* 3(3), 259–275.

Mourão, R. R., Brown, D. K., & Sylvie, G. (2021). Framing Ferguson: The interplay of advocacy and journalistic frames in local and national newspaper coverage of Michael Brown. *Journalism,* 22(2), 320–340.

Neuman W. R. (2018). The Paradox of the Paradigm: An Important Gap in Media Effects Research. *Journal of communication,* 68, 369–379.

Paletz, D. L., & Vinson, C. D. (1994). Constructing content and delimiting choice: International coverage of KAL flight 007. *Argumentation,* 8, 357–366.

Pen, Z. & Kosciki, G. (1993). Framing analysis: An approach to news discours.

Political Communication, 10, 55-75.

Reese, S.(1997). News paradigm and the ideology of objectivity: A socialist at the Wall Street Journal. in D. Berkowitz(ed.). *Social meaning of news.* Thousands Oaks.

Reese, S., Gandy, O., & Grant, A.(2003). *Framing public life.* Mahwah, New Jersey: Lawrence Erlbaum.

Scheufele, D.(1999). Framing as a theory of media effects in the construction of social reality: Construct accessibility as an explanatory variable. *Communication Research,* 20(3). 436-471.

Schmidt, D.(1993). Public opinion and media coverage of labor unions. *Journal of Labour Research,* Vol. 14, No. 2, 151-164.

Schramn, W.(1964). *Mass Media and National Development.* Stanford, California. Stanford University Press.

Shoemaker, P. & Reese, D.(1996). *Mediating message: Theories of influences on mass media contents,* New York: Longman.

Slothuus, R.(2008). More than weighting cognitive importance: a dual process model of issue framing effects. *Political Psychology,* 29(1), 1-28.

Tankard, J., Henderickson, L., Silberman, J., Bliss, K., & Ghanem, S.(1991, August). Media frames: Approaches to conceptualization and measurement. *Paper presented at the annual convention of the Association for Education in Journalism and Mass Communication,* Boston, MA.

Tuchman, G.(1978). *Making news: A study in the construction of reality.* New York: The Free Press.

Valkenburg, P. Semetko, H. & de Vreese, C.(1999). The effects of news frame on readers' thoughts and recall. *Communication Research,* 26(5), 500-569.

10장

·

점화효과(프라이밍 이론)

이론 개요

우리나라에서 '점화'란 단어를 '기폭'으로 번역되는 경우도 간혹 있지만 점화라는 표현이 더 일반적이다. 점화효과(priming effect) 이론과 틀 짓기 효과(framing effect) 이론은 언론이 여론의 향방에 미치는 효과를 설명하기 위해 개발된 대표적 이론이다. 그런데 이 두 효과이론은 모두 의제설정이론과 밀접한 관련이 있다. 의제설정이론에는 결정적인 문제점이 하나 있다. 바로 언론이 특정한 이슈를 강조해서 보도함에 따라 공중도 그 이슈를 중요하다고 인식하게 된다는 것을 설명할 뿐, 그 결과 여론의 향방이 어떻게 변하는지에 대해서는 제시하지 못한다는 점이다.

점화효과이론은 의제설정이론이 설명을 멈춘 지점에서부터 출발한다. 이 이론은 '언론이 어떤 이슈를 중요하다고 보도한다면 그 후에 여론은 어떤 방향으로 변화할 것인가?'라는 질문에 답하기 위한 이론이다. 점화효과이론은 언론이 특정 이슈를 강조해서 보도하면, 공중은 언론이 강조한 이슈와 관련된 개념이나 용어를 지배적으로 사용하게 됨으로써, 그들의 정치적 판단이나 선택에 영향을 받게 된다고 본다(Iyengar & Kinder, 1987).

점화는 인지적 신연상(cognitive neoassociation)을 토대로 한다. 이러한 심리학적 관점은 기억 현상 일부를 설명한다. 인지적 신연상을 이해하기 위해서는 연상되는 아이디어, 사고, 느낌, 그리고 개념을 연결하는 복잡한 경로 네트워크인 뇌에 대한 이해가 필요하다. 기억은 종합적인 네트워크로 볼 수 있다. 사람들이 텔레비전 프로그램을 보거나 신문을 읽을 때 처리되는 정보는 이러한 네트워크를 통해 특정 경로를 촉발 또는 활성화한다.

과거 경험에서의 개인적인 사고나 느낌은 기억되고, 새로운 정보와 연관된다. 이러한 아이디어와 사고는 다른 관련된 아이디어를 자극하기도 하며 행동에 영향을 미친다. 어떤 특정한 의미를 지닌 특정한 자극에 노출될 때 수용자는 관련된 개념들 때문에 점화된다는 것이다. 감정과 연결된 아이디어는 연관된 느낌과 반응을 유발한다. 예를 들면 우울한 생각을 하는 것은 실제로 우울한 느낌을 야기할 수 있으며(Velten, 1968), 공격적인 아이디어에 대한 노출은 분노나 심할 경우 공격적 행동으로 이어질 수 있다(Berkowitz & Heimer, 1989).

점화는 커뮤니케이션의 노출이 수용자의 마음속에 저장되어 있는 관련된 사고를 활성화할 때 발생한다. 메시지는 메시지 내용과 관련된 개념, 사고, 학습 또는 과거에 습득된 지식을 자극한다. 이렇게 해서 미디어 내용은 그것이 상기시키는 관련된 사고와 개념들로 연결되고 강화된다.

이 같은 내용을 본 후 일정 기간 그 내용에 대한 사고나 관련된 사고 또는 기억을 가지고 있을 가능성이 높다. 어떤 경우 관련된 사고나 기억이 그 미디어 내용과 영구적으로 연관되기도 한다(Fiske & Taylor, 1991).

점화의 활성화는 사람들의 행위에도 영향을 미친다. 경우에 따라 바람직하지 않은 경우 모방 범죄, 특히 영화나 방송 프로그램에 의해 점화된 후 일어난 살인이나 폭력 범죄에 영향을 줄 수 있다. 기존 연구에서 폭력적인 내용 시청으로 점화효과를 확인한 연구들이 있다. 랭글리와 그의 동료들(Langley et al, 1992)은 남자 대학생들이 공격적인 단어에 노출된 경우 중립적이거나 긍정적인 단어에 노출된 경우보다 미디어 폭력물에 더 이끌린다는 것을 발견했다. 미디어 폭력 연구보다도 광고나 정치 커뮤니케이션 분야에서 점화효과는 더 많은 연구가 진행되었다. 예를 들어 정치적인 이슈의 도덕적이거나 윤리적인 측면에 대한 미디어의 초점이 유권자들에게 후보자의 정직성을 지각하고 다른 정치적 이유를 윤리적으로 해석하도록 점화한다는 연구(Domke, Shaw & Wackman, 1998)가 있고, TV 뉴스에서 후보자와 공직자를 평가하는데 시민들을 점화하는 텔레비전의 영향력을 조사한 경우도 있다(Shields, 1995).

점화(priming) 개념은 원래 인지심리학에서 개인 지식의 구성요소인 개념 간의 관련성을 설명하기 위해 개발된 것이다. 인지심리학에서는 흔히 개인의 지식을 개념 간의 연결망(network)으로 모형화해서 설명한다. 예를 들어, 어떤 개인의 지식체계에 '김대중'에 대한 지식이 포함되어 있다고 가정하자. 계속해서 이 개인의 '김대중'에 대한 개념은 '대통령', '햇볕정책', '노벨상 수상', '호남 정권', '민주당' 등과 같은 개념들과 연결망 구조로 결합해 있다고 가정해 보자. 이 경우 이 개인이 김대중이라는 말을

들을 때, 그 사람의 생각 속에는 '김대중'이라는 개념과 더불어 이와 연결된 '대통령', '햇볕 정책', '노벨상 수상', '호남 정권', '민주당' 등과 같은 개념이 동시에 떠오를 수 있다. 이러한 과정을 일컬어 개념의 활성화 확산(spreading activation)이라고 한다(Collins & Loftus, 1975).

특히 이 과정에서 하나의 개념이 다른 하나를 활성화하여 생각으로 떠오르게 하는 것을 의미 점화(semantic priming)라 칭한다. 의미 점화란 '햇볕 정책'이라는 개념이 활성화되면 이어서 이 개념과 의미상 관련이 있는 '김대중'과 '대통령'이 활성화될 확률이 높아진다는 것을 말한다. 이 개인의 지식체계에는 '햇볕 정책'과 '호남 정권'은 상호 연관성이 없으므로 '햇볕 정책'은 '호남 정권'이라는 개념을 직접적으로 점화할 가능성이 작다(물론 이 경우에도 '햇볕 정책'은 '김대중'을 거쳐 '호남 정권'을 간접적으로 활성화할 수 있기는 하다).

아옌가와 킨더(Iyengar & Kinder, 1987)는 인지심리학에서 사용되는 점화 개념을 정치 커뮤니케이션에 적용하여 다음과 같은 상황을 설명하려 했다. 대통령 후보에 대한 종합적인 평가는 그의 인성, 정치적 이념, 과거 경력, 국정운영 능력, 소속 정당 등에 따라서 이루어진다. 대통령 선거 국면에서 언론은 특정한 점화효과이론은 언론이 특정 이슈를 강조해서 보도하면, 공중은 언론이 강조한 이슈와 관련된 개념이나 용어를 지배적으로 사용하게 됨으로써, 그들의 정치적 판단이나 선택이 영향을 받게 된다고 한다. 이슈를 강조해서 보도함으로써 의제 설정 효과를 이루는 동시에 대통령 후보에 대한 평가에 기준이 되는 '용어나 개념의 집합'을 결정할 수 있다(이준웅, 2001).

점화효과이론이 제시하는 핵심적인 이론적 가정은 다음과 같다. 의제 설정 효과가 발생하면, 공중은 설정된 의제와 관련된 용어나 개념들을 주로 사용하게 된다. 왜냐하면 이러한 용어나 개념의 중요성이 증가함에 따라, 이러한 용어나 개념들을 머릿속에 떠올리기가 쉬워지기 때문이다. 따라서 이러한 조건에서 어떤 정치인이나 이슈에 대한 찬반 의견을 물을 경우, 공중은 스스로 중요하다고 판단한 그 용어나 개념들을 기준으로 판단하게 된다. 예를 들어, 대통령 선거에 출마한 두 후보자가 있는데, 그중 한 명은 청렴한 정치인으로 인정받는 사람이며 나머지 한 명은 구시대의 정치인이지만 경제에 대한 식견이 있고 검증된 경영 능력을 갖춘 사람이라고 가정해 보자.

또한 언론이 대통령 캠페인 중에 때맞춰 발생한 정치인의 뇌물수수 사건을 중점적으로 보도한다고 가정하자. 이 경우 유권자는 일차적으로 '정치인 뇌물수수'를 중요한 이슈로 인식하게 되며(의제 설정 효과), 동시에 대통령 후보에 대한 평가를 할 때 '부패한 정치인인가 청렴한 정치인인가'를 중심으로 판단하게 된다(점화효과). 만약 동일한 국면에서 언론이 나라의 경제적 침체와 금융위기를 강조해서 보도하면, 유권자는 '경제적 위기'를 중요한 이슈로 인식하면서(의제 설정 효과), 대통령 후보에 대한 평가는 '경제를 극복할 수 있는 지식과 전망이 있는가 없는가'를 기준으로 판단하게 된다(점화효과). 결국 언론이 '정치인 뇌물수수'를 중요하게 보도할 것인지, 아니면 '경제적 위기'를 중요하게 보도할 것인지에 따라서 뉴스수용자는 두 후보 가운데 한 명을 더욱 선호하게 된다. 언론의 의제 설정에 따라 유권자가 대통령 후보를 평가하는 기준이 달라질 수 있는 것이다(이준웅, 2001).

아옌가와 킨더(Iyengar & Kinder, 1987)는 점화효과 가설을 경험적으로 검증하는 데 성공했다. 그들은 뉴스가 '실업'에 대한 뉴스를 시청한 미국 시민은 그렇지 않은 시민에 비해, 레이건(Reagan) 대통령의 실업문제에 대한 직무 수행 능력에 대한 평가가 레이건 대통령에 대한 일반적 평가에 더 큰 영향을 미친다는 것을 발견했다. 또한 1980년 미국 대통령 선거에 앞서, 미국 언론이 '이란 인질 사태'를 중점적으로 보도함으로써, 카터 대통령의 외교능력에 대한 부정적 평가를 점화시키고 결국 카터가 레이건에게 참패하는 결과를 초래했다고 분석했다.

언론이 점화효과를 통해 여론의 향방에 영향을 미칠 수 있다는 점이 확인됨에 따라, 기업, 사회단체, 정치인, 정당, 대통령 등은 언론이 특정한 이슈를 사회적 의제로 부각하는 과정에 더욱 주목하게 되었다. 언론이 중요하다고 보도하는 뉴스는 그 이슈에 대한 사회적 인식을 증가시키며 동시에 여론의 변화에 영향을 미친다. 이는 다시 기업, 사회단체, 정치조직 등에 대한 평가에 이차적으로 영향을 미칠 수 있다.

예를 들어 현대 공중관계(public relations) 이론의 한 분야인 이슈관리(issue management)는 기업, 사회단체, 정치조직이 자기 조직과 잠재적 또는 현재 관련 있는 이슈를 적극적으로 관리해야 한다는 것을 강조한다. 이슈관리의 관건은 기업이나 정당이 미래에 발생할 수 있는 이슈가 자기 조직에 어떠한 영향을 미칠지 사전에 예측, 진단하고 그에 대해 중장기적인 전략을 개발한다는 것이다. 과거의 기업, 사회단체, 정치조직은 언론을 직접 접촉해서 영향력을 행사함으로써 자기 조직에 유리한 이슈 환경을 조성하려 했다. 과거의 이슈관리는 사실상 퍼블리시티(publicity)와 같은 미디어 관계(media relations)의 관점에서 주로 수행되었다. 언론에 보도자료와 홍보물을 배포하고, 이벤트에 언론인을 초대하고, 언론조직에

직·간접적인 압력을 행사하는 방법 등을 사용해 언론이 자기 조직에 유리한 기사를 싣도록 유도했다. 하지만 현대 이슈관리 이론은 언론의 의제 설정 과정과 후속 효과인 점화효과에 대한 지식을 기반으로 전향적인 관점에서 이슈 환경의 변화에 대처할 수 있게 된다.

기업, 사회단체, 정치조직 등은 자기 조직에 대한 여론의 평가가 유리한 방향으로 전개될 수 있도록, 과학적인 방법으로 사전에 이슈를 관리할 수 있게 된 것이다. 예를 들어, 환경친화적인 방식으로 상품을 생산하는 기업은 그 사실을 언론에 알림으로써 공시효과를 노리거나 공중에게 직접 홍보해서 여론을 유리한 방향으로 유도할 수도 있지만, 그보다는 환경보호 및 환경감시와 같은 이슈가 더 많이 보도되도록 하는 것이 효과적인 결과를 얻을 수 있다. 언론이 환경에 대한 이슈를 강조함으로써, 공중이 환경 이슈에 대한 중요성을 더욱 높게 평가하게 되고, 결국 이는 기업을 평가하는 중요한 기준이 될 수 있기 때문이다. 정치인 역시 마찬가지다. 단순히 언론에 자기 모습을 많이 내보이려 노력하는 것보다 자신의 장단점을 먼저 분석해서 자신의 장점이 강조되는 이슈 환경을 만들기 위해 노력하는 것이 현명한 전략이라는 것이다(이준웅, 2001).

체이스(Chase, 1984)는 조직이 이슈관리를 하는 과정을 정리해서 (1) 이슈를 확인하는 단계, (2) 이슈를 분석하는 단계, (3) 이슈 변화 전략을 수립하는 단계, (4) 이슈에 관련된 행동계획을 실행하는 단계로 구분했다. 이러한 이슈관리 전략은 점화 이론이 등장하기 전부터 공중관계 전문가에게 알려져 있었지만, 점화 이론의 확립은 기업이나 정당이 이슈관리를 해야 하는 적극적인 이유와 합리적인 방안을 제시하고 있다. 기업, 사회단체, 정치조직 등은 자기 조직에 대해 불리한 여론을 피하고 유리한 여론이 조성되도록 노력해야 하는데 이를 위해서 자신에게 유·불리한 이슈의 등장과 소멸을 확인해야 한다. 동시에 기업, 사회단체, 정치조직은 자신에게 유리한 이슈 환경을 조성하기 위해 적극적으로 노력해야 한다. 점화효과에 대한 논의는 기업, 사회단체, 정치조직이 이를 위해 언론에 대해 무리하게 직접적으로 영향력을 행사하는 것이 아니라 언론이 자발적으로 의제 설정하는 것을 활용하는 편이 효과적일 수 있다는 것을 강력하게 시사한다(이준웅, 2001).

Iyengar와 Kinder(1987)는 뉴스가 어떤 사건을 보도함으로써 해당 뉴스와 관련된 정보를 촉발할 수 있다고 보았다. 특히 외상을 경험한 사람은 외상 사건에 대한 기억을 가지게 되고, 그 기억은 개인의 의도와 상관없이 자동으로 떠올라 스트레스 증상에 영향을 미치게 된다. 즉, 재난에 노출되었을 때 해당 사건과 관련된 자극에서 주의 및 기억 편향이 나타날 수 있다는 것이다(신지현, 김교헌, 2012; Amir, McNally & Wiegartz, 1996; Ehring & Ehlers, 2011; Vitaglione, 2012).

이와 같은 연구 결과에 기반하여 매체 폭력성의 영향, 정치적 뉴스 보도의 영향, 혹은 전형적인 미디어 콘텐츠의 영향 등을 설명하기 위해 점화 기제가 사용된다. 점화란 대중매체와 같은 자극에의 노출이 이후의 판단이나 행동에 미치는 단기간의 영향을 일컬으며(Roskos-Ewoldsen, Roskos-Ewoldsen & Carpentier, 2009), 표적 자극과 관련된 과거 경험이 있을 때 수행이 촉진되거나 편향되는 현상을 말한다(Williams, Watts, MacLeod & Mathews, 1997). 사전 정보에 노출됨으로써 자극의 탐지 확인 능력이 촉진되며, 대개 점화효과는 '기억하고 있다'라는 의식 없이 자동으로 일어난다(Bar-Anan, Liberman & Trope, 2006). 그뿐만 아니라 재난 뉴스에 포함된

강렬한 정서는 기억을 촉진할 수 있다. Brown과 Kulik(1977)은 부정적인 정서가 기억을 증진한다고 하였으며, 강하게 활성화된 정서가 기억을 향상시키거나 외상 관련 기억을 촉진하는 등의 영향을 미친다는 연구도 있다(박영신, 김기중, 박희경, 2004; Christianson, 1992)(김부종, 최윤경, 2023).

점화효과는 선행하는 자극(예: 미디어 메시지)이 이후의 자극에 관한 생각과 판단에 미치는 영향을 의미한다(Janiszewski & Wyer, 2014; Higgins, 1996). 가령, 미디어가 특정 이슈(예: 국가 안보)에 주목해 보도를 많이 하게 되면, 그 이슈가 수용자들의 머릿속에서 점화되어 인지적으로 '활성화(activation)'됨으로써 해당 이슈와 관련된 구성 개념(construct; 혹은 생각, 지식, 기억)의 '접근성(accessibility)'이 높아지며, 이에 따라 이후 관련된 판단(예: 대통령 직무 수행 평가)을 할 때 미디어 메시지에 의해 점화된 개념을 '사용(use)'할 가능성이 높아진다는 것이다(예: 대통령의 국가 안보 직무 평가가 대통령 직무 수행 전반에 대한 평가에 미치는 영향이 커짐; Iyengar & Kinder, 1987; 이다은 · 김현석, 2023).

이러한 점화효과는 점화의 빈도가 잦을수록, 점화의 강도가 강할수록 커진다(Roskos-Ewoldsen & Roskos-Ewoldsen, 2009). 여기에서 중요한 것은 먼저 '점화(priming)'와 '점화효과(priming effects)'를 구분하는 것이다. 점화는 미디어 메시지와 같은 점화원(prime)에 의해 우리 머릿속에 저장되어 있던 관련 구성 개념이 활성화되는 것을 의미한다. 점화효과는 이렇게 점화됨으로 인해 발생하는 다양한 효과를 지칭하는데, 그중 대표적인 것이 바로 앞서 설명한 바와 같이, 점화원과 관련된 구성 개념의 접근성이 커지는 것과 이에 따라 이후의 판단 과정에 해당 구성 개념이 사용되는 것이다(Higgins, 1996).

점화 과정을 그대로 직접 관찰하는 것은 힘들다. 따라서 기존 연구들은 대체로 점화 '효과'를 확인하는 방식을 택해왔다. 예를 들어 점화로 인한 구성 개념의 '접근성'의 증가를 연구 조사 과정에서 참여자의 응답 속도를 통해 측정한다든가(Janiszewski & Wyer, 2014; Higgins, 1996), 해당 구성 개념이 후속 판단 과정에서 어떻게 '사용'되었는지 확인하기 위해 그 구성 개념과 판단 관련 변인의 관계(예: 대통령의 국가 안보 직무 수행 평가와 대통령 직무 수행 전반에 대한 평가, 금연 관련 지각된 행위 통제감과 금연 행위 의도)의 강도를 살펴보는 것이다(Iyengar & Kinder, 1987; Fishbein & Cappella, 2006; 이다은·김현석, 2023).

검증과 발전

선거 과정에서 작용하는 미디어의 점화효과를 실증적으로 검증한 반현 등(2004)의 연구에서는 TV 뉴스와 신문, 인터넷 미디어에 대한 내용 분석에서 도출된 7가지 선거 이슈의 현저성과 유권자들이 후보자나 정당을 선택하는 데 고려한 선거 이슈의 지각된 중요도 간의 상관관계 분석을 통해 이루어졌다. 연구 결과 TV 뉴스의 점화효과가 확인되었는데, TV 뉴스에서 강조된 선거 이슈의 현저성은 선거 이슈에 대한 유권자들의 인지에 영향을 미쳐 후보자나 정당을 결정하는 기준으로 작용하고 있었다. 또한 미디어의 이용 정도에 따라 점화효과의 영향이 다르게 나타난다는 사실도 검증되었다. 그러나 신문과 인터넷의 점화효과는 유의미한 결과가 확인되지 않았다. 이러한 결과들은 선거 과정에서 미디어가 특정 선거 이슈를 의제로 설정하고 프라이밍함으로써 직·간접적으로 유권자의 투표 선택에 영향을 미치고 있다는 것을 보여 주는 것이다(반현, 최원석, 신성혜, 2004).

또한 이효성(2006)은 2004년의 제17대 국회의원 총선 캠페인에서 응답자들의 미디어(신문, TV, 인터넷) 이용이 대통령에 대한 이미지와 탄핵 관심, 정치 성향 변인들과의 상호작용을 통해 정당 지지에 유의한 점화 효과를 보이는지 분석했다. 특히 유권자들의 미디어 이용이 정치 성향보다는 정치 지도자(노무현 대통령)에 대한 이미지 평가 및 탄핵 관심 변인과의 역동적 상호작용을 통해 정당 지지 의도에 유의한 영향을 미치는지를 검증하고자 했다. 분석 결과 첫째, 선거 캠페인이 진행돼 갈수록 응답자들의 신문 이용은 정치 성향보다는 대통령에 대한 이미지 변인과의 상호작용을 통해 정당 지지 의도에 영향을 미치는 것으로 나타났다. 즉 탄핵 소용돌이 속에서 총선 캠페인을 보도하는 신문 매체를 이용함에 따라 응답자들의 노 대통령에 대한 이미지는 좋아지고, 이는 열린우리당 지지 의도에 긍정적 영향을 미친 것으로 나타났다. 둘째, 탄핵 정국 속에서 총선 캠페인이 진행돼 갈수록 열린우리당 지지 의도에 있어 TV를 통해 접하게 된 대통령에 대한 이미지에 영향을 받은 것으로 나타났다(이효성, 2006).

미디어 메시지에 의한 점화효과는 건강 커뮤니케이션 캠페인 과정에서도 발생할 수 있다. 기존 연구에서는 합리적 행위 접근(Fishbein & Ajzen, 2010) 모형을 활용해 이를 탐구한 경우가 많았다. 가령, 니코틴 패치를 사용하면 금연에 성공할 가능성이 높아진다는 정보를 전달하는 금연 메시지에 노출될 경우, 금연 행위 의도를 결정짓는 세 가지 주요 심리적 요인, 즉 태도, 지각된 규범, 지각된 행위 통제감 중 지각된 행위 통제감의 상대적 영향력/중요성이 해당 메시지에 노출되지 않았을 때보다 더 커진다는 것이다(Cappella et al., 2001; Fishbein & Cappella, 2006; Fishbein & Yzer, 2003; Yzer, 2012).

청소년 흡연 장면이 등장하는 금연 광고에 대한 노출로 인해 흡연이 청소년들 사이에서 빈번하게 일어나는 행위라는 지각된 기술적 규범을 높임으로써 비흡연 의도 사이의 부적 관계가 더욱 강화되는 기제('점화') 가 작동하는지 경험적으로 검증한 연구에서는, 청소년의 흡연 장면을 제시하는 금연 광고가 비흡연 의도에 미치는 효과는 유의하지 않았다. 그러나 점화 기제는 작동하는 것으로 나타났고, 이러한 점화효과는 친구집단 소속감이 낮을수록 더욱 강하게 작동한다는 것을 발견했다(이다은·김현석, 2023).

평가 및 의의

점화효과에 대한 비판도 존재한다. 첫째, 점화효과가 과연 현실적인 것인지에 대한 논쟁부터 이 효과의 예측 가능성에 대한 것까지 광범위한 내용이 포함되어 있다. 먼저 언론이 점화효과를 의도적으로 발생시킬 수 있는가, 즉 점화효과의 발생을 예측·통제하는 것이 가능한가? 와 관련된 논쟁이 있다.

점화효과를 의도적인 효과로 보려는 대표적인 입장이 바로 이슈 관리적인 시각이다. 이러한 관점에서 본다면 점화효과를 의도적으로 노리고 이슈 환경을 특정 조직에 대해 유리하게 만들기 위해 특정 이슈가 언론에서 중요하게 다루어지도록 전략적 커뮤니케이션을 시도할 수 있다. 그러나 점화효과는 뉴스수용자의 머릿속에서 개념 간의 '의미 점화(semantic priming)'가 발생하지 않는다면 일어날 수 없는 효과이다. 따라서 언론이 강조한 이슈에 사용된 용어 및 개념이 그 이슈와 관련한 정치인 및 정책 이슈에 대한 의견을 형성하는 데 사용되어야만 효과가 발생할 수 있다. 경우에 따라서는 언론이 비록 특정 이슈를 중요하게 다루더라도 공중이 그 이슈와 관련된 용어나 개념을 정치인이나 정책적 사안을 평가하는 기준으로 삼지 않을 수도 있다. 이 경우, 의제 설정 효과는 발생하더라도 점화효과는 발생하지 않는다(이준웅, 2001).

아옌가와 킨더는 카터 정권 때처럼 실업문제가 미국 사회에 만연한 경우, 언론이 실업문제를 집중적으로 보도하더라도 이러한 이슈가 카터의 국정 수행 능력에 대한 평가에 영향을 미치지 못했다고 분석했다. 당시 실업문제는 미국 사회의 전반에 걸친 중요한 문제였으며, 미국 시민이 대부분 걱정하고 있었던 문제였다. 바로 이런 이유로 역설적으로 실업문제를 강조해서 보도한 미국 언론의 보도는 카터의 국정 수행 능력을 평가하는 데 별로 큰 영향을 미치지 못했다는 것이다.

이론적으로 점화효과는 의제 설정 효과가 발생한 후에 나타나는 이차적인 효과이다. 이는 점화효과가 발생하기 위해서는 언론이 특정 이슈를 중요하게 다루는 것이 필요조건이라는 것을 의미한다. 언론이 특정 이슈를 중요하게 다루더라도, 후속적으로 점화효과가 일어나지 않을 수 있다. 즉 의제 설정 효과는 점화효과의 필요조건일 뿐 충분조건이 아니라는 것을 알 수 있다.

둘째, 점화효과이론은 언론 보도의 내용이 산출하는 의미구성 과정을 무시하고 있다는 비판이다. 언론은 단순히 특정 이슈를 중요하게 보도함으로써 의제 설정 기능만을 수행하는 것이 아니다. 언론은 보도를 통해 현실에 대한 구체적인 묘사와 설명, 진단과 대책을 제시함으로써 현실에 대한 구체적인 의미와 해석을 전달한다. 즉 뉴스수용자는 언론으로부터 어떤 이슈가 중요한가를 배우는 것뿐만 아니라 그 이슈가 무엇에 대한 것이며 동시에 그 무엇의 내용에 대해서도 배우는 것이다. 따라서 언론이 의제 설정 기능을 통해서 점화효과를 실현하는 것은 언론이 수행하는 더욱 광범위하고 본질적인 효과에 비해 극히 일부에 지나지 않는 것일지도 모른다.

예를 들어, 점화효과가 예측하는 하나의 전형적인 상황을 가정해 보자. 분단 상황에 처한 우리나라에서 대통령 선거 중에 언론이 남북한의 긴장과 갈등 상황을 강조해서 보도하게 되면, 유권자는 '안보'와 '이념'을 중요한 이슈로 인식하게 된다(의제 설정 효과). 유권자는 또한 이와 관련된 용어나 개념을 사용해서 대통령 후보를 평가하게 되는데, 대통령 후보 가운데 '안보', '이념'과 관련해서 불미스러운 경력이 있는 후보는 상대적으로 부정적으로 평가하게 되며, '안보' '이념'과 관련해서 믿음직한 후보를 상대적으로 긍정적으로 평가하게 된다(점화효과).

결국 이러한 과정이 반복되면, 예로 든 이 선거에서는 '안보', '이념'과 관련해서 신뢰할 수 있는 후보가 대통령에 당선될 가능성이 높다고 하겠다. 그런데 의제 설정 효과와 점화효과는 이 전형적인 상황을 충분히 설명하고 있는가? 혹시 이러한 설명이 간과하고 있는 언론의 더 근본적인 기능은 없는가? 언론은 현실에 대한 해석과 의미를 전달한다. 분단 상황을 직·간접적으로 경험한 유권자에게 있어서, 남북 간의 새로운 갈등 가능성은 과거의 경험을 되살리는 악몽이 된다. 대통령 선거 국면에서 남북 간의 갈등 고조는 과거에 대통령 선거에 즈음해서 유사한 사건을 경험한 유권자에게 있어서는 전형적인 위협적 메시지가 된다. 결국 유권자에게 이러한 뉴스 스토리는 자신이 과거에 경험한 이야기를 되살리거나, 전형적인 상황에 관한 이야기를 전달하는 '현실적 의미구성'의 틀을 제시한다. 이런 점에서 점화효과이론은 언론의 이러한 기능에 대해 구체적으로 설명을 제시하지 못한다(이준웅, 2001).

그럼에도 불구하고 점화효과이론은 의제 설정, 미디어 폭력 및 정치 커뮤니케이션 효과와 같은 연구를 위한 이론적 토대를 제공하고 있고(브라이언트 & 톰슨, 2005), 미디어 폭력이나 정치 커뮤니케이션 분야 이외에도 광고와 PR과 같은 설득 분야와 재난 및 헬스 커뮤니케이션 분야 등에서 다양하게 활용될 수 있다.

참고문헌

김부종, 최윤경(2023). 재난 뉴스의 점화효과: 지리적 · 심리적 거리의 상호작용을 중심으로. 〈한국심리학회지: 문화 및 사회문제〉, 29(1), 53-74,

박영신, 김기중, 박희경(2004). DRM 패러다임에서 오기억과 실제 기억에 미치는 부적 정서의 효과. 〈한국심리학회지: 인지 및 생물〉, 16(2), 131-150.

반현, 최원석, 신성혜(2004). 유권자의 투표 선택과 뉴스 미디어의 점화효과. 〈한국방송학보〉, 18(4), 398-443.

브라이언트 & 톰슨(2005). Bryant. J., & Thompson, S. Fundamentals of Media Effects. 『미디어 효과의 기초』, 배현석 역. 한울아카데미.

신지현, 김교헌(2012). 외현기억과 암묵기억의 해리 및 외상 후 스트레스 증상에서 외상 관련 자극의 인지적 처리 과정의 영향. 〈한국심리학회지: 건강〉, 17(3), 747-765.

이다은 · 김현석(2023). 청소년 흡연 예방 공익 광고의 설득 및 점화효과 : 친구집단 소속감
의 조절 역할. 〈언론정보연구〉, 60(2), 5-46.

이준웅(2001). 미디어 이론으로 본 보도 현장 〈2〉 점화효과이론. 한국언론진흥재단.

이효성(2006). 미디어 이용이 정당 지지에 미치는 효과. 〈한국언론학보〉, 50(1), 285-307.

Amir, N., McNally, R. J., & Wiegartz, P. S.(1996). Implicit memory bias for threat in posttraumatic stress disorder. *Cognitive Therapy and Research,* 20(6), 625-635.

Bar-Anan, Y., Liberman, N., & Trope, Y.(2006). The association between psychological distance and construal level: evidence from an implicit association test. *Journal of Experimental Psychology: General,* 135(4), 609-622.

Berkowitz, L. & Heimer, K. (1989). On the construction of the anger experience: Aversive events and negative priming in the formation of feeling. In L.Berkowitz(Ed.), *Advances in experimental social psychology*(Vol. 22, 1-37). New York: Academic.

Brown, R., & Kulik, J. (1997). Flashbulb memories. *Cognition*, 5, 73-99.

Cappella, J., Fishbein, M., Hornik, R., Ahern, R., & Sayeed, S. (2001). Using theory to select messages in antidrug media campaigns: Reasoned action and media priming. In R. E. Rice, & C. K. Atkin(Eds.), *Public communication campaigns*(214-230). Thousand Oaks, CA: Sage.

Chase, W. (1984). *Issue Management: Origins of the Future*. Issue Action Publications,

Christianson, S. A. (1992). Emotional stress and eyewitness memory: A critical review. *Psychological Bulletin*, 112, 284-309.

Collins, A. M., & Loftus, E. F. (1975). A spreading-activation theory of semantic processing. *Psychological review*, 82(6), 407.

Domke, D., Shaw, D., & Wackman, D. (1998). Media priming effects: Accessibility, association. *International Journal of Public Opinion Research, 10(1)*, 51-74.

Ehring, T., & Ehlers, A. (2011). Enhanced priming for trauma-related words predicts posttraumatic stress disorder. *Journal of Abnormal Psychology*, 120(1), 234-239.

Fishbein, M., & Ajzen, I. (2010). *Predicting and changing behavior: The reasoned action approach*. New York, NY: Psychology Press.

Fishbein, M., & Cappella, J. N. (2006). The role of theory in developing effective health communications. *Journal of Communication*, 56, S1-S17.

Fishbein, M., & Yzer, M. C. (2003). Using theory to design effective health behavior interventions. Communication Theory: CT: *Journal of the International Communication Association*, 13, 164-183.

Fiske, S. & Taylor, S. (1991). *Social Cognition* 2nd ed. New York: McGraw-Hill.

Higgins, E. T.(1996). Knowledge activation: Accessibility, applicability, and salience. In E. T. Higgins & A. W. Kruglanski(Eds.), *Social psychology: Handbook of basic principles*(133-168). New York, NY: Guilford.

Iyengar, S., & Kinder, D.(1987). *News that matters: Television and American opinion.* Chicago: University of Chicago Press.

Janiszewski, C., & Wyer, R. S.(2014). Content and process priming: A review. *Journal of Consumer Psychology, 24,* 96-118.

Langley, T., O'Neal, E., Criag, K., Yost, E.(1992). Agression-consistent, inconsistent, and irrelevant priming effects on selective exposure to media violence. *Aggressive Behavior, 18,* 349-356.

Roskos-Ewoldsen, D., & Roskos-Ewoldsen, B., & Carpentier, F. D.(2009). Media priming: An updated synthesis. In J. Bryant & M. B. Oliver(Eds.), *Media effect: Advances in theory and research*(74-93). New York, New York: Routledge.

Shields, T.(1995). Network news, attribution of responsibility and the role visual images(television). *Unpublished doctoral dissertation,* University of Kentucky.

Velten, E.(1968). A laboratory task for the induction of mood states. *Behavior Research and Therapy, 6,* 473-482.

Vitaglione, G. D.(2012). Driving Under the Influence(of Mass Media): A Four-Year Examination of NASCAR and West Virginia Aggressive-Driving Accidents and Injuries. *Journal of Applied Social Psychology, 42*(2), 488-505.

Williams, J. M. G., Watts, F. N., MacLeod, C., & Mathews, A.(1997). *Cognitive psychology and emotional disorders*(2nd ed.). Chichester, England: Wiley.

11장

·

정교화 가능성 이론

이론 개요

설득적 정보에 따른 소비자의 태도 변화를 설명해 주는 대표적인 이론으로 정교화 가능성 모델(Elaboration Likelihood Model: ELM)이 있다. 이 모델은 사회심리학자인 Petty & Cacioppo(1986)가 처음 제시하였는데, 그들은 사회심리학, 소비자 심리학, 광고학, 언론학, 마케팅 연구 등에서 제시된 다양한 커뮤니케이션의 요인들이 어떤 상황에서 소비자들의 태도 형성과 변화에 상대적으로 큰 영향력을 갖는지에 대해 두 가지 경로로 설명하였다. 즉, 소비자들의 정보처리와 태도 변화는 처리되는 정보의 양과 길이에 달려있다고 보았다. 이는 소비자가 어떤 정보에 관해 판단하고 태도가 형성될 때 중심 경로(central route)와 주변경로(peripheral route)라는 두 가지 설득 경로에 의해서 형성된다고 보는 것이다.

정교화 가능성 모델은 1986년 Petty & Cacioppo에 의해 제기된 이래

기존 연구들에서 제시한 여러 가지 커뮤니케이션 요소들이 어떤 상황에
서 태도 변화에 상대적으로 큰 영향력을 갖는지 설명해 줄 수 있는 이론
으로서 주목받아 왔다. 정교화 가능성 모델에 따르면 태도 변화에는 두
개의 기본적 경로가 있는데, 하나는 중심 경로(central route)라고 하여 제
시된 논점에 대한 사고의 결과로써 설득이 되는 경우이고, 다른 하나는
주변경로(peripheral route)라고 하여 제시된 논점과는 별 상관이 없는 요소
들에 따라 설득 또는 태도 변화가 일어나는 경우이다.

　중심 경로는 수용자의 상당한 인지적 노력이 필요하다. 그 결과 중심
경로를 통한 태도 변화에는 몇 가지 공통된 특성이 있는데 첫째, 접근 가
능성, 둘째 지속성, 셋째, 행위의 예측성, 넷째, 변화에 대한 저항을 포함
한다(Petty & Priester, 1994). 중심 경로에 영향을 주는 중요한 변인 가운데
하나는 메시지와의 개인적 관련성이다(Brickner, Harkins, & Ostrom, 1986;
Leippe & Elkin, 1987; Petty, Cacioppo, & Haugvedt, 1992). 즉 메시지가 수용자
와 개인적 관련성이 높은 경우에는 강력한 주장이 약한 주장보다 더 설
득적이라는 것이다.

　반면 주변경로는 여러 방식으로 일어날 수 있는데, 상당한 인지적 노
력을 수반하지는 않는다. 페티와 프리스터(1994)는 대표적인 주변경로로
소스(source)의 호감도나 매력, 신뢰도, 메시지에 포함된 주장의 수, 주장
의 길이, 그리고 편승효과라고 주장했다. 메시지의 상황에 포함되어 있
는 단순 자극 신호(simple cue)가 정보를 처리하고 이해하기 위한 의도적
노력보다 태도 변화의 더 큰 원인일 수 있다. 예를 들면 TV 광고에 나온
푸른 산에 있는 고요하고 수정같이 맑은 호수처럼 편안한 느낌을 주는
장면이 시청자에게 광고가 팔려고 하는 산처럼 신선한 향을 지닌 세제를

연상시켜 유쾌하고 만족스러운 기분을 경험하게 만들지도 모른다는 것이다. 광고가 그 세제를 연상시키는 어떤 특정한 정서적 반응을 조건화했기 때문에, 시청자는 그 제품을 사용하도록 설득된다(브라이언트 & 톰슨, 2005).

특정한 제품을 판매하기 위해 전문가를 이용하는 것은 설득에 이르는 주변경로의 또 다른 예다. '많은 의사가 이 아스피린을 사용한다.', '많은 병원이 이 브랜드를 사용한다'와 같은 메시지의 경우 시청자는 전문가가 옳다고 추론하는 가능성이 높으므로 그 메시지는 진실한 것으로 판단되고 관련 제품을 사용하도록 설득된다(Chaiken, 1987). 편승효과는 주변경로의 또 다른 예다. 매우 많은 사람이 동의하는 경우 메시지를 신뢰할 가능성이 높고 이럴 경우 편승효과(bandwagon effect)가 발생한다.

반면 중심 경로는 주변경로에 비해 장기적인 태도 변화에 성공적이다. 주변경로에 의한 설득은 단기적 태도 변화에 성공적이라서 일정 시간이 지나면 주변 자극 신호의 강도는 약화한다. 요약하면 정신적 정교화(설득 메시지의 신중한 처리) 가능성이 증가할 때는 설득에 이르는 중심 경로가 지배적이고, 정신적 정교화 가능성이 감소할 때는 주변경로가 더 중요해진다(브라이언트 & 톰슨, 2005).

정교화 가능성 모델에서 정교화는 개인이 메시지에 주의를 기울이는 정도를 뜻하며, 정보를 처리하려는 동기와 능력이 반영되어 정교화 수준의 정도(고 · 저)가 결정되며, 이에 따라서 소비자의 태도 형성과 변화가 다르게 이루어지는 것이다(이경아, 2012). 결국, 메시지 수용자의 정교화 수준이 높은 경우는 중심 경로를 통해 정보를 처리하며, 정교화 수준이 낮은 경우 주변경로를 통해서 정보를 처리한다(Wood, 2000; 정재선 · 이동훈, 2012). 정교화 가능성 모델은 정보미디어의 수용성이나 정보처리를 통한 소비자 행동에 관한 연구에서 활용이 되고 있으며, 소셜미디어와 같이 소비자가 전달하는 정보의 영향력을 확인하는 데 있어 적합한 이론이라 할 수 있다(Sussman & Siegal, 2003; 허경석 등, 2012).

정보이용자는 어떤 정보에 관해 판단할 때 관련 정보 자체를 주의 깊게 고려할 때도 있지만, 경우에 따라서는 정보 자체보다는 주변적 단서를 기반으로 판단하기도 한다(Bhattacherjee & Sanford, 2006). 정교화 가능성이 높은 수신자의 경우에는 중심 경로의 역할이 주변경로보다 높아지고, 정교화 가능성이 낮은 수신자는 주변경로의 역할이 중심 경로보다 높아질 것이라 주장하였다. 따라서 정교화 가능성 모델은 태도 변화에 대한 다양한 접근법을 두 가지 경로인 중심 경로와 주변경로로 통합한 모델로서, 수신자의 정교화 가능성에 따라 태도 변화 경로가 다르게 나타나고, 태도 변화에 영향을 주는 요인 또한 달라지며, 그 결과에 따라 형성된 태도의 성격 역시 다르다는 것을 의미하는 모델이다.

정보의 품질은 정보의 수신자가 지각하는 메시지의 설득력이며 정보의 영향력을 확인하는 중요한 변수로 연구되며, 중심 경로를 대표하고 있다. 반면 주변적 상황을 평가하는 척도인 정보원의 신뢰성은 정보 제공자에 대한 전문성, 믿음, 신뢰 등을 포함한 개념이다. 즉, 중심 경로는 정보에 대한 충분한 이해 및 정보의 품질에 대한 평가인·반면에, 주변경로는 해당 정보보다는 그 정보 메시지를 받아들일 만한 욕구를 유발할 수 있는 원인을 고려한다. 결국 정보의 품질이란 정보의 논거가 얼마나 설득적인지 그 강도를 말하는 것이며, 정보원의 신뢰성은 사용자가 정보 제공자를 믿는 정도나 신뢰하는 정도로 정의된다(Sussman & Siegal, 2003;

Bhattacherjee & Sanford, 2006).

정교화는 구체적으로 두 개의 경로로 이루어진다. 중심 경로(central route)는 개인적 관여도가 높을 때 정보를 정교화하거나 처리할 동기가 높을 경우 일어나며, 주변경로(peripheral route)는 관여도가 낮아 정보를 정교화할 동기가 낮을 경우에 해당된다(San Martin et al., 2011).

정교화 가능성 모델에서 중심 경로와 주변경로로 나누게 되는 기준은 바로 정보 전달자가 말하는 정보의 질이다(정은이, 2014). 정보의 질이란 정보 수용자들이 정보의 논리적 설득력에 대한 평가로 정보의 질이 정당하고 논리적 설득력이 있다고 판단하면 해당 메시지의 질은 높고, 반대로 논리가 빈약하면 그 정보의 질은 낮다는 것이다(정미영, 2015). 따라서 개인이 인지하는 정보의 논거 질은 설득력 있는 정보와 그 영향력을 확인하는 주요한 변수로 간주되고 있다(Sussman & Siegal, 2003).

원래 Petty & Cacioppo(1986)는 2가지 요인인 '동기'와 '능력'이 메시지의 처리 경로를 결정한다고 보았다. 메시지에 대한 동기는 관여도, 인지 욕구 등으로 볼 수 있다. 메시지 수신자에게 제시된 설득 메시지를 이해하여 숙지하는 과정에서 수신자의 메시지 처리능력과 동기에 따라 중심 경로와 주변경로 중에서 어떤 경로에 의존할 것인지 달라진다. 즉 어떤 주제가 개인에게 연관성이 높다면 수신자는 메시지를 정교화하게 처리하려는 개인의 동기가 높아지기 때문에 중심 경로를 통해 메시지를 처리하고, 메시지 수신자에 대한 연관성이 낮을 경우 이 메시지는 주변경로로 처리하게 된다. 다음으로 인지적 욕구가 큰 사람들은 일반적으로 설득 메시지를 처리할 때 그와 관련한 생각을 많이 하고 이성적으로 심사숙고하기 때문에 중심 경로를 통해 메시지를 처리하는 경향성이 강하다.

반면 인지 욕구가 낮은 사람들은 제시된 메시지를 인지적으로 평가하거나 분석하려는 동기화가 잘되지 않기 때문에, 정보를 처리할 때 주변 경로를 통해 메시지를 처리하게 된다. 따라서, 스스로 직접 정보를 찾고 생각하기보다는 다른 전문가나 유명인들에게 의존하거나 감정적이고 생각 없이 습관적으로 판단하는 경향이 강하다(양윤 · 민재연, 2004).

중심 경로를 통한 메시지 처리 경로로 '능력'은 수신자가 중심 경로를 통해 메시지를 처리하고 싶은 동기가 아무리 높다고 해도 해당 능력이 없으면 메시지를 처리할 수 없다는 것이다. 그 이유는 설득 메시지를 처리하는데 수신자가 사전지식이 풍부할수록 중심 경로에 의한 메시지 처리 가능성이 높아지고, 수신자의 주의가 분산된 경우엔 중심 경로를 이용해 메시지를 처리하는 데 문제가 발생하게 된다(Duncan & Olshavsky, 1982).

이를 적용하면 정교화 가능성은 이용자의 제품정보처리 동기와 능력에 의해서도 결정된다. 일반적으로 제품정보를 처리하려는 동기와 능력이 클수록 정교화 가능성은 커지게 된다(최성인, 2013). 중심 경로를 통해 형성된 태도는 비교적 장기간 지속되며, 부정적 정보에 노출되더라도 이에 저항적이며(resistant), 행동에 영향을 미칠 가능성이 높다. 반면 주변경로를 통하여 형성된 태도는 비교적 일시적이며, 부정적 정보에 노출되면 쉽게 변할 수 있다. 한편 정보 품질성은 정보시스템의 최종 결과물인 정보와 콘텐츠에 대한 품질을 의미한다. 정보품질은 정보수신자가 지각하는 메시지의 설득력으로 중심 경로를 대변하고 있으며, 정보의 영향력을 확인하는 주요한 변수로 연구되었다(Sussman & Siegal, 2003).

검증과 발전

정교화 가능성 모델은 심리학적 상담, 광고, 언론학 분야에서 수용자 태도와 같은 학문 영역에서 발전되었다. 피험자(시험, 실험의 대상)나 고객들의 관심 정도를, 태도가 형성되는 방식과 어떤 종류의 태도가 형성되는가를 결정하는 데 중요한 변인으로 간주하고 있으며, 특히 태도 형성에 관한 많은 연구들이 진행되었다. 정교화 가능성 모델이 사회심리학 분야에서 근간하여 광고학, 경영학, 정보기술 분야에서 다양하게 적용되고 있으며(한용준 등, 2013), 관련 정보를 얻고자 할 때 정보품질 수준에 따라 행동과 태도의 변화가 이루어지며, 정보 제공의 믿음, 신뢰 등에 따라 태도를 변화시킬 수 있다고 보았다(박상철·정남호, 2013).

Xu, Bebasat & Cenfetelli(2013)은 정보 최신성, 정확성, 신뢰성, 완전성을 정보처리의 주요 변수로 제시하였다. Seddon & Kiew(1996)는 정보 존재의 논거, 정보가 쉽게 이해할 수 있는지, 정보의 유용성, 최신성, 적시성, 충분성, 정확성, 명확성을 포함한다고 하였다. 김창수 등(2013)은 다양성, 정확성, 최신성의 3가지 요인으로 정보품질을 분류하였다. 이 밖에도 객관성, 적절성, 타당성, 공감성, 차별성 등 다양한 요인들이 정보품질의 평가 요인으로 제시되어 왔다(Kallweit et al., 2014; Zheng et al., 2013; 김유정, 2016).

정교화 가능성 모델에서 제시하는 중심 경로와 주변경로를 측정하기 위해 많은 연구에서 중심 경로를 대표하는 핵심 변수로 정보의 품질을 사용해 왔다(Uleman & Bargh, 1989; Sussman & Siegal, 2003; Zhang et al., 2010). 이희태 등(2019)의 연구 및 주장에서 정보 신뢰성은 정보 또는 정보 제공자가 주제나 이슈에 대하여 자기 입장과 의견 등을 제공하고 있다고 본다. 정보 신뢰성은 정보 수용자들이 지각하고 있는 동기의 객관성과 순수성을 의미하며, 정보 수용자가 정보원이 객관적이고 정직하게 정보를 제공하고 있을 것이라는 확신으로 볼 수 있다. 즉 정보 수신자 입장에서는 정보 또는 정보 전달자가 지식편향이나 보고편향을 보인다면 정보의 신뢰성은 당연히 감소한다는 것이다. 또한 정보 수용자가 제공된 정보에 대하여 가지는 믿음의 정도라 할·수 있다(Kozinets et al., 2010). 정보 신뢰성은 이용자의 제품구매에 영향을 미치는 중요한 변수가 되고, 정보 제공자가 정보 수용자로부터 높은 신뢰성을 얻고 있을 때 정보 제공자가 의도하는 방향으로 태도 변화가 이루어지는 매우 중요한 특성이 있는 요소이다(오미현·김일, 2014). 또한 정보 신뢰성이 높아질수록, 타인에게 전달 및 추천의 구전 의지가 높아지고, 함께 구매 의도도 올라간다(천덕희·이현주, 2012).

한편 정보 최신성은 SNS를 통해 제공되는 최신정보제공 정도로 정의할 수 있다(곽비송, 2013). 그리고 웹사이트의 정보는 정확하며 빠른 정보여야만 정보이용자의 태도에 긍정적인 영향으로 이끌 수 있는 중요한 요소로 평가하였다(DeLone & McLean, 1992). 그리고 하동희·이형룡(2018)의 연구에서는 온라인 커뮤니티의 중심 경로인 정보 최신성은 정보 신뢰성과 함께 긍정적 감정에 유의한 영향을 미치지 않는 것으로 나타났다.

주변경로에 대해 살펴보면 일반적으로 사람들은 메시지를 정교화하고자 하는 동기나 정교화 능력이 없을 때, 즉 메시지에 대해 별로 생각하지 않는 상황에서 주변의 단서들로 인해 그 태도가 결정되고 변화될 수 있다(백혜진·이혜규, 2013). 이는 설득 메시지가 중심 경로가 아닌 주변경로를 통해 효과를 나타낼 수 있다는 것을 의미하며, 주변경로를 통해 태도의 변화나 설득을 일으키는 데 관여하는 단서들은 여러 가지가 있다.

즉, 메시지를 전달하는 정보 제공자의 매력도 또는 신뢰도, 메시지를 접할 때 수신자의 기분, 감정, 또는 메시지의 양이나 개수는 설득 과정에서 주변 단서로써 영향을 줄 수 있다. 논증의 질과 상관없이 논증의 수가 많을 때 설득 효과가 높았으며, 반면 연관성이 높을 때는 논증의 질이 좋은 경우에 논지의 수가 많으면 설득 효과가 높았다. 그러나 논증의 질이 낮은 경우에는 논지의 수가 많아질수록 오히려 설득 효과가 떨어졌으며 주변 단서를 통해서도 누군가를 설득할 수 있으며, 주변경로를 거쳐 이루어진 태도 변화는 단기적으로 강력할 수 있다.

이러한 주변경로에는 신뢰성, 매력성, 분위기, 주변 사람들의 반응 등이 영향을 준다. 또한 정보원의 매력성이 주변 단서로 작용할 수 있으며, 유튜브 콘텐츠 동영상을 올린 정보원에 대해 매력적이라고 생각한다면 해당 유튜버가 전달하는 메시지에 대해서도 우호적인 태도를 보이게 될 수 있다는 것이다(백혜진·이혜규, 2013). 그리고 사람들이 갖고 있는 편견 때문에 생각의 방향이 영향을 받을 수도 있다. 다시 말해 구독자 수나 조회수 등으로 인지도가 높아 매력적인 유튜브 정보채널에 대해 부정적 편견이 있다면 해당 유튜브 정보채널에서 전달하는 정보에 대해서도 불신을 가질 수 있으며, 반대로 인지도가 높아 매력적인 유튜브 정보채널에서 제공하는 것에 대해 무조건 좋게 생각하는 경우도 있다. 관련 정보를 검색하는 이용자들은 해당 정보를 수용할 때 정보의 품질뿐만이 아니라, 해당 정보를 제공한 채널이 어디인지, 얼마나 신뢰성이 있는 채널인지에 따라 영향을 받는다는 것이다(정남호 등, 2013).

주변경로인 정보원의 신뢰성은 상품을 선택하는 데 있어 이용자가 직접적으로 상품 정보에 관한 메시지를 전달받고 해석하는 데 영향을 미치는 정보 출처이며, 이는 서비스 이용 만족도를 높이는 선행요인으로 작용한다(이동근 · 나태균, 2016). 그리고 김창호 · 황의록(1997)의 연구에서도 정보 제공자의 전문적인 지식과 매력성을 통해 정보원에 대한 신뢰성이 형성된다고 하였다. 정보 제공자의 전문성이란 어떤 영역 등에서 보통 사람이 할 수 있는 평균 이상의 수행 능력을 의미하며, 전문성이 높다고 인식될수록 정확한 정보를 제공하는 사람으로서 여겨지며(Ohanian, 1990), 정보이용자가 정보 제공자의 전문성을 높게 지각할수록 정보에 대한 가치를 높게 평가하며, 이를 통하여 정보수신자의 태도 및 행동 변화에 큰 영향을 미치게 된다(박탄우 · 이경렬, 2014). 즉, 정보를 판단하고 의사결정을 하는 데 있어서 정보 수용자가 고려하는 주요 요인이라 볼 수 있다. 또한 정보원에 대한 신뢰는 정보 수용에 도움을 주고 이용자 자신이 받은 정보의 유용성을 평가하는 중요한 척도임이 선행 연구를 통해서 밝혀졌다.

그리고 소셜미디어는 기존의 인터넷 정보매체와 다르게 정보 제공자의 이름이나 아이디 등의 정보 확인이 가능하므로 상대적으로 정보 제공자에 대한 인식과 신뢰도가 높게 작용하는 편이다. 즉 온라인 커뮤니티와 같은 경우, 사용자 간 커뮤니케이션을 통해 자신의 정보를 공개하고 유대감을 형성하기 때문에 기존의 익명성 정보보다 공신력이 높다고 할 수 있다(Zhang & Watts, 2003).

Bhattacherjee & Sanford(2006)는 중심 경로와 주변경로 요인으로 각각 정보의 품질과 정보원의 신뢰성을 제안하여 연구한 결과, 이 두 변수는 각각 지각된 유용성과 태도에 영향이 있는 것으로 나타났으며, 중심 경로인 정보품질은 개인의 이성적 판단과 연관되어 있고 주변경로인 정보원 신뢰성은 개인의 감정적 판단으로 고려하여 설득적 메시지가 주변 경로인 개인의 감정에 더 영향을 준다는 사실을 검증하였다.

조은희 · 한진수(2018)는 온라인 정보 동영상의 정보품질 특성을 적시성, 유희성, 간결성, 생생함으로 분류하여 4가지 정보품질 특성이 사용자 만족과 정보공유 의도에 긍정적인 영향을 미친다는 결론을 도출했다. 또한 신뢰성과 확산성을 온라인 정보 특성으로 구분하여 지역 이미지와의 관계성 연구에서 자연 환경요인과 물리적 환경요인이 정보의 신뢰도에 큰 영향을 미치는 것으로 나타났다(표원정 등, 2013).

이동근 · 나태균(2016)은 전문성, 진실성, 역동성, 객관성의 4개 요인을 온라인 정보 제공자의 신뢰성을 구성하는 하위 차원으로 제시하여 전문성, 역동성, 객관성, 진실성의 순으로 정보의 수용 의도 및 유용성에 긍정적인 영향을 미치고 있음을 검증하였다. 이는 온라인 정보를 제공할 때는 경험과 능력이 갖춰진 전문적 내용을 다루어야 하며 신뢰성 있는 정보 및 타 기관과의 차별화된 정보를 제공해야 함을 의미한다.

나은영(2001)은 주변경로 처리의 증거가 되는 전달자 전문성 효과를 객관적 중심 경로 처리의 증거가 되는 메시지 질의 효과와 대비시켜 전달자의 전문성(전문가 · 비전문가)×메시지의 질(고 · 저) 변인을 조작하고 실험 참가자들의 내재적 관여 수준(고 · 중 · 저) 변인을 첨가한 연구를 진행하여 요인설계의 체계적 결과를 도출하였다.

천현숙 · 이대용(2006)은 정교화 가능성이 높다고 일컬어지는 광고에서 언어 힘이 설득에 영향을 미치는지와 구체적으로 어떻게 영향을 미치는지를 보고자 했다. 이 연구에서는 독립변인으로 제품 태도, 제안 태도, 광고 태도, 구매 의도를 종속변인으로 하였다. 연구 결과 광고에서 강한 주장은 약한 주장보다 더 호의적 태도를 보이고, 언어의 힘이 영향을 미치는 것으로 나타났다. 이러한 연구 결과는 설득에서 강한 주장이 약한 주장보다 효과적이라고 하는 정교화 가능성 모델(Petty & Cacioppo, 1986)의 주장과 일치하는 결과로 나타났다.

이종은(1998)은 정교화 가능성 모델에서 소비자가 광고 제품에 고관여시 주변적 단서보다는 정보 메시지를 보며, 정교화 가능성이 작을 경우에는 주변적 단서를 통한 설득이 일어난다는 것을 바탕으로 정보 수준을 설득력이 강한 제품정보 메시지 수를 기준으로 가설을 세웠다. 연구 결과는 높은 개인적 관련성 조건에서, 정보량이 많은 광고가 정보량이 적은 광고보다 기억이 잘 된다는 결과가 나타났다.

그리고 온라인 커뮤니티에서 이용자 관여도의 매개효과 연구에서 특정 정보 자체에 대한 품질을 보고 이에 따라 자신들의 태도를 변화시키는 반면, 어떤 해당 정보를 제공하는 제공자에 대한 믿음, 신뢰 등으로 인해 태도 변화가 이루어질 수도 있다고 밝혔다(박상철 · 정남호, 2013).

Li(2013)의 연구에서는 새로운 정보시스템 수용을 설명하기 위해 사회적 영향 이론과 정교화 가능성 모델을 통합하여 설득적 메시지의 정보품질과 정보원 신뢰성이 행동 의도에 미치는 영향을 검증하였다.

한편 정은이(2014)는 쇼호스트를 대상으로 정교화 가능성 이론을 검증했다. 쇼호스트 커뮤니케이션은 주로 시청각미디어를 통해 이루어짐으로써 언어적 요소뿐만 아니라 억양, 음색, 시선, 제스처, 복장 등이 표출하는 비언어적 요소의 영향을 크게 받는다. 따라서 이 연구는 쇼호스트의 설득 효과에 영향을 미치는 비언어 커뮤니케이션의 특성을 파악하고, 효과적인 설득 전략을 모색했다. 정교화 가능성 이론에 의하면 메시지 관여도에 따라 설득 커뮤니케이션의 경로가 달라진다. 즉 수용자가 메시지에 대한 관여도가 높으면 그 언어적 설득 메시지의 질을 중심 경로로, 반면 관여도가 낮은 경우 메시지의 내용보다는 그 이외의 단서를 주변경로로 하여 설득이 이뤄진다고 주장한다. 언어적 메시지의 질을 중심 경로에 의한 설득으로 보았고, 그 여타의 요인 중 쇼호스트의 비언어적 방법을 주변경로에 대한 설득으로 보았다.

분석 결과 비언어적 요인의 영향이 낮은 것으로 여겨지는 고관여 상품에서 쇼호스트의 비언어적 요인이 수용자에게 영향을 주는 것으로 나타났다. 즉, 쇼호스트의 커뮤니케이션 전략에서는 언어적 메시지와 비언어적 메시지 둘 다 설득의 역할을 하고 있다는 점을 발견했다(정은이, 2014).

또한 하동희 · 이형룡(2018)은 정교화 가능성 모델을 중심으로 온라인 커뮤니티 특성을 구분하고, 정보 유용성과 긍정적 감정 및 지속적 이용 의도 간에 미치는 영향 관계를 규명하였다. 연구 결과 정보 품질성, 정보 신뢰성, 정보 최신성과 정보 제공자 전문성, 정보 제공자 인기성이 정보 유용성 및 긍정적 감정에 영향을 주는 것으로 나타났다. 이와 같이 정교화 가능성 모델을 적용한 선행 연구의 공통점은 중심 경로와 주변경로의 요인들이 태도 변화를 불러오는 직접적인 영향 요인으로 고려한다는 것이다. 특히 중심 경로는 정보 품질성과 관련된 요인들을, 주변경로는 정보 제공자의 신뢰, 인기, 명성, 매력과 관련된 요인들을 설득의 과정에 따른 중요한 동기요인으로 간주하고 있다.

정교화 가능성 모델을 적용해서 북한 핵 · 미사일 도발 관련 언론 보도가 정보공유 의도에 미치는 영향을 주는 요인을 분석한 연구도 있다. 이 연구는 중심 경로(정보 품질성, 정보 신뢰성, 정보 최신성)가 언론사에 대한 태도와 정보공유 의도에 미치는 영향, 주변경로(언론기사 전문성, 언론 인기도)가 언론사에 대한 태도와 정보공유 의도에 미치는 영향, 언론사에 대한 태도와 정보공유 의도 간의 관계를 분석했다. 연구 결과 정보 품질성, 정보 신뢰성, 정보 최신성과 같은 중심 경로는 언론사에 대한 태도에 유의한 정(+)적인 영향을 미치는 것으로 나타났다.

그러나 정보 신뢰성은 정보공유 의도에 유의한 영향을 미치지 않는 것으로 나타났다. 기사 전문성, 언론인기도와 같은 주변경로는 언론사에 대한 태도와 정보공유 의도에도 유의한 정(+)적인 영향을 미치는 것으로 나타났다. 또한 언론사에 대한 태도가 가지는 중심 경로 및 주변경로와 정보공유 의도 간의 매개효과를 검증한 결과 매개효과가 유의한 것으로 확인되었다(정동, 2023).

최근 정교화 가능성 모델을 적용한 연구를 살펴보면, 새로운 혁신 도구를 수용하면서 중심 경로와 주변경로로 대표될 수 있는 요인들로 인해 개인의 태도와 행동이 어떻게 변화되는지에 초점을 두고 있는 것이 특징이다.

평가 및 의의

정교화 가능성 이론은 태도 변화에 대한 중심적 및 주변적 과정의 상대적인 효과를 증명하려고 시도했다는 점이 특징이고 장점으로 보인다. 수용자들은 특정한 때에만 증거에 중요성을 부여하고 논증을 평가하는 경향이 있다고 주장한 것이다. 이러한 이론은 기본적으로 인간을 합리적 존재라 보는 합리성 모델(rational-person model)에 기초하고 있다. 합리성 모델은 서구 철학과 서구 문화에 기반하여 인간은 독립적이고 합리적으로 선택을 행사하는 존재로 간주하는 시각이 강하다. 즉 인간을 합리적인 의사결정의 존재로 본 것이다.

그러나 메시지 수용과정을 설명하고 있는 인지 이론으로 볼 수 있는 기대가치 이론(expectancy-value theory), 인지부조화이론(cognitive dissonance theory), 귀인이론(attribution theory), 사회적 판단 이론(social judgement theory) 그리고 정교화 가능성 이론 등은 측정의 타당도에 한계가 있다는 비판을 받고 있다. 즉 개인이 수용자의 신념 체계에 대한 무게와 가치를 측정하는 방법은 매우 어렵고, 연구자별로 이견이 많아 외적타당도를 확보하는 데 많은 한계가 존재한다(리틀존, 1992). 그리고 메시지에서 주장이 강한지, 약한지와 같은 주장의 정도(argument strength)를 주요 변수에서 제외하고 있다는 점도 문제점이다.

또 하나의 문제로 중심 경로를 통한 태도의 변화와 주변경로를 통한 태도의 변화를 구분하는 이분법적으로 설명을 하고 있다는 점이다. 중심 경로가 강해지면 주변경로가 감소한다고 하면서 상대적 관계를 제시하고 있으나 주변경로 혹은 중심 경로로 설득이 이루어진다는 하나의 답으로 사람의 인지부터 태도의 변화를 설명하기는 어렵다. 특히 사고의 방식과 시간은 일정하게 고정되어 있지 않아서 중심 경로와 주변경로의 관계는 유동적이다. 메시지를 처리할 동기나 능력이 있어도 다른 변인들 즉 주변 사람들과의 관계, 당시 처한 상황에서 생각의 깊이, 수용자의 신체적 컨디션 등 사고에 영향을 줄 수 있는 요인은 많다. 예를 들어 언어적 메시지의 특성에는 반드시 비언어적 메시지의 여러 기능이 필요하고, 이는 수용자에게 영향을 줄 수 있다(정은이, 2014).

설득과 관련한 다양한 이론은 크게 정보처리접근과 환경 반응적 접근으로 분류할 수 있다. 정교화 가능성 이론에서 중심 경로(central routes)와 주변경로(peripheral routes)는 정보처리 접근(경로)과 환경반응접근(경로)으로 재해석하기도 한다(조종혁, 1992). 전자는 수용자 자신의 능동적이고 자율적인 생각과 정보생성 및 처리 과정을 중심 개념으로 태도 변화를 이해하고 설명하려는 시도이다. 이에 비해 후자는 수용자의 행태를 수용자 자신의 합리적이고 분석적인 사고의 흐름에 의해 규명하기보다 넓은 의미의 조건 반응적, 환경 적응적 반응의 관점에서 설명한다.

정보처리 접근에 해당하는 이론의 대표적인 것이 '이성적 행위이론(theory of reasoned action)'이다. 환경 반응적 접근에서는 수용자의 피설득 과정이 수용자 자신의 정보처리 과정에 의해 설명하기보다는 조건적 학습과 같은 환경 적응적 반응으로 설명한다. 고전적 조건화나 조작적 조건화에 의한 태도 변화, 적응선 기준(adaptation level)에 의한 판단과 평가, 자기지각에 의한 태도의 인지와 형성, 대조효과와 동화효과로 설명되는 태도의 극단화 현상 등이 여기에 포함된다(조종혁, 1992).

이런 면에서 볼 때 정교화 가능성 이론은 크게 봐서 정보처리 접근에 가까운 것으로 보인다. 설득을 위해서는 정보처리 접근과 환경 반응적 접근을 선택해야 한다. 정보처리 접근을 취할 경우 수용자의 정보처리 동기와 정보처리 능력도 고려해야 한다. 또한 수용자가 주어진 설득 메시지에 자기 생각과 고려할, 집중할 동기가 있는지, 즉 고관여 상황인지 저관여 상황인지를 고려해야 한다. 따라서 설득을 시도할 경우 주어진 이슈에 대해 이성적, 분석적 합리적 사고와 판단의 능력과 동기가 존재하는 상황, 소스 요인(공신력, 매력, 카리스마 등), 메시지의 소구방법, 설득에 걸리는 시간과 공간, 그 밖에도 비언어적 요인 등에 대해 종합적으로 고려해야 할 필요가 있다.

상술했듯이 정교화 가능성 이론은 모호하고 특히 주장의 강도(strength of arguments)에 대한 설명이 매우 애매한 점 등을 포함하여 많은 비판이 있지만, 왜 사람들이 송신자보다 커뮤니케이션 자체에 집중을 덜 하는지, 송신자에 대한 신뢰가 그렇게 중요하다면 왜 그 효과는 또 빨리 사라지는지에 대한 대답을 제공하고 있고, 대개 수신자들은 내적 심리 과정에서 동기부여가 강하게 작용하는 주요 경로를 자주 사용하지 않는다는 주장은 흥미로운 것이다(Griffin, 2004).

특히 수용자가 메시지를 해석하는 과정에서 이원화된 경로를 사용한다는 점을 강조함으로써 설득을 시도하는 송신자가 원하는 설득의 효용성이란 목표 추구의 과정에서도 two-track 설정이 필요함을 시사한다. 이런 점에서 정교화 가능성 이론은 전체적인 차원에서 설득이 이루어지는 과정에 대한 분석을 통해 궁극적으로 효율적인 전략까지 설명을 시도하고 있다는 점에서 이론의 유용성을 찾을 수 있다.

참고문헌

곽비송(2013). SNS 특성이 레스토랑의 몰입 및 신뢰 그리고 행동 의도에 미치는 영향. 〈동북아관광 연구〉, 9권 2호, 103-123.

김유정(2016). 파워블로그와 메타블로그에서 정보품질, 사회적 요인이 이용자 만족도, 온라인 구전 의도 및 지속적 이용 의도에 미치는 영향". 〈인터넷전자상거래 연구〉, 16권 1호, 311-326.

김창호 · 황의록(1997). 구전 정보의 특성과 구전효과의 관계. 〈광고 연구〉, 35권 2호, 55-97.

나은영(2001). 전달자의 전문성 및 메시지의 수와 잘이 저 · 중 · 고 관여 수준을 지니는 태도와 변화량과 인지 반응에 미치는 효과. 〈한국심리학회지〉, 15권 1호, 17-37.

리틀존(1992). Theories of Human Communication, 『커뮤니케이션 이론』. 김홍규 역. 나남. 298-302.

박상철 · 정남호(2013). 온라인 여행 커뮤니티에서 이용자 관여도의 매개적 효과 연구. 〈호텔경영학연구〉, 22권 1호, 191-212.

박탄우 · 이경렬(2014). SNS상의 온라인 구전의 정보처리 과정에 관한 통합 모형의 개발에 관한 연구. 〈광고 연구〉, 100권, 172-224.

박상철 · 정남호(2013). 온라인 여행 커뮤니티에서 이용자 관여도의 매개적 효과 연구. 〈호텔경영학연구〉, 22권 1호, 191-212.

백혜진 · 이혜규(2013). 『헬스 커뮤니케이션의 메시지 수용자 미디어 전략』. 커뮤니케이션북스

브라이언트 & 톰슨(2005). Bryant. J., & Thompson, S. Fundamentals of Media Effects.『미디어 효과의 기초』, 배현석 역. 한울아카데미.

양윤 · 민재연(2004). 무드, 정보처리유형 및 광고유형이 광고에 대한 감정, 인지 반응과 광고 태도에 미치는 영향. 〈광고학연구〉, 15권 3호, 7-37.

오미현 · 김일(2014). SNS 특성에 의한 패션제품 소비자 태도가 구매 의도 및 온라인 구전에 미치는 영향. 〈한국패션디자인학회지〉, 14권 1호, 101-120.

이경아(2012). 메타이론을 활용한 광고 표현확장 가능성에 대한 연구: 정교화 가능성 모델의 한계점 및 실무적 보완 방향을 중심으로. 〈정보디자인학 연구〉, 19권, 257-267.

이동근 · 나태균(2016). 온라인 외식 정보 원천의 신뢰성이 정보 유용성, 구전 정보의 수용, 행동 의도에 미치는 영향. 〈관광연구저널〉, 30권 1호, 261-274.

이종은(1998). 광고의 정보 수준과 카피의 형태가 소비자 기억과 설득에 미치는 영향에 관한 연구. 〈광고학연구〉, 9권 4호, 25-55.

정남호 · 한희정 · 구철모(2013). 정교화 가능성 모델을 이용한 온라인 여행 커뮤니티 구성원의 관광정보 탐색행동과 이용 동기별 차이 분석. 〈관광학연구〉, 37권 5호, 219-240.

정동(2023). 북한 핵 · 미사일 도발 관련 언론 보도가 정보공유 의도에 미치는 영향 요인 연구: 정교화 가능성 모델을 중심으로, 동명대학교 대학원 박사학위논문.

정미영(2015). 의사의 언어 · 비언어 커뮤니케이션이 진료 만족도에 미치는 영향: 정교화 가능성 모델을 중심으로, 경희대학교 대학원 박사학위논문.

정은이(2014). 비언어 커뮤니케이션의 설득 효과에 관한 연구: 쇼호스트의 스피치 상황을 중심으로, 건국대학교 대학원 박사학위논문.

정재선 · 이동훈(2012), 정교화 가능성 관점의 프레임 효과연구, 〈한국언론학보〉, 56권 6호, 278-309.

조은희 · 한진수(2018). 동영상 UCC(User Created Content) 관광정보 품질이, 이용자 만족, 방문 의도, 정보공유 의도에 미치는 영향 연구. 〈호텔경영학연구〉, 27권 2호, 163-179.

조종혁(1992). 『커뮤니케이션학』. 세영사.

천덕희 · 이현주(2012). 여행업의 온라인 구전 정보 특성이 신뢰와 구전 수용 및 확산, 구매 의도에 미치는 영향. 〈고객만족경영 연구〉, 14권 1호, 83-100.

천현숙 · 리대용(2006). 인쇄 광고에서 언어 힘의 설득 효과와 메시지 주장의 질에 대한 영향력. 『한국광고학보』, 8권 1호, 7-27.

최성인(2013). 온라인 뉴스 인용과 프레임이 뉴스 이해와 평가에 미치는 영향: 정교화 가능성 모델을 중심으로. 서울대학교 석사학위논문.

표원정 · 사효란 · 정석중(2013). 지역 이미지가 관광정보의 신뢰성과 확산성에 미치는 영향. 〈관광경영 연구〉, 55권, 309-326.

하동희 · 이형룡(2018). 온라인 관광 커뮤니티 특성이 정보 유용성, 긍정적 감정, 지속적 이용 의도에 미치는 영향: 정교화 가능성 모델을 중심으로. 〈관광 연구〉, 33권 1호, 163-183.

한용준 · 오경석 · 이훈영(2013). 의료 서비스 품질 지각 정보가 서비스 만족, 신뢰, 행동 의도에 미치는 영향 연구: 정교화 가능성 모델의 관점에서. 〈고객만족 경영 연구〉, 15권 3호, 155-178.

허경석 · 지윤호 · 변정우(2012). SNS 정보가 호텔고객의 브랜드 태도 및 행동 의도에 미치는 영향: 이중처리 과정 이론의 적용. 〈관광 연구〉, 27권 5호, 619-635.

Bhattacherjee, A., & Sanford, C.(2006). Influence Processes for Information Technology Acceptance : An Elaboration Likelihood Model. *MIS Quarterly*, 30(4), 805-825.

Chaiken, S.(1987). The Heuristic Model of Persuasion. In M. P. Zanna, J. M. Olson, & C. P. Herman(Eds.), *Social Influence: The Ontario Symposium*(Vol. 5, 3-39). Hillsdale, NJ: Erlbaum.

DeLone, W. H., & McLean, E. R.(1992). Information systems success: the quest for the dependent variable. *Information Systems Research,* 3(1), 60-95.

Duncan, C. P., & Olshavsky, R. W.(1982). External search: The role of consumer beliefs. *Journal of Marketing Research,* 19(1), 32-43.

Griffin, E.(2004). *A First Look at Communication Theory.* N.Y.: McGraw Hill. 206-207.

Kallweit, K., Spreer, P., & Toporowski, W.(2014). Why do customers use self-service information technologies in retail? The mediating effect of perceived service quality. *Journal of Retailing and Consumer Services*, 21(3), 268-276.

Kozinets, R. V., Valck, K., & Wojnicki, A. C.(2010). Networked narratives: Understanding word of mouth marketing in online communities. *Journal of Marketing*, 74(1), 71-89.

Leippe, M. R., & Elkin, R. A.(1987). When motives clash: Issue involvement and response involvement as determinants of persuasion. *Journal of Personality and Social psychology*, 52(2), 269.

Li, C. Y.(2013). Persuasive messages on information system acceptance: A theoretical extension of elaboration likelihood model and social influence theory. *Computers in Human Behavior*, 29(1), 264-275.

Ohanian, R.(1990). Construction and validation of a scale to measure celebrity endorsers' perceived expertise, trustworthiness, and attractiveness. *Journal of Advertising*, 19(3), 39-52.

Petty, R. & Cacioppo, J. T.(1986). *The elaboration likelihood model of persuasion, Advances in Experimental Social Psychology*. Orlando, FL: Academic, Vol. 19, 123-205.

Petty, R. E., & Cacioppo, J. T.(1986). The effects of involvement on responses to argument quantity and quality : Central and peripheral routes to persuasion. *Journal of Personality and Social Psychology*, 46(5), 69-81.

Petty, R. E., Cacioppo, J. T., & Haugtvedt, C. P.(1992). Ego-involvement and persuasion: An appreciative look at the Sherif's contribution to the study of self-relevance and attitude change. In *Social judgment and intergroup relations: Essays in honor of Muzafer Sherif*(147-174). New York, NY: Springer New York.

Petty, R. E., & Priester, J.(1994). Mass Media Attitude Change: Implications on the

Elaboration Likelihood Model of Persuasion In J. Bryant & D. Zilmann (Eds.), Media Effects. *Advances in Theory and Research*(91-122) Hillsdale, NJ: Lawrence Erlbaum.

San Martin, S., Camerero, C., & San Jose, R.(2011). Does involvement matter in online shopping satisfaction and trust? *Psychology & Marketing,* 28(2), 145-167.

Seddon, P. B., & Kiew, M. Y.(1996). A partial test and development of the development of Delone and McLean's model of is success. *Australasia Journal of Information Systems,* 4(1), 90-109.

Sussman, S., & Siegal, W.(2003), Informational Influence in Organizations: An Integrated Approach to Knowledge Adoption. *Information Systems Research,* 14(1), 47-65.

Wood, W.(2000). Attitude change: Persuasion and social influence. *Annual Review of Psychology,* 51, 539-570.

Zhang, K. Z., Lee, M. K., & Zhao, S. J.(2010). Understanding the informational social influence of online review platforms. *ICIS 2010 Proceedings,* 71, 1-17.

Zhang, W., & Watts, S.(2003). Knowledge Adoption in online Communities of Practice. *Twenty Fourth International Conference on Information System,* Seattle, Washington, USA.

Zheng, Y. M., Zhao, K., & Stylianou, A.(2013). The impacts of information quality and system quality on users' continuance intention in information-exchange virtual communities: An empirical investigation. *Decision Support Systems,* 56, 513-524.

Xu, J. D., Benbasat, I., & Cenfetelli, R. T.(2013). Integrating service quality with system and information quality: an empirical test in the e-service context. *MIS Quarterly,* 37(3), 777-794.

12장
.
제3자 효과이론

이론 개요

필립 데이비슨(W. Phillips Davison, 1983)이 주장한 제3자 효과이론의 주요 내용은 사람들은 매스커뮤니케이션 메시지가 다른 사람의 태도와 행동에 미치는 영향을 과대평가하는 경향이 있다는 전제에서 출발한다. 제3자 효과이론의 기본적인 아이디어는 특정 메시지가 '너'와 '나'에게는 거의 영향을 미치지 못하지만, 그들, 즉 다른 일반 사람에게는 큰 영향을 미친다는 것이다.

제3자 효과이론은 두 가지 구성요소로 구분되어 있다. 첫 번째 요소는 인식과 관련되어 있다. 제3자 효과이론에 따르면 사람들은 매스커뮤니케이션 메시지가 그들 자신보다는 다른 사람에게 더 큰 영향을 미친다고 인식한다. 두 번째 구성요소는 효과와 관련되어 있다. 이러한 인식 때문에 사람들은 다양한 행동을 취할 수 있다. 이러한 행동이 본래 메시지의 효과를 구성한다.

데이비슨(Davison)은 1975년 에어로졸 분무액의 해로운 효과에 대한 초기 발표의 사례를 든다. 제조업자들은 재빨리 이러한 변화에 압착 용기의 제조로 대응하였다. 여기서 제조업자들은 그 뉴스 메시지에 영향을 받은 일반 대중이 상품 구매를 중단하고 회사를 상대로 불매운동을 벌일 것으로 생각했다는 설명이 가능하다.

제3자 효과이론의 또 다른 적용은 검열에 대한 이해 혹은 정보의 통제나 제한의 시도를 하는 것으로 나타난다. 즉 다른 사람들에게 노출되는 정보를 통제하고자 하는 사람들은 때때로 그것은 나에게 아무런 효과가 없지만 다른 사람에게 미칠 효과가 걱정된다고 생각하는 경향이 있다는 것이다. 예를 들어 포르노그래피에 대한 검열을 지지하는 사람들은 때때로 그들 자신보다 다른 사람들이 받을 영향에 대해 더 우려한다.

군터(Gunther)는 설문조사 대상자들에게 그들 자신과 다른 사람들이 미칠 수 있는 포르노그래피의 영향에 대한 인식과 함께 포르노그래피 규제에 대한 지지 여부를 물어보았는데, 연구 결과 제3자 효과이론 가설을 지지하는 증거가 발견되었다. 즉 사람들은 그들 자신보다 다른 사람들에게 포르노그래피의 영향력이 더 크게 나타난다고 인식했다. 나아가서 제3자 효과가 가장 크게 나타난 사람이 포르노그래피 규제를 가장 지지하는 것으로 밝혀졌다.

군터(Gunther, 1991)는 한 지역 경찰 최고 간부의 명예를 훼손하는 기사와 관련해서 제3자 효과를 연구했다. 이 경찰 간부는 총기 소지 통제의 공개적 지지자로 알려져 있었는데, 기사는 그가 다른 지역에서 행한 몇 차례의 연설에서 그러한 입장과는 상충하는 주장을 한 것으로 보도했다.

이 연구에서는 2개의 집단을 대상으로 수행되었고, 먼저 통제 집단에는 해당 기사를 보여 주지 않은 채 부정적 입장에서 긍정적 입장까지 의견을 물어보았다. 다른 한 집단은 그 기사를 읽도록 했고, 경찰 간부에 대한 의견을 똑같은 척도로 측정했다. 기사를 읽은 집단에는 그 기사가 그들 자신 수업을 듣는 다른 학생, 미네소타(Minnesota) 대학의 또 다른 학생, 그리고 미네소타 주민들에게 어느 정도로 의견 변화를 불러올 수 있는지 같은 척도로 표시하도록 했다. 기사를 읽은 집단에 어느 정도의 실질적 의견 변화가 있는지는 그들이 표시한 점수와 통제 집단의 점수를 비교함으로써 결정했다. 일반적으로 기사를 읽은 집단의 경우 그들 자신의 실제적 변화보다 큰 정도로 다른 사람들이 의견 변화를 보일 것으로 예상했다.

제3자 효과이론과 약간 다른 차원의 연구로 폭력적 가사로 된 랩 음악의 잠재적 영향력에 관한 것을 생각해 볼 수 있다. 정치인들은 대개 음반 회사가 자체 검열을 하고 반사회적 가사를 삭제할 것을 요구한다. 대학생들을 대상으로 한 연구(McLeod, Eveland & Nathanson, 1997)에서는 사람들은 반사회적 랩 가사의 효과가 자신보다 다른 사람에게 더 크다고 간주하는 것으로 나타났다(인지적 가설). 연구 결과에서는 또한 제3자 효과를 가장 크게 인식하는 사람들이 랩에 대한 규제를 찬성할 가능성도 높은 것으로 나타났다(행동적 가설).

이상적 몸무게에 관한 매스미디어 이미지가 미치는 지각된 효과에서도 제3자 효과가 나타났다(David & Johnson, 1998). 한 연구에서 조사 대상의 여학생들은 드라마 베이워치(Baywatch)나 매우 아름다운 여성이 등장하는 광고와 여성 시청자들의 이상적 체중에 대한 인식에 어떤 영향을 미칠지 생각하도록 요청받았다. 그리고 나서 그러한 프로그램 메시지가 그들 자신 학교, 여자 친구들, 학교 내 다른 여성에게 어느 정도 영향을 미친다고 생각하는지를 질문받았다. 연구 결과에 따르면 조사 대상자들이 자신들보다 다른 사람들이 더욱 큰 영향을 받을 것으로 생각하고 있었다. 또한 조사 대상자와 사회적 간격이 크면 클수록 제3자 효과도 크게 나타났다.

제3자 효과가 갖는 또 하나의 측면은 개인과 비교, 집단 간의 사회적 간격이 클수록 제3자 효과는 커진다는 것이다. 예를 들어서 대학생들은 반사회적 랩 음악의 가사가 대학생보다 대학에 다니지 않는 학생들에게 더 영향을 미친다고 평가할 수 있다. 한 연구에서는 사회적 간격은 노출 가능성에 대한 인식 정도만큼 중요한 변이는 아니라고 주장한다(Eveland, Nathanson, Detenber & McLeod, 1999). 제3자 효과를 보여 주는 대학생들은 대학에 다니지 않는 젊은이들이 랩 음악에 노출될 가능성이 높다고 생각했을 수 있다.

제3자 효과이론에 따르면 사람들은 자기 자신보다는 다른 사람들이 매스미디어에 더 영향을 받는다고 인식한다. 그러나 사실은 사람들이 매스미디어 메시지가 그들 자신에게 미치는 영향을 잘못 인식하거나 과소 평가할 가능성도 적지 않다(Davison, 1983; 세버린 & 탠카드, 2004, 378-380쪽 재인용).

한편 메시지의 긍정성 여부, 즉 메시지가 사회적으로 바람직한지 아닌지에 따라 제3자 효과는 다르게 나타나기도 한다. 즉 메시지의 내용이 사회적으로 바람직하지 않은 경우 제3자 효과가 더 크게 발생하지만, 메시지의 내용이 사회적으로 바람직한 경우에는 오히려 타인보다 자신이 영향을 더 많이 받는다고 지각하는 '역 제3자 효과' 또는 '제1자 효과(The First Person Effect)'가 나타나기도 한다는 것이다. 그 사례가 공익 광고같이 친사회적이거나 사회적으로 바람직한 미디어의 내용물에 대한 것으로, 이 경우는 타인보다 자신이 더 영향을 많이 받는다고 지각하는 '제1자 효과'가 발생한다는 연구 보고도 있다(오미영 · 정인숙, 2006, 283쪽).

검증과 발전

제3자 효과와 관련된 국내 연구로서 박재영 · 김세은(2005)은 전국 7대 도시의 성인 중 일주일간 적어도 한 번 이상 전국 종합일간지를 본 803명을 대상으로 주 열독 신문에 대한 제3자 효과를 분석했다. 열독 신문에 대한 비판으로부터 독자 자신이 얼마나 영향을 많이 받았을 것인지를 측정하였다. 비판의 주체를 타 신문이나 매체, 시민단체, 대통령이나 정부, 각료, 교수나 전문가 등 다섯 그룹으로 나누었고, 실제 신문은 "귀하가 주로 보는 신문에 대해서 비판한다면 귀하는 자신이 보는 신문의 신뢰도를 평가하는 데 있어서 얼마나 영향을 받을 것으로 생각하는가?"라고 질문하였다. 반대로 타인, 즉 주 열독 신문의 다른 독자에 대한 영향에 대해서도 같은 방법으로 비판의 주체를 다섯 그룹으로 나누고, "귀하가 어떤 신문에 대해서 비판한다면 그 신문을 보는 다른 독자들은 그 신문의 신뢰도를 평가하는 데 있어서 얼마나 영향을 받을 것으로 생각하는가?"라고 질문했다. 연구 결과 주 열독 신문에 대한 신뢰도를 평가할 때 자신들은 다양한 비판으로부터 별다른 영향을 받지 않지만, 다른 독자들은 영향을 받는다고 인식하는 제3자 효과가 검증되었다(오미영 · 정인숙, 2006,

284쪽).

또한 한균태 · 차동필(2003)은 실험 설계를 통해 공익 광고에 대한 제3자 효과를 분석하였다. 실험 대상자 148명을 세 집단으로 나누어서 통제 집단에는 공익 광고에 대한 타인의 반응에 대한 정보를 제공하지 않았고, 두 개의 실험 집단에는 타인의 반응에 대한 정보를 제공하였다. 실험 집단의 경우 한 집단에는 공익 광고가 타인의 설득에 성공적이었다는 정보를 주었고, 다른 집단에는 반대로 설득에 실패했다는 정보를 제공했다. 그 결과 제1자 효과가 나타났으며, 실험 집단의 응답자들은 통제 집단의 응답자들에 비해서 공익 광고가 자신에게 미친 영향을 과소평가하는 것으로 나타났다.

주정민(2002)은 인터넷의 부정적 영향에 대해서 청소년을 대상으로 제3자 효과를 분석하였는데, 인터넷의 부정적 영향은 게임, 성인물, 정보교환, 정보검색을 구분해서 조사하였다. 연구 결과 청소년들은 인터넷이 자신보다 다른 사람들에게 더 부정적인 영향을 줄 것이라는 즉각적인 편향이 있는 것으로 나타났다. 특히 이러한 지각적 편향은 인터넷 게임과 성인물에 대한 인식에서 가장 크게 나타났다. 송경희 · 이수영(2000)은 외국 위성 방송의 유해성에 대한 규제 문제를 제3자 효과에 의해서 분석하였다. 연구 결과 외국 위성 방송이 나보다는 다른 사람에게 더 많은 유해한 영향을 미칠 것으로 생각한다는 제3자 효과가 나타났다. 즉 외국 위성 방송을 시청하게 되면 자기 자신보다 다른 사람들이 더 많이 외국 생활 양식을 선호하고 외국 문화가 우리 문화보다 더 우월하다고 느끼게 될 것이라고 응답한 것이다(오미영 · 정인숙, 2006, 284-285쪽).

제3자 효과는 미디어의 메시지가 자신보다 타인에게 더 큰 영향을 미친다고 지각하는 현상으로서 매스미디어의 효과와 관련해 그동안 많은 연구가 행해졌다. 기존의 연구들은 여러 장르의 미디어 메시지를 대상으로 지각적 편향을 살펴보려는 노력과 지각의 차이와 관련해 그 원인과 조건적 요인을 규명하거나, 지각적 편향 결과로 나타나는 태도와 행동의 문제를 다룬 연구들이 대부분이었다.

제3자 효과연구들은 매스미디어의 영향력에 대해 수용자나 메시지의 특성과 관련된 여러 변인에 따라 수용자가 편향적으로 지각한다는 점을 강조하고 있다. 즉 성별, 연령, 교육 수준과 같은 인구학적 요소와 미디어에 대한 태도나 쟁점에 대한 관여도와 관심 같은 수용자의 특성과 메시지의 장르, 전달 수단, 틀(frame) 역시 영향을 끼치는 것으로 알려졌다(정일권, 2006).

설진아와 김활빈(2008)은 2007년 제17대 대통령 선거 과정에서 매스미디어가 유권자의 후보 이미지 형성과 후보자 선택에 미친 영향에 대해 제3자 효과를 검증하였다. 이 연구에서는 후보 이미지를 구성하는 여러 가지 요소 가운데 어떤 특성들이 투표 행위에 영향을 주었는지 살펴보고, 특히 매스미디어의 유형, 세대 및 정치 성향에 따라 제3자 효과가 어떤 차이를 보이는가에 대해 분석하였다. 연구 결과 매스미디어와 선거에 대한 유권자 인식의 제3자 효과는 신문, TV, 인터넷 모두 후보자 선택에 미친 영향이 자신보다 다른 사람들에게 더 크게 나타났으며, 이런 결과는 세대별과 정치 성향과 관계없이 동일하게 나타났다. 유권자의 지각적 편향은 매체별로 다르게 나타났는데 유권자들은 자신과 다른 사람들에게 미치는 매스미디어의 영향력 가운데 신문의 영향력을 가장 크게 평가했으며, 후보 이미지 형성에는 텔레비전의 영향력에 대한 유권자의 인식에 지각 차이가 가장 크게 나타났다.

　매스미디어가 후보 이미지 형성 및 후보자 선택에 미치는 영향 인식에 있어서 세대와 정치 성향에 따라 제3자 효과의 크기도 차이를 보였다. 흥미로운 점은 후보자 선택과 후보 이미지 형성에서 제3자 효과 크기가 매체별로 다르게 나타났다는 점이다. 후보자 선택의 제3자 효과는 신문이, 그리고 후보 이미지 형성의 제3자 효과는 TV가 가장 크게 나타났다. 즉 유권자들은 후보자 선택의 경우, 신문이 타인에 대한 영향력이 크다고 인식했고, 후보 이미지 형성의 경우는 보편적 영상매체인 TV가 타인에 대해 자신보다 더 영향을 준다고 지각하고 있었다. 세대별 지각 편차에서는 20~30대 젊은 유권자층이 신문의 영향력에 대한 지각 차이가 가장 크게 나타남으로써, 신문을 이용하지 않는 젊은 층이 오히려 선거 과정에 있어 신문의 영향력을 크게 간주하고 있음을 반영한다. 정치 성향에 따라서도 제3자 효과가 부분적으로 나타났는데, 특히 진보적 유권자들은 후보 이미지 형성에서 신문의 영향력을 가장 크게 인식하고 있었으며, 보수적 집단과 진보적 집단 사이에 각 매체별 제3자 효과 크기는 차이를 보였다(설진아 · 김활빈, 2008).

　김성태 등(2006)은 교육 수준과 정치적 관심 및 호기심에 따른 여론조사의 영향에 관한 제3자 효과를 검증하였다. 연구 결과 교육 수준이 높을수록 그리고 정치적 호기심이나 정치 효용도가 높을수록 제3자 효과는 큰 것으로 나타났다. 반면에 기존의 관련 연구 결과와 다른 점은 사람들의 미디어 뉴스의 이용과 관심의 정도가 제3자 효과의 크기에 영향을 미칠 것이라는 가설은 유의미한 결과를 발견하지 못했다는 점이다. 대신 신문이나 텔레비전에서 발표되는 여론조사의 결과에 관한 관심의 정도와 인터넷 온라인 여론조사에 대한 참여와 관심 변인이 제3자 효과에 유의미한 차이를 보였다. 결론적으로 여론조사에 대한 사람들의 인식 차이, 특히 제3자 효과의 크기를 결정하는 지속적이면서 중요한 변인은 인구학적인 속성 중에서 교육, 정치적 효용도 그리고 온라인 여론조사에 대한 노출이나 관심 정도로 밝혀졌다(김성태 등, 2006).

기존의 관련 연구에서 지속해서 보이는 결과는 교육 수준이 높을수록 제3자 효과가 크다는 사실이다(Driscoll & Salwen, 1997; Gunther, 1995). 이러한 결과에 대해 퍼로프(Perloff, 1993)는 교육 수준이 높은 사람일수록 본인이 타인보다 좀 더 지적 수준이 높아서 미디어에서 제공하는 관련 이슈들에 대해 영향을 덜 받는다고 생각하는 경향이 있기 때문이라고 지적했다. 또한 제3자 효과는 타인이 개인이 느끼기에 자신과 비슷하거나, 개인과 가까운 집단인 경우 타인에 대한 미디어의 영향력을 자신과 비슷하게 평가한다고 지적했다. 그리고 여론조사에 대해 보다 부정적일수록, 또한 정치적인 관심이나 지식이 많을수록 제3자 효과가 더욱 두드러진다고 주장했다.

제3자 지각에 미치는 정보원과 메시지 내용의 영향을 분석하기 위해 자기 범주화 이론과 정교화 가능성 모델과의 연결고리를 분석하고자 한 연구도 있다. 이 연구에서는 사드 배치 이슈를 분석 대상으로 삼고, 정보원(〈조선일보〉 vs 〈한겨레〉)과 메시지 편향(찬성 vs 반대)을 조작한 네 가지 기사를 피험자 집단에 각각 제시하고 이슈 태도, 정보원, 메시지 편향(논조), 인지 정교화의 관계가 제3자 지각을 유발하는 과정을 분석했다. 수용자의 인지 정교화 수준과 자기 범주화의 상호작용을 통해 제3자 지각이 어떻게 달라지는지도 함께 살펴봤다. 연구 결과로 정보원보다 메시지 편향에 의한 자기 범주화 경로에서 높은 수준의 인지 정교화와 결합할 때 제3자 지각의 예측력이 높아지는 것으로 나타났다. 전반적으로 정보원보다 메시지 편향에 의한 자기 범주화가 제3자 지각을 더 잘 예측한다는 점을 발견한 것이다(이승수·김경모, 2017).

허윤철(2017)은 가짜뉴스의 사회적 영향력을 제3자 효과이론을 통해 규명하였다. 이 연구는 가짜뉴스의 영향력에 대한 제1자 효과 지각과 제3자 효과 지각이 어떻게 차별적으로 나타나고 있는지, 그리고 가짜뉴스에 대한 제1자 효과 지각과 제3자 효과 지각이 가짜뉴스 규제에 대한 태도에 어떠한 영향을 미치는지 살펴보았다. 연구 결과, 가짜뉴스의 영향력에 대한 제3자 효과 검증에서는 가짜뉴스가 타인에게 미칠 영향에 대한 지각이 자신에게 미칠 영향에 대한 지각보다 크게 나타났다. 그리고 일 평균 TV 시청시간이 많을수록 가짜뉴스가 자신에게 미치는 영향력이 크다고 지각하는 제1자 지각이 높았다. 사적 신뢰가 높고, 가짜뉴스의 범위를 넓게 인식하며, 사회 수준에서의 가짜뉴스에 대한 심각성 지각이 높은 수용자일수록 가짜뉴스의 영향력에 대한 제3자 지각이 높았다.

가짜뉴스의 영향력에 대한 제3자 효과에는 일 평균 TV 시청시간, 일 평균 인터넷 이용 시간, 개인 수준에서의 심각성 지각, 사회 수준에서의 심각성 지각이 유의한 영향을 미치는 변인으로 나타났다. 즉 일 평균 TV 시청시간은 적을수록 그리고 인터넷 이용 시간은 많을수록 제3자 효과가 크게 나타났다. 또한 개인 수준에서 가짜뉴스의 심각성 지각은 낮을수록 그리고 사회 수준에서 가짜뉴스의 심각성 지각은 높을수록 제3자 효과가 높았다.

다음으로 일 평균 인터넷 이용 시간이 많고, 사적 신뢰가 높고, 가짜뉴스의 범위를 넓게 인식하고, 사회 수준에서 심각성 지각이 높으며, 가짜 뉴스의 영향력에 대한 제3자 지각이 높을수록 가짜뉴스에 대한 수용자 수준에서의 처방에 동의하는 정도가 높아지는 것으로 나타났다(허윤철, 2017). 이 연구는 제3자 지각과 행동의 상관관계에 대한 실증과 함께 개인 및 사회 수준에서의 심각성 지각의 관계를 밝히고, 제3자 효과에 영향을 주는 변인으로 사적 신뢰, 인터넷 이용 시간 등을 추가했다는 점에서 의미가 있다.

일반적으로 제3자 효과는 '지각'과 '행동'의 차원으로 구분할 수 있다(정성은, 2014). 제3자 효과 지각(third-person perception)은 미디어 메시지의 영향력이 나보다 타인에게 더 크게 나타날 것으로 추측하는 지각적 편향성을 뜻하고, 제3자 효과 행동(third-person behavior)은 제3자 효과 지각이 미디어 이용자의 실제 행동에 미치는 영향을 의미한다. 선행 연구에 따르면 일반적으로 미디어 메시지의 영향력이 나보다 타인에게 미치는 영향이 크다고 지각(제3자 효과 지각)할수록 미디어에 대한 규제에 찬성하는 경향(제3자 효과 행동)이 있는 것으로 나타나고 있다. 그런데 다양한 이슈에서 제3자 효과 지각은 일관되게 확인되는 데 반해(Sun, Pan & Shen, 2008), 그러한 지각이 제3자 효과 행동에 미치는 영향력에 대한 설명은 일관되지 않다는 것이 이 이론의 약점으로 꼽힌다(Perloff, 2009).

평가 및 의의

제3자 효과이론은 측정에서 척도가 엄밀하지 못하고, 미디어로부터 메시지를 수용하는 개인의 심리적 차이에 대한 고려가 불충분하다는 점,

그리고 지각과 행동에 미치는 영향에 대한 실증분석에 있어 일관성이 부족하다는 비판이 있다.

제3자 효과이론은 '상대적'인 지각적 편향에 초점을 맞추고 있어서 타인에게 미치는 영향력에 대한 인식과 고려가 더욱 정밀하게 측정되어야 할 필요가 있다. 즉 지각적 편향은 타인에 대한 미디어의 영향력이 개인에게 미치는 지각 측정치에서 개인에게 미치는 미디어의 영향력에 대한 지각 측정치를 빼서 계산한 값을 이용한다. 이러한 지각적 편향치는 새로운 독립변인으로 제3자 효과이론의 태도, 행동적 요소와 관계된 변인 간의 관계를 살펴보는 데 이용되었다. 그러나 이러한 측정 방법은 개인과 타인에게 미치는 영향력에 대한 다양한 평가를 동일 척도상에 포함하기에 문제가 발생할 수 있다.

또 한 가지는 제3자 효과 지각의 개념 정의와 관련된 문제로 실제 사람들에게 묻거나 설득되지 않은 증거를 가지고 설명하는 것이 아니라 잠정적으로 일반적인 사람들의 성향을 생각해 볼 때 그렇다고 가정하고 있다. 따라서 제3자 효과 지각의 개념은 나 자신과 타인에게 미치는 매스미디어의 영향력을 상대적으로 비교하는 문제로 단순화하기보다는 우선 사람들이 매스미디어가 타인에게 영향력을 미칠 것이라고 인식하는 것을 더욱 강조해야 할 필요가 있다. 즉 나 자신보다 타인에게 미치는 미디어의 영향력이 '상대적'으로 크다는 것을 이야기하기에 앞서 일반적으로 다른 사람에게 미치는 영향력에 대해 인식하고, 그것을 고려해서 행동하는가와 같은 문제가 더 중요하다(양승찬, 1999).

제3자 효과이론은 이와 같은 비판과 한계가 있었지만, 후속 연구를 통해 다양한 미디어 콘텐츠의 효과와 수용자의 지각적인 편향과 이를 통한 태도나 행동 변화에 미치는 심층적인 영향력에 대한 규명으로 확대되었다. 예를 들어 인식과 태도 면에서의 영향 차이라는 지점에서 출발했지만, 인구 사회학적 변인, 관여도, 지식수준, 메시지, 매체별, 세대별, 정치 성향 및 관심에 따른 제3자 효과의 차이로 더욱 구체화되고 확대되었음을 알 수 있다.

또 하나의 시사점은 침묵의 나선 이론과 다원적 무지 이론과의 관련성이다. 사회적 쟁점에 대한 구성원 간의 견해를 파악하는 데 있어, 정보 및 미디어의 영향력을 평가하는 제3자 효과는 하나의 독립변인 또는 매개변인 역할을 할 수 있다는 것이다. 특히 다원적 무지 및 침묵의 나선 현상을 만드는 과정에서 제3자 효과는 영향을 미칠 수 있다. 즉 사회적 쟁점 사안들에 대한 여론을 사회 구성원들이 판단하고 평가하는 데 있어 매스미디어에 미치는 영향력이 상당한 현대사회에서 정보 및 미디어의 영향력을 평가하는 제3자 효과는 사회적 쟁점에 대한 여론 평가에서 출현하는 침묵의 나선 및 다원적 무지 현상의 중요한 원인 변인 중 하나로 작용한다는 것이다(박종민 · 신명희, 2004). 이런 점에서 제3자 효과의 활용성을 발견할 수 있다.

참고문헌

김성태, 라스 윌나트, 데이비드 위버(2006). 여론조사 보도에 대한 제3자 효과 검증. 〈한국언론정보학보〉, 49-73.

박종민 · 신명희(2004). 다원적 무지, 침묵의 나선, 제3자 효과, 그리고 상호 지향성 모델의 개념적 비교. 한국언론학회 언론과 사회 연구회 9월 세미나.

세버린 · 탠카드(2004). Severin, Werner J; Tankard, James W, Communication theories : origins, methods, and uses in the mass media(2004). 『커뮤니케이션 이론』. 박천일 · 강형철 · 안민호 역, 나남출판, 2004.

설진아 · 김활빈(2008). 유권자의 제3자 효과 지각 연구. 〈한국언론정보학보〉, 79-106.

송경희 · 이수영(2000). 외국 위성 방송 수신과 제3자 효과. 〈한국언론학보〉, 44(2), 150-185.

양승찬(1999). 매스미디어의 제3자 효과연구에 대한 비판적 고찰. 〈언론정보연구〉, 36, 159-184.

오미영 · 정인숙(2006). 『커뮤니케이션 핵심 이론』. 커뮤니케이션북스

이승수 · 김경모(2017). 정보원과 메시지 내용이 제3자 지각에 미치는 영향-자기 범주화와 정교화 가능성의 이론적 접점, 〈커뮤니케이션 이론〉, 13(3), 5-49.

정성은(2014). 제삼자 효과는 과연 존재하는가?: 제삼자 효과 행동 가설의 논리와 검증 방법 비판. 〈커뮤니케이션 이론〉, 10(2), 160-196.

정일권(2006). 지각 대상자에 따른 제3자 효과 지각 변화의 원인. 〈한국언론정보학보〉, 362-393.

주정민(2002). 인터넷 이용과 제3자 효과. 〈한국방송학보〉, 16(1), 367-394.

한균태 · 차동필(2003). 공익 광고와 제3자 효과. 〈한국언론학보〉, 47(3), 38-59.

허윤철(2019). 가짜 뉴스(fake news)의 제3자 효과에 관한 연구. 한국연구재단 지원사업 연구 결과보고서.

David, P. & Johnson, M.(1998). The Role of Self in Third-person Effects about Body Image, *Journal of Communication*, Autumn, 37-58.

Davison, W.(1983). The Third-person Effect in Communication, *Public Opinion Quarterly*, 47, 1-15.

Driscoll, P. D. & Salwen, M' B.(1997). Self perceived knowledge of the O.J. Simpson trial: Third person perception and perceptions of guilt. *Journalism & Mass Communication Quarterly*, 74, 541-556.

Gunther, A.(1991). What We Think Others Think: Cause and Consequence in the Third-person Effect, *Communication Research*, 18, 355-372.

_____(1995). Overrating the X-rating: The Third-person Perception and Support for Censorship of Pornography, *Journal of Communication*, 45(1), 27-38.

Eveland, W., Nathanson, A., Detenber, B., & McLeod, D.(1999). Rethinking the Social Distance Corollary: Perceived Likelihood of Exposure and the Third-person Perception, *Communication Research*, 26(3), 275-302.

McLeod, D., Eveland, W., & Nathanson, A.(1997). Support for Censorship of Violent and Misogynic Rap Lyrics: An Analysis of the Third-person Effect, *Communication Research*, 24(2), 153-174.

Perloff, R. M.(1993). Third-person effect research 1983-1992: A review and synthesis. *International Journal of Public Opinion Research*, 5, 167-184.

Perloff, R. M.(2009). Mass media, social perception, and the third-person effect. In J. Bryant & M. B. Oliver(Eds.), *Media effects: Advances in theory and research* (3rd.). (252-268) New York: Routledge.

Sun, Y., Pan, Z., & Shen, L.(2008). Understanding the third-person perception: Evidence from a meta-analysis. *Journal of Communication*, 58(2), 280-300.

13장

·

정보 격차이론

이론 개요

정보 격차에 대한 이론적 논의는 1970년대 티치노 등(Tichenor, Donohue, Olien, 1970)이 매스미디어의 효과와 관련하여 제시한 지식 격차 가설로부터 시작되었다. 사회체계에 유입된 매스미디어 정보가 증가하면 비교적 사회 경제적 지위가 높은 계층은 지위가 낮은 집단보다 빠른 비율로 정보를 습득하는 경향이 있다는 것이다. 그리고 이러한 집단 간의 지식 격차는 감소하기보다는 그 격차가 증가하는 경향을 보인다고 설명한다. 즉 사회 경제적 지위가 높은 상위 계층은 하위 계층보다 더욱 빠른 속도로 정보를 받아들여서 시간이 흐를수록 부유층과 빈곤층의 격차가 더욱 벌어진다는 내용의 이론이다.

지식 격차 가설에서 독립변수는 사회 경제적 지위, 즉 흔히 말하는 SES(social economic status)이며, 종속변수는 정보의 양이다. 매스미디어 정보가 사회 체제로 확산하면서 그 체제 내에서 사회 경제적 지위가 높은 사람들은 낮은 지위에 있는 사람들보다 정보를 더 빠른 속도로 습득하고, 그 결과 사회가 발달할수록 두 계층 간의 지식 차이가 좁아지는 대신 오히려 증가하게 된다는 것이다.

미국 정부가 1969년 빈곤 계층의 미취학 어린이들을 위한 프로그램으로 기획하였던 〈Sesame Street〉에 대한 연구 결과에서도 지식 격차 가설이 입증되었다. 똑같은 프로그램을 동일한 시간 보더라도 부유한 집안의 어린이들이 빈곤 계층 어린이보다 프로그램에서 더 많은 것을 얻었다는 것이다. 그러나 SES 변인이 항상 정보량을 좌우하는 것은 아니며 정보 유형에 따라 다른 결과를 가져올 수도 있다. 예를 들자면 널리 알려진 공적 주제가 그렇지 않은 주제에서보다 두 변인 간의 상관관계가 더 높게 나타난다.

1970년 티치노 등은 SES가 낮은 집단이 공적 이슈에 대해 무지하다는 점을 발견하고, 지속적인 캠페인의 효과가 그다지 높지 않은 이유가 여기에 있다고 주장하였다. 보통 사람들은 매스미디어가 많이 다룬 주제를 지식으로 얻게 되지만 고학력자들은 그보다 더 많은 지식을 얻는다는 것이다. 그 이유는 고학력자들은 다양한 분야에서 광범위한 지식을 갖고 있고, 더욱 많은 관심, 이해, 기억, 그리고 커뮤니케이션 능력이 있고, 오락 중심적 매체보다 정보 중심적 매체에 관심을 두고 있기 때문이라고 보았다. 즉 사회적으로 대인 간의 접촉 정도에 따라서 지식 격차가 발생하기도 하는데, 공공 문제에 대해서 사회적 경제적 지위가 높은 사람은 그렇지 못한 사람들보다 공식적인 토론에 참여 기회를 많이 가지기 때문이라는 것이다.

중요한 점은 지식 격차 가설이 시사하는 사회적 의미는 정보를 잘 제공받은 민주시민이 사상의 자유시장에서 진실을 선택할 것이라는 민주주의에 대한 가정이 무너질 수 있다는 점이다. 왜냐하면 이 가설대로라면 정보 미디어가 확산할수록 미디어 부자(media rich)가 사회의 권력 집단으로 자리 잡게 되고, 미디어 빈자(media poor) 집단은 불이익을 받게 되어 사회 균열이 커지게 되기 때문이다.

연구자들은 이러한 지식 격차를 줄일 수 있는 몇 가지 대안을 제시하기도 하였다.

1. 이슈의 유형: 실제로 사람들의 관심을 얻는 이슈가 따로 있으므로 그런 방식으로 형태화할 필요가 있다. 즉 특정 커뮤니케이션 캠페인의 목표, 수용자를 명확하게 설정하고 메시지를 항상 수용자, 해당 수용자 집단에 맞게 재구성하는 것이다.

2. 커뮤니케이션 커뮤니티의 크기와 유형: 크기가 작고 농촌 지역과 같이 동질성이 높은 지역에서는 지식 격차가 적고 복합적인 하위문화를 가진 도시는 격차가 크다는 점을 활용한다. 즉 사람들로 하여금 집단적 활동에 참여할 수 있도록 기회를 부여하는 것이다.

3. 미디어가 이슈를 얼마나 많이, 어떤 형태로 보도하는가의 여부: 흡연과 폐암의 상관관계는 뉴스에서 자주 다루어 격차가 적은 반면 성폭력 사건에 대해서는 격차가 크게 나타났다. 맥리오드와 퍼스(McLeod & Perse, 1994)는 언론인들이 제시하는 정보의 유용성을 강조함으로써 지식 격차를 줄일 수 있다고 주장했다.

반면 지식 격차 가설과 상치되는 연구 결과들도 있는데, 예를 들어 선거 관련 정보는 오히려 부정적 의견을 유포시키는 결과를 가져온다거나, 1991년 걸프전은 저(低) SES 집단에 많은 지식을 제공해 준 특별한 사례로 보고되기도 하였다. 또한 비정치적 이슈를 대상으로 한 지식 격차 연구도 행해졌으며, 사회경제적 지위 변인과 정보량이란 변인 사이에서 작용하는 새로운 중개 변인도 발견되었다. 예를 들면 사회경제적 지위가 정보에 대한 인지적 능력에 영향을 미치고 다시 이용 매체에 영향을 미치고 이것이 정보량에 영향을 준다는 것이다. 이외에도 저장된 지식이나 정보처리 능력을 뜻하는 스키마(schema)에 따라서 새로운 정보를 받아들이는 능력이 달라진다는 연구 결과도 제시되었다(오미영 · 정인숙, 2005, 319-323쪽).

매스미디어와 지식 격차의 관계에 관한 연구들은 초기에는 교육 수준이나 경제적 수준과 같은 사회경제적 요인들에 따라서 상이한 계층 간 점차 지식 격차가 커질 수 있다는 가설에서 출발했지만, 점차 다른 요인들에 의한 지식 격차의 증대 혹은 감소의 가능성을 입증하기 위한 증거들을 보완하는 흐름을 보여 왔다. 여기서 다른 요인들이란 사회 혹은 지역공동체가 갖는 사회 구조적인 특성, 정보를 제공하는 매체의 특성과 그러한 매체가 제공하는 정보, 그리고 매체 이용자가 처해 있는 사회문화적인 상황, 관심(동기), 인센티브 등을 의미한다. 이러한 요인들에 의해서도 지식 격차 현상과 그에 대한 논의가 매우 다양하게 드러날 수 있다는 것이다(강홍열 외, 2002; 오미영 · 정인숙, 2005, 323쪽 재인용).

검증과 발전

그간 정보 리터러시 및 정보 격차에 영향을 주는 요인으로서 수입, 교육, 연령, 성, 인종과 같은 인구 사회학적 요인이 전통적으로 강조되었다 (van Dijk, 2006). 이원태 외(2011)는 디지털 컨버전스 환경에서 정보 격차 해소 및 미디어 리터러시 제고 방안 연구에서 인구 사회학적 변수로 성별, 연령, 학력, 수입을 사용하였다. 민영(2011)은 인터넷 이용자 내부의 정보 격차 현상을 일으키는 인구통계학적 특성으로는 성별, 연령, 주거 지역 및 주거지 크기, 직업, 학력, 소득을 사용하였다. 진상기(2013)는 정보화진흥원의 정보 격차지수를 사용한 정보 격차 추세분석과 시계열 패턴 분석에서 정보 취약계층인 저소득층, 노년층, 농어민, 장애인을 분석함으로써 소득, 연령, 지역 요인을 구체적으로 사용하였다.

정보 격차에 대한 또 다른 쟁점은 정보사회의 심화에 따라 정보 격차가 어떻게 변동할 것인가에 대한 부분이다. 이는 크게 두 가지 대립되는 전망으로 나타난다. 정보화에 대한 낙관론적 전망에 기반을 둔 격차 해소론 혹은 침투 이론에 따르면 신기술 정보 기기나 매체의 보급 초기에는 기술의 수용과 확산에 차이가 있지만, 성숙 단계에 이르면 다수가 관련 기술을 수용하여 확산이 이루어지고, 사용자 간의 정보 격차가 줄어든다고 본다(Toffler, 1980, 1991; Naisbitts, 1982; Negroponte, 1996).

반면 격차의 확산론 견해는 인터넷 사용자 중에서도 여전히 정보를 가진 자와 못 가진 자 사이의 분화와 격차는 심화할 것이며(Schiller, 1996), 초기 수용자와 후기 수용자 간 정보 이용 능력과 활용 능력의 격차가 발생할 것이라고 주장한다. 즉 TV나 전화, 라디오와 같은 기존 정보매체

확산과 격차해소의 속도보다 새로운 디지털 기술의 발전과 기기의 등장으로 인한 새로운 격차의 발생이 더 빠르며 그 격차의 폭도 더 크다는 것이다(한국정보화진흥원, 2007).

성욱준은 스마트기기의 보유와 정보 격차의 관련성에 관해 연구한 바 있다. 연구 결과 스마트폰은 정보이용 능력에 정(+)의 영향을 주며, 전통적인 정보 격차 영향 요인인 성별, 학력, 소득, 직업이 여전히 정보이용 능력에 영향을 미치는 것으로 나타났다. 이들 전통적 영향 요인들의 영향력이 스마트기기의 도입에 따라 변화가 생기는가에 대해서는 학력으로 인한 정보이용 능력의 영향력이 스마트기기 도입으로 인해 줄어든 것으로 나타났다(성욱준, 2014).

이상의 분석 결과를 토대로 새로운 정보 기기의 등장 단계에서 정보기기에 대한 접근성을 높이는 것은 정보 리터러시의 향상은 물론 정보 격차의 감소를 가능하게 하는 매우 중요한 기회를 제공할 수 있다고 주장했다. 미국의 경우 스마트폰의 등장이 기존의 인터넷이나 pc에 접근하기 힘들었던 흑인이나 히스패닉 인종의 정보 접근을 높임으로써 정보이용 능력과 활용 능력을 향상시켰다는 점은 시사하는 바가 크다. 우리나라의 경우 pc나 인터넷의 보급률이 미국에 비해 상당히 높은 편이긴 하지만, 스마트폰은 단순하게 접근 여부뿐 아니라 좀 더 용이하고 손쉽게 정보 서비스에 접근할 수 있는 노출 빈도와 시간의 지속에도 영향을 미침으로써 향후 다양한 온라인 사회활동과 정보활동, 커뮤니티 활동, 정치활동 등의 향상으로 이어질 기회를 제공할 수 있기 때문이라는 것이다.

또한 정보 격차에 영향을 미치는 요인으로서 연령대의 문제에 대해서는 다른 시각의 접근이 가능하다고 보았다. 즉 성별이나 소득, 교육 수준과는 달리 연령대, 특히 노년층이 정보이용 능력의 평균 점수는 매우 낮음에도 불구하고 정보이용 능력에 유의미하지 않은 것으로 나타났기 때문이다. 이는 노년층의 정보 리터러시가 연령에 따른 집단적 특성이기보다는 스마트폰을 가지지 않은 집단, 학력이 낮은 집단 등과 같이 다른 집단의 특성 속에 이미 포함되어 있을 가능성을 의미한다. 이 경우 스마트폰의 사용 여부에 상관없이 이루어지는 스마트기기에 대한 교육이나 체험보다는 스마트기기를 보유하여 계속 접할 수 있도록 하는 방식의 정책이 정보 리터러시를 향상하는 데 오히려 필요할 것으로 보았다. 따라서 노인층에 특화된 조작 편이성(UI)과 맞춤형(customized) 서비스를 갖추고 화면이나 배터리 등에 있어 이들의 선호(needs)를 반영하는 한편, 기기 가격이나 통신비용에 있어 차별화를 통해 스마트기기의 진입장벽을 최대한 낮추는 것이 유용한 방법이 될 것이라고 주장했다(성욱준, 2014).

한편 ICT의 급속한 발전 및 보급은 사람들의 삶에 편리함을 더해 주었으며, 사회 전반에 걸쳐서 많은 효용성을 가져오고 있다. 하지만 ICT가 지닌 수많은 장점에도 불구하고, 웹(World Wide Web)이 등장한 거의 직후부터 정보 격차라는 정보적, 사회적 문제에 대한 우려가 대두되었으며, 1990년대에 들어서면서부터는 정보 격차의 심각성에 대해 본격적으로 논의가 이루어지기 시작하였다. 정보 격차는 1995년 New York Times의 저널리스트 Gary Andrew Pole의 기사에서 처음으로 사용된 용어로, 컴퓨터, 네트워크 등과 같은 새로운 형태의 정보기술에 접근할 수 있는 사람과 그렇지 못한 사람 사이의 격차를 의미하는 용어로 사용되었다(Molnar, 2002).

이후 1995년 미국 Department of Commerce는 〈Falling through the

net: A survey of the "Have Nots" in rural and urban America〉보고서를 발표한 데 이어, 1999년에는 〈Falling through the net: Defining the digital divide〉보고서를 발표하여 정보 격차가 사회적 문제를 야기하고 있음을 언급하였다. 이후 정보 격차의 의미와 개념이 전 세계에 걸쳐 여러 분야에 적용되면서 복잡하고 다중화된 개념으로 진화하게 되었다. 일반적으로 정보 격차는 정보를 소유한 사람과 소유하지 못한 사람들 사이에서 발생하는 정보적인 불평등을 의미한다(Houston & Erdelez 2004, 18; OECD 2001, 8). 보다 구체적으로는 ICT를 다룰 수 있는 사람과 그렇지 못한 사람들 사이에서 발생하는 격차(Hillbert, 2011) 또는 컴퓨터를 이용해 인터넷에 접속할 수 있는 사람들과 제한된 접속 혹은 접속을 할 수 없는 사람들 사이의 격차를 의미하기도 한다(Gui & Argentin, 2011). 이들 정의는 전통적인 정보 격차를 의미하는 것으로, 정보 격차를 유발하는 핵심 요인으로 컴퓨터와 인터넷을 언급하고 있다. 반면 The Organization for Economic Cooperation and Development(OECD)는 "정보 및 ICT에 접근할 수 있는 기회 혹은 여러 가지 활동을 위해 인터넷을 이용하는 것과 관련해서 각기 다른 사회적, 경제적 수준에 따른 개인, 가정, 기업체 및 지역 사이의 격차"로 정보 격차를 정의하고 있으며(OECD, 2001, 5), 이는 정보 격차의 요인에, 정보에 대한 접근을 포함하고 있다는 점에서 기존의 정의와는 차이를 보인다(이승민, 2020).

이후 정보 격차의 개념은 디지털 정보기기, 특히 인터넷에 접속할 수 있는 넷 미디어를 사용하는 데 있어서 접근과 활용 능력으로 인해 발생하는 정보와 지식의 격차를 의미하는 것으로 보다 확장되었으며, 정보 격차의 개념이 디지털 환경에 중점을 두면서 디지털 정보 격차라는 용어가 사용되기도 하였다. 이후 많은 연구자가 정보 격차를 접근성의 측면에서 논의를 해왔다. 이들 논의의 대부분은 정보 부자(information-haves)와 정보 빈자(information-have-nots) 사이에 존재하는 차이로 인해 발생하는 사회적 불평등이 정보에 대한 접근 및 이용에서의 격차로 이어지는 것을 언급하고 있다(Lee, Park and Hwang 2015; 최두진, 김지희 2003, 17).

이러한 격차를 유발하는 요인으로는 경제적, 문화적, 사회적 조건의 차이 등이 제시되었으며, 이는 다양한 사회적, 정보적 활동에 참여할 수 있는 기회의 불평등으로 이어져 사회적인 차원에서의 구조적 불평등을 심화시키는 결과로 이어지고 있다고 주장하고 있다(Park and Lee 2015; van Dijk 2005).

이승민(2020)은 정보 격차는 전통적으로 정보를 소유하고 있는 사람과 그렇지 못한 사람 사이의 차이를 의미하는 이분법적인 개념으로 인식되었으나, 현재의 정보 격차는 정보에 대한 접근에 기반을 둔 양적인 격차에서 더욱 나아가서 자신이 얻고 싶은 정보는 무엇이며, 그것을 어떻게 수집하고 어떤 방법으로 분석하고 평가하는가 하는 정보활용 능력에 기인하고 있다고 주장했다. 특히 빅데이터로 표현되는 현재의 정보환경에서는 사람들이 자신이 필요로 하는 정보에 효율적으로 접근하기가 더욱 어려워지고 있으며, 정보의 양이 급속하게 증가하고 그 유형이 다양화하는 상황에서는 정보활용 능력 이외에도 정보의 가치와 신뢰성을 판단하고 이를 선택하는 활동의 질이 더욱 중요하다는 의미이다.

따라서 정보활용 능력이 약한 사람은 정보의 적절성이나 신뢰성을 판단할 수 없으므로 정보활동의 효율성이 저하될 수 있으며, 반면 정보활용 능력이 강한 사람은 정보의 가치를 적절히 판단해 정확하게 가려낼 수 있으므로 양질의 정보를 집적하는 경향이 있다. 이 두 집단 사이에서는 기존의 양적 및 질적 정보 격차에 비해 보다 심화한 격차가 발생할 수 있으며, 여기에는 정보를 활용하는 데 있어서의 지적 수준이 영향을 미칠 수 있다는 주장이다. 지적 수준 역시 양질의 정보에 대한 접근성을 확보하고 이를 활용할 수 있는 능력에 기반을 두기 때문에 기존의 양적, 질적 정보 격차와 밀접한 관련이 있다. 그러나 이러한 지적 차원에서의 정보 격차는 양적 정보 격차나 질적 정보 격차에 비해 보다 진화되고 보다 복잡한 차원의 새로운 정보 격차라고 할 수 있다. 지적 정보 격차는 기존의 1차적 및 2차적 정보 격차 혹은 양적, 질적 정보 격차와는 달리 보다 심화한 유형의 정보 격차라고 할 수 있다(이승민, 2020).

이를 종합해 보면, 정보환경의 진화 및 넷 미디어의 광범위한 보급에 따라 전통적인 개념의 정보 격차는 그 발생 양상이 더욱 다변화하고 있다. 정보의 접근성에 중점을 두는 양적 정보 격차에서 정보 기기를 어느 정도 활용할 수 있는지와 관련한 질적 정보 격차, 그리고 입수한 정보 자체의 지적인 활용과 관련한 지적 정보 격차로 정보 격차의 내적인 구조가 전환되고 있음을 알 수 있다. 전통적으로 정보 격차의 주된 요인이 되어 왔던 성별, 연령, 교육 수준, 경제적 수준은 정보 기기의 광범위한 확산과 함께 정보 격차의 형성에 영향을 미치지 않는다는 주장이 제기되어 왔으나, 교육 수준과 경제적 수준은 여전히 양적, 질적 정보 격차를 형성하는 데 영향을 미치고 있으며, 이들 요인은 지적 정보 격차라는 새로운 정보 격차를 형성하는 데 있어서도 핵심적인 요인으로 작용하고 있다. 이와는 달리, 전통적인 정보 격차 요인 가운데 성별, 연령은 더 이상 정보 격차의 형성에 영향을 미치지 않고 있으며, 교육 수준 역시 양적 정보 격차를 제외하고는 영향을 미치지 않고 있는 것으로 분석되었다.

따라서 정보 격차의 해소를 위해서는 정보를 가진 사람들과 그렇지 못한 사람들의 이분법적인 구분이 아닌 여러 가지 사회경제적 요인들이 복합적으로 작용하는 사회현상으로 인식하는 것이 필요하며, 정보에 대한 접근 및 정보 기기의 광범위한 보급 이외에도 정보활동의 궁극적인 목적인 정보 자체의 가치와 신뢰성 파악 및 활용을 위한 측면까지도 고려해야 하는 시점이다(이승민, 2020).

이승민(2020)은 ICT 환경의 정착 및 넷 미디어의 광범위한 보급에도 불구하고 양적인 정보 격차는 여전히 존재하고 있으며, 질적인 정보 격차를 형성하는 요인들에도 변화가 있음을 확인하였다. 또한 양적 정보 격차와 질적 정보 격차는 더욱 심화한 정보 격차인 지적 정보 격차와 밀접하게 연결되어 있어, 정보환경의 진화와 함께 지적 정보 격차가 발생하고 있음을 확인하였다. 즉 정보 격차 양상에서는 정보 자체의 활용이 정보 격차를 형성하는 주된 요인이 되고 있으며, 여기에는 기존의 정보 격차의 요인인 정보활용 능력과 정보에 대한 접근성이 영향을 미치는 것으로 확인되었다.

구체적으로 살펴보면, 정보 격차를 형성하는 전통적인 요인 가운데 성별과 연령은 현재의 정보 격차 형성에는 큰 영향을 미치지 않는 것으로 나타났으나, 개인의 교육 수준과 경제적 수준은 여전히 양적, 질적 정보 격차를 형성하는 요인으로 작용하고 있으며, 이는 다시 지적 정보 격차를 형성하는 데도 근본적인 바탕이 되고 있음을 보고했다. 지적 정보 격차는 경제적 수준이 주된 형성 요인이며, 이외에 교육 수준 역시 정보 자체의 신뢰성과 가치를 판단하고 평가하는 데 있어서 격차의 발생에 영향을 미친다는 것을 발견했다.

결론적으로 ICT 환경의 정착 및 넷 미디어의 광범위한 보급은 양적, 질적 정보 격차를 해소하는 것이 아니라, 오히려 정보 격차의 내적 구조를 변화시키고 있으며, 기존의 정보 격차와는 다른 요인을 지닌 새로운 유형의 정보 격차, 즉 지적 정보 격차로 더욱 심화 혹은 다변화하고 있다는 것이다. 따라서 정보 격차는 정보에 대한 접근성이나 정보활용 능력으로만 국한되는 것이 아니라 이를 통해 입수하는 정보의 실제적인 가치 평가와 관련된 능력으로 직결됨으로써 지적인 차원에서의 정보 격차를 형성하는 데 영향을 미친다는 것이다(이승민, 2020).

현재의 정보환경은 빅데이터, 인공지능 등 새로운 개념과 기술이 등장하면서 계속해서 확장, 진화하고 있다. 이에 따라 기존의 정보 격차와는 다른 특성과 구조를 지닌 정보 격차가 발생하고 있으며, 이는 과거에 비해 더욱 심각한 사회적, 개인적 격차를 유발하는 상황을 초래할 수 있다. 따라서 정보 격차라는 부정적인 사회현상을 해결하기 위해서는 정보에 대한 접근성이나 정보활용 능력 제고를 위한 방안이 마련되어야 할 뿐만 아니라, 정보의 가치, 신뢰성을 확인할 수 있는 개인의 지적 성장을 위한 방안까지도 함께 고려해야 한다고 제언하였다(이승민, 2020).

위와 같은 논의의 연장선에서 데이터가 중요한 사회적 재원이 되는 현 시대의 문제에 대한 논의를 살펴볼 필요가 있다. 반다익(van Dijk, 2005)에 의하면 디지털 불평등이 물리적 접근이 완성된다고 해서 끝나는 것이 아니고 실제로 디지털 미디어의 이용이 일상생활에 통합될 때 디지털 불평등이 시작된다고 주장한다. 데이터 불평등도 데이터가 일상에서 편리함과 위험함으로 깊이 개입될 때 격차가 드러난다고 할 수 있다.

초기 디지털 격차연구는 디지털 미디어 하드웨어와 소프트웨어와 인터넷 연결과 같은 물리적 접근에 대한 것이었다. 이후 디지털 격차는 '접근을 넘어(beyond access)' 인터넷 이용의 질적 특성의 관점에서 다루어진다. 2단계 디지털 격차(second-level digital divide)는 자원동원이나 시민참여, 사회적 소속과 같은 사회적 이용(use)에 대해 다루며 이용 역량의 강화를 제기한다(Hargittai, 2002). 따라서 물리적 접근을 넘어 디지털의 이용과 활용에 적극적으로 참여하는 것이 불평등을 극복할 수 있다는 것이다.

구체적으로 살펴보면 반다익(van Dijk, 2005)은 먼저, 디지털 이용 시 필요한 기술의 소유권인 '물리적 접근'과 호의적인 태도인 '동기적 접근'을 구분한다. 물리적 접근의 격차는 자원의 불평등한 배분과 관련되어 있으며, 나이·성별·지능·성격·능력·사회적 지위 등으로 설명된다. 동기적 접근의 격차는 사람들이 기술이 자신 삶과 무관하다고 생각하거나(Dutton & Helsper, 2007; Selwyn, 2006), 부정적으로 인식할 경우 동기유발이 되지 않음으로써 접근이 되지 않는 격차이다. 두 번째 격차는 디지털 이용 능력에 대한 것이다. 물리적이고 동기적인 접근이 일반화되었다고 하더라도 효과적이고 효율적으로 사용하기 위한 필수적인 노하우(knowhow)가 없으면 불평등이 종결되지 않는다. 여기에서 노하우(knowhow)는 디지털 편익뿐만 아니라 디지털 위험으로부터 개인을 보호하는 것까지 포함한다. 두 번째 단계에서 디지털 기술이 끊임없이 변화하고 발전하고 있기 때문에 '운영'과 '공식' 기능뿐만 아니라 '정보화'와 '전략적' 지향성 기술에 대해서 주목해야 한다고 강조한다. 구체적으로 말해서 이는 정보를 찾고 평가하고 선택하고 특정 목표에 도달하기 위해 효과적으로 이용할 수 있음을 의미한다. 세 번째 격차는 활용에 대한 것이다. 활용은 주도적인 '참여'를 통해서 얻게 되는 욕구 충족과 편익을 의미한다. 반 듀어슨, 반다익와 헬스퍼(van Deursen, van Dijk & Helsper, 2014)는 활용 격차를 해소하는 것이 불평등 극복의 최종 단계라고 한다(김미경, 2020).

네트워크 효과로 강화되는 플랫폼 데이터 생태계에서는 '참여' 격차의 개념이 중요해지고 있다. 플랫폼에서 습관적으로 행해지는 활동의 종류, 이용 활동의 범위, 콘텐츠 생성 및 공유 등 '참여'에 따라 성과의 차이가 발생한다. 더욱 특권적인 사회경제적, 문화적 배경을 지닌 사용자들과 활용에 적극적으로 참여함으로써 불평등을 해소할 수 있다는 것이다. 데이터 참여의 격차는 경제적 측면과 비경제적 측면에서 성과의 차이를 발생시킨다. 경제적 측면에서 데이터 접근성이 있는 사람들은 제품을 사고파는 데 있어서 낮은 가격뿐만 아니라 인터넷을 통해 일자리를 쉽게 구한다. 정치적 입장을 개진하기 위해서 데이터 관여도를 높이고, 문화적 데이터 참여는 취향과 맞춤형의 혜택을 얻게 한다. 제도적 측면에서 공공데이터의 참여는 공공복지뿐만 아니라 다양한 공공서비스의 혜택을 얻게 한다. 비경제적 측면에서 데이터 참여격차는 사회적 자본과 신뢰와 평판의 성과 차이를 낳게 될 것이다.

이와 같은 논의를 통해 김미경(2020)은 플랫폼 데이터 생태계의 네트워크 효과로 인해 데이터 접근과 통제, 표현의 격차는 편익과 위험의 두 상반된 측면에서 성과와 불평등을 야기하기 때문에 데이터 주권 교육의 틀에서 데이터 리터러시 전략이 필요하다고 제안했다. 즉 데이터 접근과 활용 및 통제의 격차는 심화하고 있기에 이에 대한 규제와 리터러시 교육이 필요한 것이다(김미경, 2020).

한편 외국의 경우 도노휴 등(Tichenor, Donohue, Olien, 1975)은 후속 연구를 통해 지식 격차가 감소하거나 사라질 수 있는 몇 가지 요인을 탐색하기 시작했다. 지식과 다른 변인들 사이의 관계를 살펴보기 위해서 실시한 미네소타의 15개 지역 설문조사의 결과 분석을 근거로 연구자들은 다음과 같이 지식 격차가설을 수정하여 제시했다.

1. 지역 이슈와 관련해 인식할 수 있는 갈등이 존재하는 경우 지식 격차는 줄어드는 경향이 있다.
2. 비공식적이고 공통의 커뮤니케이션 채널이 존재하는 동질적 지역사회보다 다양한 정보원들이 이용되는 다원적 지역사회에서 지식 격차가 커지는 경향이 있다.
3. 이슈가 지역사회에 즉각적이고 강력한 영향을 줄 때 지식 격차는 줄어든다.

또한 제노바와 그린버그(Genova & Greenberg, 1981)도 지식 격차라는 것은 사회 경제적 지위 혹은 교육 수준과 같은 변인보다 수용자의 관심이라는 변인과 더 강하게 연결된다는 증거를 발견하였다. 이들은 응답자의 교육 수준보다는 두 개 유형의 관심에 대한 합산 측정이 응답자의 지식 수준을 더 잘 예측했고, 특히 사회적 관심이 지식획득과 더욱 밀접한 관계가 있음을 밝혀냈다.

펜과 맥클라우드(Pan & McLeod, 1991)는 지식 격차 가설의 바람직한 이론적 발전 방향에 대해서 다음과 같이 언급했다. 이들은 지식 격차 연구가 두 개의 서로 다른 수준에서 진행되었는데, 그 하나는 개인의 지식획득에 초점을 맞춘 미시적 혹은 개인적 수준의 연구이고, 다른 하나는 정보 통제와 지역사회 구조 및 권력, 계층, 구조 간의 관계성에 초점을 둔 거시적 혹은 사회적 수준에서 진행된 연구라고 보았다. 이들은 개인적 수준과 사회적 수준에서 각각 연구되는 변인들 사이에서 어떤 연결고리를 형성함으로써 이론의 확장을 도모해야 한다고 주장한다. 예를 들어 사회적 수준의 연구에서는 지역사회 갈등이 논쟁적 이슈의 뉴스 보도에 대한 편집자의 선택에 제한을 줄 수 있다고 말한다.

지식 격차에 관한 최근 연구는 지식 격차의 주요 원인으로 보이는 교육 수준, 사회, 경제적 지위, 관심 등과 지식 습득의 관계를 보다 분명히 했다. 전술했듯이 제노바와 그린버그(Genova & Greenberg, 1981)의 연구를 포함해서 몇몇 연구는 지식 습득에서 교육 수준보다 관심이 더 강력한 예측 변인임을 발견했다. 반면 이런 결과와 상반되게 그리핀(Griffin, 1990)은 에너지 정보에 관한 연구에서 덜 부유하고 고령이고 낡은 집에서 생활하는 사람들이 정보 결핍을 보이고 있음을 발견하였다. 이들은 에너지 소비와 관련된 정보를 습득하려는 동기가 부여되어 있었던 사람들이었다. 또한 암과 식습관 관계의 정보에 관한 연구에서 비스와나스, 칸, 피네건, 허터그 그리고 포터(Viswanath, Kahn, Finnegan, Hertog, Potter, 1993)도 지식 습득에서 교육 수준보다 동기화가 더 나은 예측 변인이라는 점을 발견하지 못했다. 대신 여러 변인과 함께 동기화, 교육 수준 변인이 지식수준에 영향을 줄 수 있다고 밝혔다.

더빈(Dervin, 1980)은 지식 격차 가설이 정보 제공자와 전송, 그리고 메시지 수신자라는 전통적 커뮤니케이션 패러다임에 근거하고 있음에 비판적 입장을 취했다. 기본적으로 이러한 패러다임은 정보 제공자의 목적

달성과 그 목적에 맞는 수신자 조작을 강조한다고 비판했다. 더빈은 커뮤니케이션 캠페인이 좀 더 이용자 위주로 될 필요성을 지적한다. 즉 건강 문제로 의사와 상담하는 것과 같이 미디어 이용자가 정말로 궁금해하고 필요로 하는 문제들에 대한 주의와 관심이 중요하다는 점을 강조했다. 그리고 에버트(Evatt, 1998)는 방법론적인 측면에서 연구자들이 서베이를 통해 검증하려는 정보가 조사 대상 수용자에게 유용하고 유관한 것이어야 된다고 주장했다. 즉 연구자들이 공공의 지식을 측정함에 개방형 질문을 더 많이 사용해야 한다는 것이다(세버린 · 탠카드, 2004, 351-358쪽).

평가 및 의의

초기의 지식 격차 가설은 한 사회 시스템으로 매스미디어 정보의 유입이 증가함에 따라서 사회경제적 위치가 높은 사람들이 그렇지 않은 사람들보다 더 빠르게 정보를 습득하는 경향이 있다는 것이다. 이러한 초기 가설 형성 이래 지식 격차 가설은 여러 가지 방법으로 정교화되고 확대되었다. 무엇보다 정보가 때때로 지식 격차를 넓히기도 하고 또 반대로 축소하기도 한다는 사실이 분명해졌다. 몇몇 연구는 이러한 과정에서 작용하는 핵심적 변인으로 관심 또는 동기임을 밝혀내기도 했다. 즉 만약 충분한 관심이 있고 특히 이러한 관심이 지역사회에 고르게 분포되어 있다면 정보는 지식 격차를 줄이는 데 도움을 줄 수 있다는 것이다.

커뮤니케이션 때문에 발생하게 되는 격차는 지식의 경우에만 국한되지 않는다. 그 격차는 태도나 행위와도 밀접히 관련되어 있다. 따라서 로저스(Rogers, 1976)는 이러한 현상이 지식 격차보다는 커뮤니케이션 효과

격차로서 재개념화될 필요가 있다고 주장하기도 했다. 지식 격차 가설은 높은 사회 경제적 지위에 있는 사람들과 낮은 사회 경제적 지위에 있는 사람들 사이, 즉 교육 수준만으로 측정된 것으로 제한될 필요는 없다는 것이다. 유의미한 차이는 정치에 관한 관심이 높은 사람과 낮은 사람 사이에서, 또 나이 많은 사람과 젊은 사람들 사이에서도 나타날 수 있기 때문이다(세버린 · 탠카드, 2004, 351-358쪽).

종합적으로 보면 지식 격차가설은 가설로서의 최소한의 존재 의미는 있는 것으로 보이나 정보의 유통과 개인적 수용과정에 매우 많은 중개 변인이 개입되어 지식 격차에 영향을 미치는 것으로 보아야 할 것이다. 그동안 연구 결과들도 상반된 결과를 보고하고 있다. 그러나 지식 격차를 유발하는 요인으로서 초기의 개인 차원에서의 사회경제적 변인 이외에 매체의 성격, 메시지, 관심(동기), 사회적 규모 등의 요인에 대한 검증이 지속해서 이루어지는 가운데 많은 재검증이 이루어진 것은 성과로 볼 수 있다.

또한 개인 차원이 아니라 거시적 차원에서 매우 많은 정보가 유통되는 정보과잉이자 폭발 상황에서도 정보 격차는 지속해서 발생할 수 있다는 점을 시사한다. 따라서 현대의 미디어 빅뱅과 다양한 플랫폼이 존재하는 상황에서도 정보 격차는 정보의 리터러시 능력에 따라 다르고, 사회경제적 지위 요인 이외에도 개인적인 정보의 필요성, 거주 지역, 메시지의 중요성, 이슈의 성격, 연령별로 지식 격차가 벌어질 가능성이 크기 때문에 이를 해소하기 위한 정책적 고려가 상당 부분 필요함을 역설하고 있다.

전문가들은 디지털 격차를 극복하지 못하면 계층 간의 갈등과 소득 격차가 더욱 심화하여 사회 안정을 해칠 수도 있다고 지적한다. 이와 관련하여 우리나라에서는 정보 격차에 따른 여러 사회적 문제를 해결하기 위해 '정보 격차 해소에 관한 법률'이 2001년 제정되었으며, 정보 격차 해소를 위한 전담 기관으로 '한국정보문화진흥원'이 설립되어 저소득층 가정, 장애인, 노령층, 다문화인 등의 정보화 촉진(促進)을 위해 노력 중이다(김경식, 2016).

이에 대한 일환으로 정보사회연구원(NIA)은 매년 정보 격차 수준에 대해 연차 보고서를 발행하고 있다. 2023년 전 국민과 4대 취약계층을 대상으로 디지털 정보화 접근 수준, 디지털 정보화 역량 수준, 디지털 정보화 활용 수준을 중심으로 정보 격차 수준에 대해 조사하였다. 디지털 종합격차는 접근·역량·활용 부문을 종합한 정보화 수준의 격차를 의미하고, 디지털 접근 격차 수준은 매체 환경의 융·복합화에 따른 정보 접근의 다면성을 고려하여 가구 내 유무선 초고속 인터넷 접속 여부 및 다양한 디바이스(스마트폰, 태블릿 보유여부 측정)를 의미한다. 디지털 역량격차 수준은 디지털 환경에서 다양한 가치 창출과 양질의 디지털 삶 영위에 필요한 정보역량 수준을 파악하기 위해 PC 및 모바일 스마트기기의 이용 능력(기본·심화 용도별 이용 기술 보유 여부)을 종합적으로 측정했다. 디지털 활용 격차 수준은 PC, 유무선 인터넷 이용 여부 및 모바일 스마트기기를 통한 인터넷 서비스 이용 다양성, 정보생산 공유 정도, 네트워킹 정도, 사회 경제활동 정도로 디지털 환경에서의 정보 활용 수준을 의미한다. 즉 이 조사에서는 3가지 수준을 다음과 같이 조작적으로 정의하고 조사하였다. 첫째, 디지털 정보화 접근 수준(유무선 정보 기기 보유 여부 가구, 인터넷 상시 접속 가능 여부), 둘째, 디지털 정보화 역량 수준(PC 이용 능력, 모바일 디지털기기 이용 능력), 셋째, 디지털 정보화 활용 수준 1) 유선 및 모바일 인터넷 이용 여부, 정보 뉴스 검색, 전자우편, 메신저, 교육, 영화, 음악, 전자책 등의 콘텐츠, 일반 블로그 운영, 마이크로 블로그 이용, 커뮤니티 서비스, 교통정보 및 지도, 제품구매 및 예약 예매, 금융서비스 뱅킹, 주식, 행정서비스 등 2) 인터넷 서비스 이용 다양성 3) 인터넷 심화 활용 정도(정보생산 및 공유, 네트워킹, 사회 참여, 경제활동).

주요 결과를 살펴보면 다음과 같다. 2023년 정보 취약계층(장애인 · 저소득층 · 농어민 고령층)의 종합적인 디지털 정보화 수준은 76.9%로 2022년 76.2%에서 0.7%p 상승한 것으로 나타났다. 디지털 정보화 접근 수준은 일반 국민의 디지털 정보화 접근 수준을 100으로 할 때 일반 국민 대비 4대 계층의 디지털 정보화 접근 수준을 의미한다.

부문별로 살펴보면, 첫째, 2023년 96.5%로 2022년 일반 국민 대비 4대 정보 취약계층의 종합 디지털 정보화 접근 수준은 전년 대비 0.5%p 상승했다. 계층별로는 고령층의 디지털 정보화 접근 수준이 95.3%로 가장 낮은 수준이며 농어민 97.0%, 장애인 98.0% 저소득층 99.3%의 순으로 저소득층이 가장 높았다.

둘째, 2023년 일반 국민 대비 4대 정보 취약계층의 종합 디지털 정보화 역량 수준은 65.1%로 전년 대비 0.6%p 상승했다. 계층별로 살펴보면 고령층의 디지털 정보화 역량 수준이 55.3%로 가장 낮으며 그다음으로 농어민 71.0%, 장애인 75.6%, 저소득층 93.0%의 순으로 나타났다.

셋째, 2023년 일반 국민 대비 4대 정보 취약계층의 종합 디지털 정보화 활용 수준은 79.0%로 2022년 대비 1.0%p 상승한 것으로 나타났다. 계층별로는 고령층의 디지털 정보화 활용 수준이 73.8%로 가장 낮으며 그다음으로 농어민 79.2%, 장애인 82.5%, 저소득층 97.4%의 순으로 낮게 나타났다(한국지능정보사회진흥원, 2023).

위의 결과가 함의하는 바는 우리나라의 경우 정보 격차는 전체적으로 볼 때 오히려 줄어들고 있다는 점이고, 소득수준과 같은 경제적 요인보다 연령과 직업이 가장 의미 있는 변수로 작용할 가능성이 높다는 점을 시사한다. 이 같은 결과는 한국의 특수한 상황일 수도 있지만 정보 격차를 줄이기 위한 거시 정책 방향 마련에 참고할 필요가 있다.

결론적으로 지식 격차가설은 초기의 인구 사회학적 요인 특히 경제적 요인에 의해 지식 격차를 설명하기 시작한 이후 후속 연구를 통해 기타 다른 요인들이 복합적으로 작용한다는 연구로 정교화되었다는 점은 긍정적이라 보인다. 그리고 정보사회의 발전에 따라 정보 격차는 여전히 존재할 수 있다는 점도 어느 정도 인정되고 특히 국가별, 집단별로 정보사회 인프라에 따라 차이가 존재하는 것으로 보인다. 향후 지식 격차가설은 기술주도 사회가 더 가속화됨에 따라 특히 정보 소외계층의 평등한 정보추구를 위해 다양하게 활용될 수 있을 것으로 전망된다.

참고문헌

강홍렬 · 차남경 · 강상현 · 김은미(2002.12). 『정보 격차의 사회경제적 함의』. 정보
   통신정책연구원.

김경식(2016). 디지털 격차를 아시나요? 2016.03.02. 에이블뉴스, https://www.
   ablenews.co.kr

김미경(2020). 플랫폼 데이터 생태계에서 데이터 격차: 디지털 불평등을 넘어. 〈커
   뮤니케이션 이론〉, 16(4), 5-45.

맥퀘일(2003). Mass Communication Theory 4th ed. Dennis McQuail, 『매스커뮤니
   케이션 이론』, 양승찬 · 강미은 · 도준호(역), 나남.

민영(2011). 인터넷 이용과 정보 격차: 접근, 활용, 참여를 중심으로. 〈언론정보연구〉,
   48(1), 150-187.

성욱준(2014). 스마트 시대의 정보 리터러시와 정보 격차에 관한 연구. 〈한국 사회
   와 행정연구〉, 25(2), 53-75.

세버린 · 탠카드(2004). Severin, Werner J; Tankard, James W, Communication
   theories : origins, methods, and uses in the mass media(2004). 『커뮤니케이
   션 이론』. 박천일 · 강형철 · 안민호 역, 나남출판, 2004.

오미영 · 정인숙(2006). 『커뮤니케이션 핵심 이론』. 커뮤니케이션북스.

이승민(2020). 정보 격차의 패러다임 전환과 지적 정보 격차. 〈한국도서관 · 정보학
   회지〉, 51(1), 91-114.

이원태 · 황용석 · 이현주 · 박남수 · 오주현(2011). 디지털 컨버전스 환경에서 정보
   격차 해소 및 미디어 리터러시 제고 방안 연구, 정보통신정책연구원.

진상기(2013). 한국 정보 격차의 시계열 변화 분석: 정보 격차지수를 중심으로. 〈한
   국지역정보화학회지〉, 16(3), 161-188.

최두진, 김지희(2004). 정보 격차 패러다임의 전환과 생산적 정보활용 방안. 정보 격
   차 이슈 리포트, 1(2), 1-41.

한국정보화진흥원(2007). 정보 격차해소 인식 제고를 위한 초중등 교육과정.

한국지능정보사회진흥원(2023). 『2023 디지털 정보 격차 실태조사』.

Dervin, B.(1980). Communication Gap and Inequities: Moving Toward a Reconceptualization, in B. Dervin & M, J. Voight(eds.), *Progress in Communication Sciences*, Vol.2, 73-112, Norwood, N.J.: Ablex.

Donohue, G., P. Tichenor & C. Olien.(1975). Mass Media and the Knowledge Gap: A Hypothesis Reconsidered. *Communication Research*, 2, 3-23.

Dutton, W. H., & Helsper, E. J.,(2007). Internet in Britain: 2007. Oxford Internet Surveys. University of Oxford.

Evatt, D.(1998). Measuring Public Knowledge Through Open-ended Questioning. *Southwestern Mass Communication Journal*, 14(1), 61-71.

Genova, B. & B, Greenberg.(1981). Interests in News and the Knowledge Gap, in B.C, Wilhoit & H. de Bock(eds,), *Mass Communication Review Yearbook*, Vol. 2, 494-506, Beverly Hills, Calif.: Sage.

Griffin, R.(1987). Energy, Education, and Media Use: A Panel Study of the Knowledge Gap, Paper Presented at the *Annual Meeting of the Communication Theory and Methodology Division, Association for Education in Journalism and Mass Communication*, San Antonio, Texas, August.

Gui, M., & Argentin, G.(2011). Digital Skills of Internet Natives: Different Forms of Digital Literacy in a Random Sample of Northern Italian High School Students. *New Media & Society*, 2(17), 1-18.

Hargittai, E.(2002). Second-Level Digital Divide: Differences in People's Online Skills. First Monday, 7(4). Retrieved from https://doi.org/10.5210/fm.v7i4.942.

Hilbert, M.(2011). The End Justifies the Definition: The Manifold Outlooks on the Digital Divide and Their Practical Usefulness for Policy-Making. *Telecommunications Policy*, 35(3), 715-736.

Houston, R. & Erdelez, S.(2004). The Digital Divide: Who Really Benefits from the Proposed Solutions for Closing the Gap. *Journal of Information Ethics*, Spring, 19-33.

Lee, S.(2016). Smart Divide: Paradigm Shift in Digital Divide in South Korea. *Journal of Librarianship and Information Science*, 48(3): 260-268.

Lee, H., Park, N., and Hwang, Y.(2015). A New Dimension of the Digital Divide: Exploring the Relationship between Broadband Connection, Smartphone Use and Communication Competence. *Telematics and Informatics*, 32, 45-56.

McLeod, D & E, Perse.(1994). Direct and Indirect Effects of Socioeconomic Status on Public Affairs Knowledge. *Journalism Quarterly*, 71, 433-442.

Molnar, S.(2002). Explanation Frame of the Digital Divide Issue. *Information Society*, 4, 102-118.

Naisbitt, J.(1982). Megatrends Ten New Directions Transforming Our Lives. New York: Warner Books.

Negroponte, N.(1996). Being Digital, Vintage. 「디지털이다」. 커뮤니케이션북스.

Organisation for Economic Co-Operation and Development(OECD).(2001). Understanding the Digital Divide. Paris: OECD Publications.

Pan, Z. & J, McLeod(1991). Multilevel Analysis in Mass Communication Research, *Communication Research*, 18, 140-173.

Park, E. & Lee, S.(2015). Multidimensionality: Redefining the Digital Divide in the Smartphone Era. *Info*, 17(2), 80-96.

Rogers, E.(1976). Communication and Development: The Passing of the Dominant Paradigm, *Communication Research*, 3, 213-240.

Schiller, H.(1996). *Information Inequality; the Deeping Social Crisis in America*. New York: Routledge.

Selwyn, N.(2006). Digital division or digital decision? A study of non-users and low-users of computers. *Poetics,* 34(4), 273-292.

Tichenor, P., Donohue, G., & C. Olien.(1970). Mass Media Flow and Differential Growth in Knowledge. *Public Opinion Quarterly,* 34, 159-170.

Toffler, A.(1980). *The Third Wave.* New York: Bantam Books.

Toffler, A.(1991). *Powershift: Knowledge, Wealth, and Violence at the Edge of the 21st Century.* New York: Bantam.

van Dijk, J.(2014). Datafication, dataism and dataveillance: Bigdata between scientific paradigm and ideology. *Surveillance & Society,* 12(2), 197-208.

van Dijk, Jan A. G. M.(2005). *The Deepening Divide: Inequality in the Information Society.* Thousand Oaks, CA: Sage.

van Dijk(2006). Digital Divide research, achievements and shortcomings, *POERICS* 34(4-5), 221-235.

van Deursen, Helsper, E.J. & Eyon, R.(2014). Development and validation of the internet skills scale. *Journal Information, Communication & Society.* 19, 804-823.

Viswanath, K., E, Kahn, R, Finnegan, J, Hertog, & J, Potter.(1993). Motivation and the Knowledge Gap: Effects of a Campaign to Reduce Diet-related Cancer Risk. *Communication Research,* 20, 546-563.

14장

·

미디어중독이론

이론 개요

어린 시절의 영향으로 독자적 인격체의 발전이 덜 될수록, 즉 내면적 자율성이 약할수록 심리적 상처를 더 크게 받기 쉽고, 그만큼 두려움을 억압하는 경우가 많아진다. 이 모든 경우에 두려움이라는 것이 사람의 진정한 욕구를 인지하지 못하게 방해하기 때문에 당사자는 하나의 대체물을 강박적으로 찾게 되는데 이것이 곧 중독이다. 즉 인간적 필요 또는 욕구 충족에 좌절한 사람이 대리 만족에 강박적으로 의존하는 병리적 행위를 의미한다.

모든 중독에는 세 가지 본질적 특성이 있다. 첫째, 일시적인 만족이라도 얻기 위해서 강박적으로 의존한다는 점이다. 잠깐의 만족을 얻기 위해 강박적으로 의존하는 것이다. 둘째, 중독이란 질병 역시 정체되어 있지 않고 역동적이다. 즉 중독자가 만족을 얻기 위해선 갈수록 그 물질이나 행위의 강도가 올라가야 한다. 셋째, 금단 증상이다. 중독 물질이나 중독 행위를 그쳤을 때 당사자는 극도의 불안감이나 허전함, 무기력 또는 손 떨림이나 불면증 같은 심신장애를 겪는다. 중독이 발생하는 심층적 원인은 두려움이다. 모든 중독 현상은 그 형태를 불문하고 당사자들에게 있어서 내적인 자율성이 결핍되었음을 알려주는 지표이다. 여기서 내적인 자율성이란 사람들이 그 어떤 상황이나 조건 속에서도 자기 내면의 느낌이나 욕구에 정직하게 반응하는 것이다. 이 내적인 자율성이 결여될 때 감당하기 어려운 두려움으로 인해 중독이 발생하게 된다. 그럼, 개인은 어떻게 해서 중독에 빠지게 되는가? 두려움을 있는 그대로 느끼며 정면 돌파하는지, 아니면 다양한 형태로 억압하는지에 따라 달라질 수 있다.

중독의 또 다른 특성은 대체물을 통해 욕구를 온전히 충족시키지 못할 뿐더러 진정한 욕구조차 제대로 인식하지 못함으로써 엉뚱한 결과로 이어진다. 즉 불충분하게 대체물을 소비했기 때문에 아직도 욕구가 덜 충족되었다고 보는 것이다. 그리하여 갈수록 더 많은 것을 추구하는 경향이 거의 모든 중독자의 삶을 규정짓는다. 만일 이 대리물이 더 이상 공급되지 않거나 갈수록 더 많고 더 센 것을 얻을 수 없을 때 중독자는 금단 증상을 느낀다. 손이 떨리거나 마음이 불안해진다. 우울증에 빠지거나 잠을 못 이룰 수도 있다. 식욕이 떨어지고 삶 자체가 공허해지기도 한다(강수돌·하이데, 2018, 19-23쪽).

새프와 패설의 『중독조직』이나 새프의 『중독사회』(1987)에서 제시된 바와 같이 모든 중독자나 조직들에서 발견이 가능한 중독 행위란 다음과 같은 패턴이 있다. 첫째, 중독이라는 병리적 상황 내지 현실의 실체를 부정한다. 두려움이나 공허감 같은 느낌도 숨긴다. 있는 그대로 보지 않고 자신이 보고 싶은 것만 보는 경향이 있다. 유체 이탈 화법을 쓰며 책임감을 회피하거나 두려움을 감추고자 과잉으로 분노하기도 한다. 둘째, 통제만능주의에 빠져 있다. 현실을 그대로 인정하지 않으니, 무력감을 느껴서 늘 상황을 조작하려 하는 경향이 있다. 거짓과 부정직함이 몸에 배어 있는 것이다. 셋째, 주변 사람들을 동반 중독자로 만들어 가며, 만일 주변인들이 이 역할을 거부하면 인신공격을 해서 추방하고 배제해 버린다. 비판이나 대안 등 쓴소리는 없는 것으로 무효화 하거나 활용 가치가 있는 경우 자기식으로 흡수한다. 넷째, 중독자가 자신의 권력을 유지하기 위해서라도 완벽주의 성향을 보인다. 늘 자신이 최고 내지 완전무결하다는 사실을 애써 증명하려고 한다. 자기중심성도 강하다. 다섯째, 세상 만물을 흑과 백으로 나눈 흑백 논리에 갇힌 사고방식을 보인다. 여섯째, 자신은 늘 강자와 약자 관계 속에서 권력자가 되려 하면서도 상투적으로 가해자와 피해자 구도를 설정하고 스스로 피해자 코스프레를 하기도 한다. 어떤 행위나 결과에 대한 책임은 늘 타자에게 있으며, 자신은 항상 피해만 보았다고 본다. 이들에겐 어떤 상황에서도 내면적 성찰은 부재하고 늘 다른 사람 내지 외적 요인 탓을 한다. 일곱째, 더 이상 자신의 책임을 회피하기 어렵게 되었을 때, 중독자들은 원래의 문제 자체를 정직하게 해결하기보다는 상황 자체를 비틀어서 대리만족 또는 보상 등 비본질적인 해법을 쓰거나, 아랫사람 중 특정인을 희생양으로 삼음으로써 꼬리자르기식 해법을 쓰기도 한다. 당장이 아니라 장래에 무엇을 하겠다며 공허한 약속으로 지연작전을 펴기도 한다. 이 7가지 중독 행위의 특성을 모든 중독자에게서 관찰할 수 있다(강수돌·하이데, 2018, 25-27쪽).

중독에 관한 연구들은 활발하게 이뤄지고 있지만 여전히 중독은 추상적인 개념이다. 중독이란 용어는 술, 마약과 같은 물질을 끊임없이 사용함으로 인해 물질에 생리적으로 의존된 상태를 뜻하며 그 결과 생리적 갈망, 금단, 내성이 나타나는 생태를 의미한다(APA, 2013). 과거 중독이란 표현은 알코올, 카페인, 니코틴 등과 같은 약물중독에 주로 적용되었으나 사회문화적 발달로 인해 신체적, 정신적으로 문제를 일으키는 행동과 관련된 문제를 포함하여 적용되기 시작하였다. 중독은 약물중독뿐 아니라 개인적, 사회적으로 문제가 계속 발생함에도 불구하고, 자기조절 능력을 상실하여 반복적으로 그 행위를 지속하는 것을 말한다(김교헌 · 최훈석, 2008).

중독에 대한 분류는 의학적 관점과 심리적 관점으로 구분되는데, 의학적 관점은 물질중독, 심리적 관점은 행위중독에 중점을 둔다. 먼저 의학적 관점에서 중독은 중금속이나 일산화탄소, 이산화황과 같은 유해 물질에 노출되어 신체가 마비되거나, 기능하지 못하여 신체가 해독할 수 없는 상태를 중독이라고 본다. 유해 물질은 독뿐 아니라 코카인, 각성제, 아편류, 진정제 등이 포함되며 이들에 대한 의존 역시 중독이라 판단한다(김교헌, 2002; 김교헌, 2007). 여기서 의미하는 중독은 의존하는 대상이 있고 특정 대상에 대해 충동조절장애가 있어 의도했던 것보다 많은 시간을 사용하고 그만하려는 노력에도 불구하고 지속해서 물질에 대한 의존을 벗어나지 못하는 현상으로 신체적, 정신적으로 해가 되는 것을 알지만 의존을 지속하는 행위를 뜻한다. 심리적 중독은 개인적, 사회적으로 여러 가지 부정적인 영향을 주기 때문에 이를 그만두려 하지만 통제력을 잃고 반복적으로 하는 행위로 정의된다. 이는 심리적 변화 때문에 반복적으로 하는 행위를 멈추지 못해 중독에 이르는 것으로 중독에 이르는 과정을 심리적 변화에 초점을 맞추고 있다.

중독은 탐닉하는 대상에 따라 물질중독과 행위중독으로 구분된다(김교헌, 2007; 박상규, 2009; Young, 1996). 물질중독을 DSM-V(APA, 2013)는 물질 관련 장애(substance-related disorders)로 명명하고 주요한 물질 관련 문제에도 불구하고 지속해서 물질을 사용하여 인지적, 행위적, 신체적 증상 증후군이 있는 것으로 설명하였다. 행위중독은 비물질 장애로 구분되며 특정한 행동에 대해 의존성, 내성, 금단 등으로 부정적 결과에도 지속해서 몰입하여 통제력을 잃고 심리적, 사회적, 신체적 의존이 나타나는 것이라고 정의하였다. 이러한 행위중독은 심리적 변화에 따른 지나친 행동에 따라 도박, 섭식, 인터넷, 쇼핑, 일 등의 중독을 일으키게 된다(Goldberg, 1996; Griffith, 1999; Young, 1996).

한편 인터넷 중독 연구는 골드버그(Goldberg, 1996)가 인터넷 중독을 '인터넷 중독 장애(Internet Addiction Disorder; IAD)로 명명하면서 시작되었다. 골드버그(Goldberg, 1996)는 Diagnostic and Statistical Manual of Mental Disorders, 4th edition(DSM-IV)을 근거로,' 인터넷 중독 장애(IAD: internet addiction disorder)'라는 용어를 처음 사용하였으며 인터넷 중독의 개념을 병리적이고 강박적인 심리적 의존 상태로 정의하여 인터넷을 이용하지 못하면 불안하고 초조하며, 반복적 사용을 통해 만족을 느낀다고 주장하였다.

영(Young, 1996)은 처음에는 인터넷 과다 사용의 속성을 물질중독으로 보았으나 인터넷에 대한 과도한 사용이 물질 중독과는 다르다는 점을 받아들여 인터넷 중독 진단 척도를 보완하였다. 더 나아가 인터넷 중독 개념과 그 증상, 결과에 관해서도 연구를 진행하였다. 그는 인터넷 중독을

'과도한 인터넷 사용(excessive internet use)'으로 명명하면서 DSM-IV의 '충동조절장애' 내 '병적 도박'을 기준으로 하여 진단 기준을 바탕으로 다음과 같이 제시하였다. 인터넷을 사용하고자 하는 강박적 사용과 집착, 스스로 이용을 조절하지 못하여 충동조절장애가 나타나고 부정적인 결과가 나타남에도 불구하고 습관적으로 미디어를 사용하는 상태로 정의하였다. 구체적으로 절제되지 못한 인터넷 사용, 강박적인 인터넷 사용 등을 인터넷 중독 기준으로 보고 '병리적 인터넷'이라는 용어를 사용해 진단하였다(전소현, 2018).

이후 그리피스(Griffiths, 1999)는 골드버그(Goldberg, 1996)와 영(Young, 1996)이 연구한 개념에 인터넷 중독 요인을 추가로 제시하여 기존 미디어 중독을 특정 행동에 대한 행위중독으로 보고 사용량이 증가하고 미디어 사용에 내성이 생기며, 미디어를 이용하지 못하게 되는 경우 불안, 초조를 경험하면서 일상생활에 문제를 주는 행위라고 정의하였다. 알코올뿐 아니라 도박, 인터넷 등 인간의 모든 활동이 중독될 수 있다고 주장하며, 인터넷 중독 하위 요인을 집착, 긍정적 감정, 내성, 금단, 일상생활 장애 등으로 설명하였다. 이처럼 인터넷 중독은 물질이 개입되지 않은 중독이며 미디어 중독은 행위중독의 관점에서 논의된다(전소현, 2018).

검증과 발전

중독이란 일반적으로 스스로 쾌락을 얻기 위해 반복적으로 특정한 물질, 활동에 지나치게 몰입하는 행동을 의미하며, 그 어떤 다른 것도 중독적 물질, 활동을 대체할 수 없어 내성, 금단 증상, 일상생활의 장애가 유발된다. 중독은 크게 행동중독과 물질중독으로 구분할 수 있다. 과거에는 마약과 알코올을 중심으로 한 물질중독이 주를 이루었다면, 최근에는 인터넷과 게임, 쇼핑, 도박, 스마트폰 등 행동중독의 심각성이 대두되고 있다(김용학, 2005, 최민정, 2000).

스마트폰은 인터넷과 휴대폰의 기능을 동시에 가지고 있어, 인터넷 중독과 휴대폰 중독이 결합한 중독의 혼합 형태로 생각해 볼 수 있다(정진영, 하정희, 2013). 사회적으로 주목받던 '온라인 게임 중독'과 '인터넷 중독'이 이제는 스마트폰 속으로 옮겨 오면서 '스마트폰 중독'으로 진화하고 있다(박용민, 2011). 사회경제적 손실을 초래하던 인터넷 중독이 스마트폰이라는 더욱 편리하고 복합적인 기기로 이동하면서 새로운 중독 현상을 초래하고 있다.

Goldberg(1996)의 인터넷 중독 진단 기준을 바탕으로, 김보연(2011)은 스마트폰 중독을 다음과 같이 정의하였다. 첫째, 의존이란 심리적으로 의존하는 상태로, 스마트폰을 사용할 수 없을 때 우울, 불안감을 느끼게 되어 결국 습관적으로 스마트폰을 사용하게 되는 것을 말한다. 둘째, 내성이란 스마트폰 사용 시간을 점점 더 늘려야 만족하게 되는 것을 의미한다. 셋째, 초조 불안이란 스마트폰 사용을 중단하거나 제약을 받게 되었을 경우 정서적으로 불안, 초조해지는 것을 말한다. 즉 스마트폰에 대한 강박적 사고, 환상으로 인해 스마트폰을 소지하고 있지 않을 때도 전화, 문자, SNS 등의 연락을 기대하거나 초조해지는 상태를 뜻한다.

한국정보화진흥원(2011)에서는 인터넷 중독과 휴대폰 중독을 비교하여 스마트폰 중독 개념을 제시한 바 있다. 인터넷 중독과 스마트폰 중독에는 공통으로 금단, 내성, 가상 세계 지향성, 일상생활 장애가 포함된다.

먼저 금단은 스마트폰을 과다하게 사용하며 그렇지 못할 경우에는 불안, 초조함을 느끼는 현상이다. 두 번째로, 내성은 스마트폰 과다 사용이 습관화되어 많이 사용해도 만족감을 느끼지 못하는 것이다. 세 번째로, 가상 세계 지향성은 현실에서 가족이나 친구들과 함께 있는 것보다는 스마트폰을 통해 가상 세계에서 소통하는 것이 더 자연스러운 상태를 의미한다. 마지막으로, 일상생활 장애는 자신의 스마트폰 과다 사용을 인식했음에도 사용 시간을 줄이려는 시도에 실패하거나, 학업 또는 직장생활의 과업을 수행하지 못해 자신과 주변 사람들이 피해를 보거나 갈등을 일으키는 것이다.

청소년은 스마트폰 중독에 더욱 취약하고 중독 위험성이 큰 것으로 예상될 뿐만 아니라, 실제로 다른 연령대에 비해 확연히 높은 비율을 차지하고 있고 그 비중도 증가하고 있다. 이러한 실태는 성인보다 청소년의 자기 통제력이 취약한 것을 반영하며, 스마트폰에 중독될 위험성이 높다는 것을 시사한다. 청소년들이 사용하는 스마트폰의 SNS, 정보검색과 공유 기능은 순기능적인 측면이지만, 스마트폰의 과도한 사용으로 인한 일상생활에서의 장애, 중독 등의 역기능적인 모습도 함께 보여 주고 있다. 대표적인 역기능적 측면으로는 스마트폰 게임중독으로 인한 온라인 머니 과다 결제, 학업능력 저하, 수면 부족, 부정적 정서의 심화, 언어파괴, 대인관계의 어려움을 들 수 있다. 또한 청소년의 스마트폰 과다 사용으로 인한 전자파 노출은 호르몬 분비에 이상을 일으켜 추후 성인이 된 이후 중년 시기에 알츠하이머병을 유발할 수 있다고 알려져 있다(박지선, 2011).

1. 선택이론

Glasser(1998)의 선택이론에 따르면, 인간은 내부 통제에 의한 스스로의 선택으로 자신이 처한 상황에서 최선의 해결책을 찾아 나가는 능동적인 존재이다. 인간 행동의 원인과 방법에 관해 설명하는 선택이론은 인간이 기본적인 다섯 가지 욕구인 생존, 소속, 힘, 자유, 즐거움에 따라 삶을 영위한다고 설명한다. 이러한 기본 욕구들이 충족되지 않을 때, 때로는 우울, 공격성, 중독적 성향 등의 비합리적인 대안이 선택될 가능성이 있다. 인터넷 중독과 관련된 변인을 선택이론의 관점에서 바라본 연구(김동현 외, 2011)에 의하면, 청소년들이 사이버공간을 스트레스 해소와 외로움 해소, 욕구 충족의 수단으로 활용하고 있는 것으로 보고되었다.

2. 몰입이론

일반적으로 '몰입(flow)'이란 어떤 활동에 깊이 빠져 있을 때 느끼는 의식상태를 의미한다(Csikszentmihalyi, 1990). 몰입상태에서 인간은 모든 신체 기관과 의식의 초점을 한 가지에 집중하고, 그 과정에서 쾌락과 자기충족감을 느끼게 된다. '몰입(flow)' 개념의 기원은 예술가, 과학자와 같이 창조적이면서 높은 수준의 성취를 이룬 사람들이 자기 일을 부차적인 도구나 수단으로 삼기보다는 그 자체에서 본질적인 즐거움을 발견하여 일을 한다는 것을 발견한 것에서 출발하였다(Csikszentmihalyi, 1965).

몰입 현상은 그것이 촉진되는 조건과 그 상태에서 경험하는 현상으로 구분되며, 9가지의 특징이 있다. 먼저 몰입상태가 촉진되는 조건으로는 ① 과제의 난이도가 개인의 기술과 능력 수준에 적절하고, ② 뚜렷한 목표가 있으며, ③ 피드백이 분명하고 즉각적으로 주어질 때 몰입상태가 촉진된다. 한편 몰입상태에서 한 개인이 경험하는 현상으로는 ④ 행동과 자각이 분리되지 않고 통합되며, ⑤ 자신과 과제에 대해 통제감과 자신감을 느끼고, ⑥ 자의식이 저하로 사라져서 과제 수행에 두려움이 크게 감소하고 자기 경계가 넓어지며, ⑦ 과제에 대한 집중력이 증가하고, ⑧ 시간의 흐름이 빠르게 느껴지며, 마지막으로 ⑨ 활동 자체가 목적을 가지게 되는 자기 목적적인 특징을 띠게 된다(Csikszentmihalyi, 1990; 김창대, 2002).

최초의 몰입 현상에 관한 연구는 대양 항해, 산악 등반, 서양장기, 글쓰기 등 다양한 레저 활동 경험의 질적 분석에서부터 시작되었으나 (Csikszentmihalyi, 1969; Csikszentmihalyi, 1975, Larson, 1988; Macbeth, 1988), 점차 연구의 적용 범위를 넓히면서 학업, 일, 운전, 식사 시간, TV 보기, 담소, 온라인 게임 중독 등 일상적인 영역에서의 경험에 대해서도 질적 분석이 시도되어 왔다(Csikszentmihalyi, 1997; 김양은, 2007). 이와 같은 다양한 몰입 현상에 관한 연구에 의하면, 사람들은 서로 다른 문화, 사회적 지위, 연령, 성을 가졌음에도 불구하고, 어떤 레저 활동 또는 일상적인 활동에 깊이 몰입한 경험의 특징에 관하여 기술하는 내용은 매우 유사하다고 보고하였다(Allison & Duncan, 1988; Han, 1988; Sato, 1988).

3. 정체성 이론

개인은 사회 속에서 여러 가지의 역할을 하는 만큼 다수의 역할 정체성을 갖는다. 예를 들어, 가정에서는 부모와 자식, 형제, 자매로서의 역할, 학교에서는 교사와 학생, 친구로서의 역할, 사회에서는 직장인, 종교인, 어떤 모임의 일원, 지역주민으로서 등의 역할 정체성이 한 개인의 자아를 구성하고 있다. 정체성 이론에 따르면 역할 정체성의 순위는 역할 관계에서의 '관여(commitment)'로부터 정해진다. 사람들은 이러한 관여를 통해 사회적 지위나 유대감, 친밀감을 형성함으로써 이익을 보거나 반대의 경우에는 사회적으로 위축되거나 불편함, 박탈감을 느끼는 등의 손해를 볼 수 있다. 특정 역할에 높은 정도로 관여하는 사람은 여러 역할 정체성 중 그 역할과 관련한 역할 정체성이 높은 순위에 자리 잡게 될 것으로 추측할 수 있다. 만일 어떤 역할에서 사회적, 심리적으로 얻는 것이 없거나 불만족스럽다면 그 사람은 그 역할에 더 이상 투자하거나 관여하지 않게 되며, 결국 그 역할과 관련된 역할 정체성의 순위도 낮아지게 된다(이성식 · 전신현, 2004).

Stryker와 Serpe(1994)는 대학생을 대상으로 한 연구에서, 학생으로서의 정체성을 가질 경우 많은 시간을 공부에 투자하고, 교과과정 이외의 동아리, 모임 활동인의 정체성을 가질 경우 그 활동에 더 많은 시간을 투자한다는 것을 밝혔다. 이와 같이 한 개인에게 어떠한 역할 정체성의 순위가 형성될 경우 자아는 그것을 구성하는 여러 역할 정체성 중 순위가 높은 역할 정체성과 일치하게 행동할 가능성이 높아진다는 것이다(이성식 · 전신현, 2004).

정체성 이론은 다양한 중독 현상에도 적용해 볼 수 있다. 특히 스마트폰은 휴대폰 기능과 인터넷 기능, 게임, SNS 등을 동시에 할 수 있는 멀티미디어기기로 중독의 원인이 다양할 뿐만 아니라 중독 가능성도 높다. 그리고 청소년들은 현실에서 가정의 구성원, 학생으로서의 정체성보다 인터넷 커뮤니티 또는 SNS, 게임 속 캐릭터 등 가상적인 새로운 역할의 정체성을 더 선호함으로써 스마트폰에 더욱 몰두하게 된다. 친구들과의 SNS 소통자로서, 특정 앱의 이용자로서, 온라인 채팅방의 멤버로서, 쇼핑몰의 구매자로서, 게임의 같은 팀 파트너 혹은 적으로서, 유명 커뮤니티의 구성원 또는 임원으로서, 많은 사람이 보는 글 또는 그림의 독자 혹은 창작자로서의 정체성이 현실에서의 정체성보다 높게 형성된다. 이 경우 청소년들은 가족, 친구, 학업, 여가 활동에 보내는 시간보다 스마트폰을 사용하면서 보내는 시간이 증가할 것이며, 중독적으로 이용할 가능성이 높을 것으로 예상할 수 있다.

김성벽(2005)의 연구에서는 웹 미디어를 통한 커뮤니케이션 환경은 인간 경험의 변화를 불러오며, 특히 중독적으로 이용할 경우 현실에서의 경험 축소를 초래하여 개인의 자아정체성 인식에 부정적인 영향을 미치게 된다고 주장하였다.

청소년들의 스마트폰 중독은 현실에서 실패한 자아의 확증을 위해 대안적인 사회공간인 스마트폰(앱, 인터넷)을 통해 새로운 역할 정체성을 찾아 나서는 것으로 이해할 수 있다. 즉, 학업성적의 부진 또는 또래 관계의 악화로 현실에 적응하지 못하거나 역할 갈등을 겪는 청소년들이 더 이상 현실에서의 역할에 관여하지 않고 새로운 역할을 통해 삶의 의미를 찾는 과정에서 스마트폰 중독이 발생한다고 예측할 수 있다. 현실공간보다는 가상 세계에 관여하는 비중이 늘어나고 그곳의 일원으로 기능하면서 다양한 여가 활동과 대인관계를 통해 새로운 자아정체성이 확립되어 그에 일관적으로 행동하는 과정에서 중독이 발생한다고 추측해 볼 수 있다(진미령, 2016).

그 밖에 스마트폰 중독과 관련하여 많은 연구가 애착 외상, 자기 존중감, 자기통제, 우울감 등 중독의 원인을 밝혀 왔다. 이 중에서 진미령(2016)은 자기 도피 이론을 스마트폰 중독에 적용하여 다양한 변인과 경로를 분석하였다. 연구 결과 스마트폰 중독 수준은 모든 변인(애착 외상, 자아존중감, 우울, 자기 통제감)과 유의미한 정적, 부적 상관관계를 나타냈으며, 이중 청소년의 스마트폰 중독에 가장 크게 영향을 미치는 요인은 자기 통제감인 것으로 밝혀졌다. 마지막으로 경로분석으로 도피이론 모형을 검증한 결과, 자아존중감이 낮을수록 우울한 정서를 유발했으며, 이러한 원인이 자기 통제감을 저하하여 스마트폰 중독에 이르게 한다고 보았다.

또한 부정적 정서와 부정적 자기 인식은 각각 개별 요인으로서 스마트폰 중독에 영향을 미친다기보다는 서로가 동시적으로 상호작용함으로써 중독으로 이끌고 있다고 보았다. 따라서 한 가지의 특정 요인만으로 스마트폰 중독을 설명하기 어렵고, 이러한 복합적인 특징은 자살, 성도착, 다양한 중독 행동 등 자기 파괴적 행동들을 설명하는 데 적용될 수 있다고 보고했다(진미령, 2016).

한편 SNS 중독과 관련한 연구로, 정소영과 김복남(2014)은 Griffiths과 Davies(2005)의 연구에서 제시된 중독의 6가지 구성요소(기분 전환, 현저성, 내성, 재발, 갈등, 금단 증상)에 근거하여 일상생활에 지장을 줄 정도로 SNS에 몰입하고 과도하게 사용하는 것을 SNS 중독 경향성(SNS Addiction Proneness)으로 정의하였다. SNS 중독과 성인 애착을 다룬 선행 연구에서는 성인 애착과 SNS 중독 경향성은 유의미한 관계가 있는 것으로 확인되었다. Cai(2011)의 중국 대학생을 대상으로 한 연구에서 성인 애착과 인터넷 중독에 미치는 영향에서 사회불안의 매개효과를 확인하였다. 또한 성인 애착을 두 차원으로 나누어 애착 회피와 애착불안이 높을수록 SNS 중독 경향성이 높아진다는 것을 발견했다(강상희, 김현숙, 2021; 송병준, 2017; 이현정, 2019; 하태희, 2016).

기존 연구의 대부분은 SNS 중독 경향성의 하위 유형인 페이스북 중독을 측정하는 척도로 사용되었다는 점에서 SNS 중독 경향을 제대로 측정하지 못한 경우가 있다(Griffiths, 2012). 선행 연구에 따라 SNS 중독 경향을 측정하는 척도로는 Bergen 페이스북 중독 척도(Bergen Facebook Addiction Scale: BFAS; Andreassen, Torsheim, Brunborg, & Pallesen, 2012), Young(1998)의 인터넷 중독척도를 SNS용으로 수정한 척도, 페이스북 침습 척도(Facebook Intrusion Questionnaire: FIQ; Elphinston & Noller, 2011) 등이 있으며 Charlton과 Danforth(2007)가 개발한 온라인 게임 중독척도를 수정하여 사용한 경우도 있었다(Turel & Serenko, 2012). 이 중 BFAS는 Griffths 및 Davies(2005)의 중독 구성요소 모델에 기반하여 개발된, 심리 측정으로 가장 타당하게 사용되었다.

SNS 중독은 인터넷 중독과 유사한 현상이기는 하지만, 신개념이라 이에 대한 정의는 아직 명확하게 이루어지지 않았으며, 연구자에 따라 SNS 몰입(김형수, 2014; 최예나, 황하성, 2016), SNS 과다 사용(최한나, 임숙희, 김교헌, 2013) 등의 명칭을 사용하고 있다. 서경현, 조성현(2013)과 정소영(2014)은 이러한 문제점을 지적하면서 'SNS 중독 경향성'이라는 용어를 제안하였으며 SNS 중독 경향성이란 온라인상의 대인관계에 과도하게 집착하는 모습을 보이며 내성과 금단 증상이 발생하고 삶에 막대한 지장을 주는 것으로 정의하였다(Zhang, 2022).

선행 연구들에 따르면 SNS 중독 경향성이 높을수록 외로움과 우울감이 높았고, 대인관계에서의 만족감과 주관적인 행복감이 낮아지는 것으로 나타났으며(오윤경, 2012; Satici, 2019), SNS를 중독적으로 사용할수록 개인의 수면 질이 떨어지며(Luo & Hu, 2021) 결국 인지기능 저하를 야기할 수 있고(Xanidis & Brignell, 2016) 자기 확인 동기와 사회불안이 높아 사회 부적응을 거치며(유현숙, 2013) SNS 중독에서 초래된 사회비교를 통해 열등감을 유발할 수 있기도 했다(Ji, 2021). Liu(2020)는 중국 대학생의 소외에 대한 두려움(Fear of Missing Out: FoMO)이 높을수록 SNS 중독 경향성이 증가한 것으로 나타났다고 보고하였다. 또한 송혜진과 오세연(2013)의 연구에서는 SNS를 과도하게 이용함으로써 사람들과의 의사소통이 부족하게 되어 현실의 대인관계에서 소외된다고 밝혀졌다.

종합하면 SNS 중독 경향성과 관련된 국내외 연구는 크게 네 가지 방향으로 전개되었다. 첫째, SNS 중독 경향성과 관련된 부정적인 심리 변인을 검증하거나, 둘째, SNS 중독 경향성과 관련된 동기를 확인하고, 셋째, SNS 중독 경향성과 관련된 성격적 특성을 검증하며, 넷째, 뇌신경 영상 기술을 활용하여 SNS 사용과 관련된 뇌의 보상회로를 확인하는 것을 들 수 있다(이국화, 2019; Schou Andreassen & Pallesen, 2014; Kuss & Griffiths, 2011).

소셜 미디어 사용에 관한 기존 연구 대부분은 개인의 미디어 사용 동기, 심리적 요인 및 성격 특성과 같은 요인이 소셜 미디어에 미치는 영향에 초점을 맞춰 왔다. 반면 소셜 미디어 플랫폼의 정보 기술 중 틱톡 이용의 중독 요인을 연구한 최근 연구를 살펴보면 다음과 같다.

연구 결과 첫째, 개인적 요인은 대학생의 틱톡 중독 성향에 미친다는 것이 밝혀졌다. 개인적 요인의 하위 요인에서 지식 및 정보 확장, 오락 요구, 자기표현의 정도에 따라 틱톡 중독 수준에 차이를 보였다. 그중에 지식 및 정보 확장은 틱톡 중독에 정적인 영향을 미치지 않았다. 이러한 결과는 모바일 소셜 미디어 중독에 관한 연구에서 공통으로 발견되는 결과이다. 오락이나 자기표현을 위해 틱톡을 사용하는 이용자와 달리, 지식 및 정보 확장을 위해 틱톡을 사용하는 이용자는 목표 지향적인 경향이 있으며, 원하는 정보를 얻은 후에는 틱톡 사용을 중단하는 경우가 많다. 따라서 이용자는 정보 확장 동기로 틱톡을 중독적으로 사용하지 않는 경향이 있다. 반면 오락 요구는 틱톡 중독에 정적인 영향을 미친 것으로 나타났다. 틱톡을 사용하는 대학생들의 핵심 요인은 자기표현과 오락 요구이며, 이는 틱톡의 핵심 속성인 오락과도 일치한다는 것을 알 수 있다. 그러나 이러한 속성은 이용자의 저급한 흥미를 충족시키는 동시에 대학생들을 과도한 엔터테인먼트 미디어 환경에 빠져들게 하여 궁극적으로 중독사용 행동으로 이어지는 부정적 요인이다.

둘째, 사회적 요인은 대학생의 틱톡 중독 성향에 미친다는 것이 밝혀졌다. 사회적 요인의 하위 요인에서는 친구 지향성, 포모(FOMO: fear of missing out)의 정도에 따라 틱톡 중독 수준에 차이를 보였다. 포모는 소외당할 것 같은 기분 때문에 타인의 상황이나 정보에 민감해지고, 불안함이 만연해진 상태를 의미한다(Przybylski et al., 2013). 포모를 경험하면 다른 사람들의 행동이나 상태를 따라잡지 못하고 좋은 기회를 놓칠 수 있다는 불안감, 소외감, 상대적 박탈감을 느끼게 되고, 자신이 사회적 경험에서 제외될지 모른다는 두려움으로 인해 강박적으로 걱정에 빠져든다(Abel et al., 2016; Alt, 2015).

원래 포모는 2000년에 마케팅 전략가인 댄 허먼(Dan Herman)이 제품의 공급량을 일부러 줄여 매진 임박, 한정 수량과 같은 전략으로 제품의 공급량을 줄여 소비자가 항상 부족함과 조급함을 느끼고 희소성의 가치를 부여하는 마케팅 방법으로 알려진 개념이다. 원래 포모는 경영학에서 출발한 개념인 포모의 병리적인 부분을 주목하는 연구들이 발표되었고, 그 심각성에 대한 논의가 이루어지게 되었다(Przybylski et al., 2013). 또한 모임이 끝날 때까지 자리를 뜨지 않거나 사교 모임에 많이 나가고, 모임이나 행사 초청을 거절하지 않으려는 뜻으로 쓰이기도 한다. 동료나 주변의 친한 사람들이 나보다 무언가를 더 많이 하고 있거나, 무언가에 대해서 잘 알고 있다고 느껴질 때 자신은 그 집단에서 소외되거나 다른 사람들이 알고 있는 무언가를 놓칠 수 있다는 두려움을 느끼는 감정이나 인식을 '포모'라고 정의할 수 있다(Bjergegaard & Jordan, 2014). 포모는 개인이 어떤 경험을 하지 않을 때 다른 사람들은 더 멋진 경험을 할 것이라는 전반적인 우려와 함께, 다른 사람들이 하는 것과 지속해서 연결되고 싶어 하는 욕망으로 특징지을 수 있다. 이 과정에서 타인들의 행동을 자신이 따라잡지 못하고 좋은 기회를 놓치고 있다는 불안함, 소외감, 박탈감 등 부정적인 정서를 느끼게 되는 것이다(Abel J.P. et al., 2016; 김선정 & 김태용, 2012). 높은 수준의 포모를 경험한 사람은 사회적인 상호작용에서 멀어지지 않기 위해 타인과 지속해서 연결되고자 하며(Przybylski et al., 2013), 부정적인 정서 상태에서 벗어나기 위해 SNS를 사용하게 된다(Fox & Moreland, 2015).

이를 뒷받침하는 연구로 틱톡 중독에 영향을 주는 요인에 대한 오추유(2024)의 연구에서는 무엇보다 사회적인 요인이 중독에 가장 큰 영향을 미치는 것으로 나타났다. 틱톡에서 친구들과 교류하고, 재미있는 콘텐츠를 보면 공유하고, 직접 동영상을 보내 관심을 받고자 하는 대학생들의 심리를 충족시킬 수 있다. 대학생들의 틱톡 사용에는 차이가 있지만, 유행을 선도하는 제품으로서 틱톡은 매년 점점 더 많은 소셜 활동을 만들어내고 있다. 제품으로서 매년 많은 인기 "밈"을 생산하고 있으며 틱톡에는 다양한 서클이 있는 것으로 나타났다. 틱톡에는 대화 및 채팅을 통해 친구를 사귈 수 있는 다양한 서클이 있고 대학생들의 사회적 욕구를 충족시켜 준다.

셋째, 매체적 요인도 대학생의 틱톡 중독 성향에 미친다는 것이 밝혀졌다. 매체적 요인의 하위 요인에서 용이성, 편리성, 서비스 다양성, 추천 서비스, 양방향성의 정도에 따라 틱톡 중독 수준에 차이를 보였다. 그중에 편리성, 추천서비스, 양방향성은 틱톡 중독에 정적인 영향을 미친 것으로 나타났다(오추유, 2024).

평가 및 의의

원래 의생물학 분야에서 주로 논의되던 중독 관련 논의는 사회과학분야에서도 게임물에 대한 사회적 폐해와 함께 관심이 높아졌다. 이후 인터넷과 SNS의 폭발적 이용 그리고 스마트폰 대중화에 따라 더욱 관심이 증가하고 있다. 중독이론은 독립적인 이론이라기보다는 중독이라는 결과를 설명하기 위해 다양한 사회과학적 이론을 넘나들기 때문에 기본적으로 융합적인 성격을 가진다. 예를 들어 기존의 인지심리학, 자기 결정성 관련 이론, 계획 행동이론, 선택이론, 몰입이론, 정체성 이론, 해석 수준 이론, 도피이론 등을 적용하여 중독이라는 결과를 초래하는 다양한 변인(주로 개인의 미디어 사용 동기, 심리적 요인 및 성격 특성과 같은 요인)에 대한 분석에서 시작되었지만, 점차 미디어 중독에 영향을 주는 사회적 요인과 매체 특성적 요인으로 확장되었다.

종합적인 멀티미디어로서 스마트폰을 비롯한 스마트 미디어가 개인 및 사회적 차원에서 필수 불가결한 역할을 담당함에 따라 이에 대한 의존이 심각해지면서 커뮤니케이션 및 미디어학 분야에서 중독이론은 더욱 큰 외연 확장이 예상된다. 따라서 중독의 원인과 예방 그리고 치유를 위해 중독이론의 활용성이나 중요성도 높아질 것으로 보인다.

참고문헌

강상휘, 김현숙(2021). 대학생의 불안정 성인 애착과 SNS 중독 경향성과의 관계에
　　서 사회불안의 매개효과: 성별에 따른 다중집단분석. 〈수산해양교육연구〉,
　　33(1), 123-136.

강수돌 · 하이데(2018). 『중독의 시대』. 개마고원.

김교헌(2002). 심리학적 관점에서 본 중독. 〈한국심리학회지〉, 7권 2호, 159-179.

김교헌(2006). 중독과 자기조절: 인지신경과학적 접근. 〈한국심리학회지〉, 11권 2
　　호, 106-118.

김교헌 · 최훈석(2008). 인터넷 게임중독: 자기조절 모형. 〈한국심리학회지〉, 13권 3
　　호, 551-569.

김동현, 남숙경, 이상민(2011). 선택이론의 관점에서 바라본 인터넷 중독 관련 변인
　　연구. 〈교육방법연구〉, 23(1), 63-75.

김보연(2012). 고등학생의 인터넷 게임 중독 및 스마트폰 중독과 수면 부족 및 스트
　　레스와의 관계. 삼육대학교 석사학위논문.

김선정 · 김태용(2012). SNS 콘텐츠의 감성이 사용자의 감정상태에 미치는 영향: 페
　　이스북 뉴스피드를 중심으로. 〈사이버커뮤니케이션학보〉, 29(1), 5-47

김성벽(2005). 웹 미디어의 중독적 이용 경험과 개인의 자아정체성에 관한 연구. 〈한
　　국언론정보학보〉, 28, 7-41.

김양은 · 박상호(2007). 온라인 게임 이용이 게임 몰입 및 중독에 미치는 영향에 관
　　한 연구. 〈한국언론학보〉, 51(1), 355-377.

김용학(2005). 인터넷 시대의 사회적 위험. 21세기 한국 메가트렌드 시리즈. 정보통
　　신정책연구원. Vol. 2005.

김창대(2002). 몰입(Flow) 이론을 적용한 진로상담 모형. 〈청소년상담연구〉, 10(1),
　　5-30.

김형수(2014). 대학생들의 대인관계 지향성과 SNS 몰입 간의 관계에서 사회불안의

매개효과. 〈인간이해〉, 35(2), 11-26.

박상규(2009). 『중독의 이해와 상담 실제』. 서울: 학지사.

박용민(2011). 성인들의 스마트폰 중독과 정신건강에 관한 연구. 상지대학교 평화
안보 · 상담 심리대학원 석사학위논문.

박지선(2011). 청소년 및 대학생의 스마트폰 중독 경향성에 영향을 미치는 관련 변
인. 단국대학교 대학원 석사학위논문.

서경현 · 조성현(2013). SNS 중독 경향성 관련 요인 탐색: 내현적 자기애, 자기 제시
동기 및 소외감을 중심으로. 〈한국심리학회지: 건강〉, 18(1), 239-250.

송병준(2017). 대학생의 성인 애착과 자아 탄력성이 SNS 중독 경향성에 미치는 영
향. 석사학위논문. 명지대학교.

앤 W, 새프(2016). 『중독사회』(2016). 강수돌 역, 이상북스.

앤 W, 새프 & 다이앤 패설(1988). 『중독조직: 조직은 어떻게 우리를 속이고 병들게
하는가?』, 강수돌 역, 이후.

오윤경(2012). SNS 중독 경향성과 외로움, 우울, 대인관계, 사회적 지지의 관계. 석
사학위논문. 한국상담대학원대학교.

오추유(2024). 짧은 동영상 중독에 영향을 미치는 요인에 관한 연구. 박사학위논문,
동명대학교.

유현숙(2013). 사회불안 및 페이스북 이용 동기가 SNS 중독과 페이스북 이용에 따
른 심리적 문제에 미치는 영향. 석사학위논문. 가톨릭대학교.

이국화(2019). 자기대상 경험과 SNS 중독 경향성 간 관계: 자기애와 FoMO(Fear of
Missing Out)의 매개효과. 석사학위논문. 울산대학교.

이서영(2018). 마음 챙김에 기초한 인지치료가 신체 자각과 자기개념 명확성에 미
치는 효과. 석사학위논문. 영남대학교.

이성식, 전신현(2004). 청소년들의 자아 증진 동기로서 인터넷 공간에의 관여, 정체
성 형성과 인터넷 중독: 정체성 이론의 적용. 〈한국 청소년 연구〉, 39 · 40,
27-5.

이현정(2019). 대학생의 성인 애착 유형과 SNS 중독 경향성의 관계: 거부 민감성의

조절 효과. 석사학위논문. 국민대학교.

전소현(2018). 청소년 스마트폰 중독 예측 요인과 예방 요인. 박사학위논문. 중앙대
학교.

정소영(2014). 대학생용 SNS 중독 경향성 척도 개발 및 타당화 연구. 석사학위논문.
서울여자대학교.

정소영, 김종남(2014). 대학생용 SNS 중독 경향성 척도 개발 및 타당화 연구. 〈한국
심리학회지: 건강〉, 19(1), 147-166.

정서영(2016). 대학생의 생활스트레스와 인터넷 중독의 관계에서 불확실성에 대한
인내력 부족과 정서 인식 명확성의 매개효과. 석사학위논문. 서울여자대학교.

정진영, 하정희(2013). 일상적 스트레스와 정서 표현이 초등학교 고학년 학생들의
스마트폰 중독에 미치는 영향. 〈가족과 상담〉, 3(1), 61-77.

진미령(2016). 애착 외상, 자아존중감, 우울, 자기 통제력이 청소년의 스마트폰 중
독에 미치는 영향: '도피이론(Escape Theory)' 모형을 중심으로. 석사학위논문.
한동대학교.

최민정(2000). 인터넷 중독적 사용과 우울감, 자기효능감 및 감각 추구 성향의 관계.
중앙대학교 대학원 석사학위논문.

최예나, 황하성(2016). SNS 이용자의 성격이 SNS 이용유형과 SNS 몰입에 미치는
영향에 관한 연구: 페이스북을 중심으로. 〈인터넷정보학회논문지〉, 17(3),
95-106.

최한나, 임숙희, 김교헌(2013). 소극적 대처가 여대생의 SNS 과다 사용에 미치는 영
향: 외로움의 매개효과. 한국심리학회 학술대회 자료집, 2013(1), 437-437.

하태희(2016). 대학생의 자기효능감 및 애착이 SNS 중독 경향성에 미치는 영향.
〈한국데이터정보과학회지〉, 27(3), 763-772.

한국정보화진흥원(2011). 2010년 인터넷 중독 실태조사.

한국정보화진흥원(2011). 스마트폰 중독 진단 척도 개발 연구.

Zhang, J.(2022). 중국 대학생의 성인 애착과 SNS 중독 경향성 간의 관계에서 정서
인식 명확성과 자기개념 명확성의 매개효과. 이화여자대학교 석사학위 논문.

Abel, J. P. & Buff, C. L. & Burr, S. A.(2016). Social Media and the Fear of Missing Out: Scale Development and Assessment. *Journal of Business & Economics Research*(JBER), 14(1), 33-44.

Alt, D.(2015). College students' academic motivation, media engage ment and fear of missing out. *Computers in Human Behavior*, 49, 111-119.

Allison, M. T., & Duncan, M. C.(1988). *Women, work, and flow.* New York: Cambridge University Press. 118-137.

American Psychiatric Association(2013). Diagnostic and statistical manual of mental disorders, 5th edition(DSM-V). *American Psychiatric Publish.* 권준수 역 (2015). 〈DSM-5 정신질환 진단 및 통계편람〉, 서울: 학지사.

Bjergegaard, M, & Jordan, M.(2014). *Winning without losing: 66 strategies for building a wildly successful business while living a happy and balanced life.* London: Pinetribe,

Cai, R. L.(2011). A Study on the Relationship between Adult Attachment, Social Anxiety and Internet Addiction Tendency of College Students. Guangxi Normal University. master degree thesis.

Charlton, J. P., & Danforth, I. D. W.(2007). Distinguishing addiction and high engagement in the context of online game playing. *Computers in Human Behavior*, 23(3), 1531-1548.

Csikszentmihalyi, M.(1965). Artistic problems and their solutions: An exploration of creativity in the arts. Doctoral dissertation, University of Chicago, Committee on Human Development.

Csikszentmihalyi, M.(1969). *The Americanization of rock climbing.* University of Chicago Magazine, 61(6), 20-27.

Csikszentmihalyi, M.(1975). *Beyond boredom and anxiety.* The Jossey-Bass behavioral science series.

Csikszentmihalyi, M.(1990). *Flow: The psychology of optimal experience.* New York :

Harper & Row.

Csikszentmihalyi, M. (1997). *Finding flow: The psychology of engagement with everyday life*. Basic Books.

Fox, J., & Moreland, J. J (2015). The dark side of social networking sites: An exploration of the relational and psychological stressors associated with Facebook use and affordances. *Computers in Human Behavior*, 45, 168-176

Glasser, W. (1976). *Positive addiction*. New York: Harper & Row.

Glasser, W. (1998). *Choice theory*. New York: Harper Perennial.

Goldberg, I. (1996). Internet addiction. electronic message posted to research discussion list. World Wide Web. Retrieved from http://www.emhc.com/mlists/research.html.

Griffiths, M. D. (2012). Facebook addiction: concerns, criticism, and recommendations— a response to Andreassen and colleagues. *Psychological Reports*, 110(2), 518-520.

Griffths, M., & Davies, M. N. (2005). Does Video Game Addiction Exist. *Handbook of Computer Game Studies*, 359-372.

Han, S. (1988). *The relationship between life satisfaction and flow in elderly Korean immigrants*. 138-149. New York: Cambridge University Press.

Kuss, D. J., & Griffiths, M. D. (2011). Online social networking and addiction–a review of the psychological literature. *International Journal of Environmental Research and Public Health*, 8(9), 3528-3552.

Larson, R. (1988). *Flow and writing*. 150-171. New York: Cambridge University Press.

Luo, X., & Hu, C. N. (2021). The mediating effect of loneliness in the relationship between sleep problems and mobile social media dependence of Chinese university students. *Chinese Journal of Health Psychology*, 5, 776-781.

Liu, Y. (2020). Use motivation, loss anxiety and social media addiction: a comparative study between normal society and crisis situation. *News and Writing*, 10, 57-67.

Macbeth, J.(1988). *Ocean cruising*, 214-231. New York: Cambridge University Press.

Przybylski, A. & Murayama, K. & DeHaan, C. R. & Gladwell, V.(2013). Motivational, emotional, and behavioral correlates of fear of missing out. *Computers in Human Behavior*, 29, 1841-1848.

Satici, S. A.(2019). Facebook addiction and subjective well-being: A study of the mediating role of shyness and loneliness. *International Journal of Mental Health and Addiction*, 17(1), 41-55.

Sato, I.(1988). *Bosozoku: Flow in Japanese motorcycle gangs*. New York: Cambridge University Press. 92-117.

Schou Andreassen, C., & Pallesen, S.(2014). Social network site addiction-an overview. *Current Pharmaceutical Design*, 20(25), 4053-4061.

Stryker, S., & Serpe, R. T.(1994). Identity salience and psychologicalcentrality: Equivalent, overlapping, or complementary concepts?. *Social psychology quarterly*, 57(1), 16-35.

Turel, O., & Serenko, A.(2012). The benefits and dangers of enjoyment with social networking websites. *European Journal of Information Systems*, 21(5), 512-528.

Xanidis, N., & Brignell, C. M.(2016). The association between the use of social network sites, sleep quality and cognitive function during the day. *Computers in Human Behavior*, 55, 121-126.

Young, K. S.(1998). *Caught in the Net: How to Recognize the Signs of Internet Addiction--and a Winning Strategy for Recovery*. John Wiley & Sons.

15장

·

미디어결정 이론

이론 개요

마셜 맥루한(Marshall McLuhan)은 캐나다 대학에서 영문학 교수로 강단에 선 뒤부터 미디어 이론가 및 문화비평가로 변신하기 시작하며 1955년 미국 교육방송협회 미디어 프로젝트 주임을 지내고, 1963년에는 토론토 대학 문화기술연구소 소장으로 취임해 1980년까지 활동했다. 1964년 "미디어는 메시지다"라는 명제로 널리 유명해진 저서 『미디어의 이해』를 출간한다. 그는 이 저서를 통해 "미디어는 인간의 확장"이라는 견해를 밝히며 '금세기 최고의 미디어 이론가'라는 찬사부터 '바보상자(TV)의 전도사'라는 평가에 이르기까지 다양한 평가를 들어왔다.

맥루한은 그의 저서를 통해 미디어를 '메시지'로 규정하며, 미디어를 통해 하나로 결합한 '지구촌'을 예견했고, 이는 오늘날 인터넷을 통해 가능해지고 있으므로 1960년대보다 더 설득력 있게 받아들여지고 있다.

환경으로서의 미디어 연구의 선구자인 해럴드 이니스(Harold Innis)는 커뮤니케이션 기술의 혁신이 사회 변화의 원천이라고 보았다. 그러나 기술혁신에 관한 그의 입장은 대체로 비관적이었다. 그는 기술의 발전에 따른 역작용으로 말미암아 커뮤니케이션의 독점 현상이 나타나고 궁극적으로는 문화적 유산을 파괴하는 억압적 권력으로 작용할 것이라고 내다봤다.

그러나 같은 캐나다인으로서 이니스의 영향을 받기도 한 마셜 맥루한의 입장은 상반된다. 맥루한은 기술의 발전을 통한 전자 과학기술이 세계를 하나의 지구촌으로 만들고 인류를 인쇄 시대의 세계에서 해방시킬 것이라고 본 것이다. 그런데 맥루한의 이러한 낙관적 기술결정론은 기술의 발전으로 더 나은 사회가 올 것이라는 순진한 발언은 아니었다. 그의 낙관론은 호소력 짙은 경고도 품고 있기 때문이다.

1. 미디어는 인간 신체의 확장

맥루한은 19세기 중반 전신의 발명으로 전자매체의 시대가 열리고 복수의 감각을 요구하는 텔레비전의 발명과 보급을 통해 인간의 감각 균형을 다시 회복시킬 것이라고 내다봤다. 이러한 '예언적' 선언은 보통 그 반대의 과정까지도 내포하게 마련이다. 인간의 감각 가운데 시각보다 더 강렬한 것은 없다. 또한 시각은 객관성마저 담보하는 것으로 느껴지게 한다. 그래서 시각의 강조는 인간의 수동성을 더 강화한다. 즉 시각적 정보의 의존성이 높아진다는 것이다. 맥루한은 전자매체의 시대가 열림으로써 16세기 인쇄술의 발명으로 시각에 종속된 인간이 겨우 벗어날 수 있었다고 말한다. 그리고 또다시 과거로 돌아가는 것을 경계한 것이다.

맥루한은 다양한 미디어의 발달이 커뮤니케이션을 위한 인간 감각의 확장이라고 보았다. 책은 눈의 확장이며, 바퀴는 다리의 확장, 옷은 피부의 확장이고, 전자회로는 중추신경의 확장이다. 인류가 살아왔던 각각의 시대는 그 시대마다 인간이 미디어를 통해서 입수하는 정보 형태에 따라 다르게 형성되었다. 그래서 맥루한은 미디어가 인간의 감각 형태를 변화시킨다고 말한다. 이는 미디어가 삶을 규정하게 된다는 것을 의미한다. 그래서 매체의 변화는 인간의 삶을 전혀 다른 방향으로 전환시킨다. 인간이 전기를 만들고 활용하면서부터 공간과 시간에 대한 경험이 완전히 바뀌었고, 인간은 비행기를 타고 음속을 돌파함으로써 소리를 앞질러 가게 되었다. 메시지(정보)가 메신저(전달자)를 따라잡게 되는 것이다.

또한 공간에 대한 변화도 일어났는데, 여행은 영화 보러 가는 것이나 잡지의 페이지를 넘기는 것과 조금도 다를 바가 없게 되었기 때문이다. 우리의 세계는 이미 미디어를 통해 미리 만나본 적이 있는 것들을 모아 놓은 일종의 박물관이 되어버렸기 때문이라고 말한다. 우리의 세계관은 이제 '지구화'된 것이다. 맥루한은 인류를 이기적으로 정의된 이해관계, 카스트, 민족, 그리고 정서의 지역성으로 분할한 것이 인쇄의 문법이었지만, 전자 커뮤니케이션의 통합적인 네트워크는 인류에게 다시 에덴동산과 같은 천국의 기쁨을 되돌려줄 것이라고 주장했다.

그러나 그가 황색 저널리즘을 "좋은 뉴스를 파는 나쁜 뉴스"라고 지적한 것은 인류가 에덴동산의 기쁨을 되돌려 받기에는 여전히 머나멀다는 것을 느끼게 한다. 좋은 뉴스(광고)는 쿨 미디어를 가장한 핫미디어다. 그리고 이를 팔기 위한 나쁜 뉴스(사건, 사고, 각종 재난과 전쟁 등)를 보여 준다. 맥루한에 따르면 텔레비전의 시청은 파편화된 메시지를 수용자가 능동적으로 상상을 해야 하고 그래서 쿨 미디어이다. 그러나 미국의 '카나리아 감시단'의 조사에 따르면, 심리학자 가운데 많은 이들이 광고 분야로 뛰어든다. 이는 좋은 뉴스인 '광고'를 통한 '수익' 때문이고, 사람들의 능동적 반응을 가장한 수동적 행위를 이끌기 위함이다. "미디어가 메시지다."라는 시각에서 볼 때 우리의 삶을 둘러싼 매체는 우리의 사회를 구성하고, 또 우리의 세계관을 새롭게 이끈다. 매체에 대한 비판적 관심을 끊지 말아야 하는 이유이기도 하다(김현진, 2020).

2. 미디어는 메시지다

미디어가 메시지라는 주장은 어떤 미디어의 개인적, 사회적 성과들이 우리 자신의 확장물이나 어떤 새로운 기술에 의해 인간사에 등장하게 된 새로운 척도에서 생겨난 것들이라는 것을 의미한다. 예를 들면 자동화와 함께 등장한 새로운 유형의 인간적 유대들은 사실 여러 가지 직무를 없애는 경향이 있다. 이것은 부정적인 결과이다. 그러나 긍정적으로 보면 자동화는 사람들에게 여러 가지 새로운 역할을 만들어 준다. 즉, 전 시대의 기계 기술이 파괴했던 인간적 유대를 복원하고, 일에 대한 심도 있는 관여를 가능하게 해주는 것이다.

많은 사람은 기계 자체가 아니라 기계를 가지고 한 일이 기계의 의미나 메시지라고 말하곤 한다. 기계가 우리의 상호 관계와 우리가 자기 자신과 맺는 관계를 바꿔나간 방식들이라는 점에서 볼 때, 그것이 콘플레이크인가 캐딜락인가는 전혀 문제가 되지 않았다. 인간의 일과 유대를 개조하는 일은 기계 기술의 본질인 세분화의 기술에 의해 이루어진 것이다. 그러나 자동화 기술의 본질은 정반대다. 기계가 인간의 관계들을 유형화하는 데 있어 단편적이고 중앙집중적이고 피상적이었던 반면에, 자동화 기술은 근본적으로 통합적이고 탈중앙집중적이다.

전깃불의 경우를 살펴보면 그 점을 보다 분명하게 알 수 있다. 전깃불은 순수한 정보이다. 말하자면 전깃불은 어떤 선전 문구나 이름을 나타내는 데 사용하지 않는 한 메시지가 없는 미디어이다. 모든 미디어의 특징인 이런 사실은 모든 미디어의 내용이 언제나 또 다른 미디어임을 의미한다. 말이 쓰인 것은 인쇄의 내용이며, 다시 인쇄는 전보의 내용이다. '말하는 것의 내용은 무엇인가?'라는 질문을 받게 될 경우, 우리는 반드시 그것은 실제적인 사고 과정이며 그 과정 자체는 비언어적이라고 답하게 된다. 추상화는 창조적 사고 과정들을 직접 재현한 것이다. 이런 과정들은 컴퓨터 디자인에서도 똑같이 나타날지 모른다. 그러나 여기서 우리가 고찰하고 있는 것은 디자인이나 유형들이 기존의 과정들을 증폭시키거나 가속했을 경우 초래할 정신적, 사회적 결과들이다. 왜냐하면 어떤 미디어나 기술의 메시지는 결국 미디어나 기술이 인간사에 가져다줄 규모나 속도 혹은 유형의 변화이기 때문이다.

예를 들면 철도는 이동, 수송, 바퀴, 길 등을 인간 사회에 가져오지는 않았다. 그러나 철도는 그것이 등장하기 전까지 있던 각종 기능의 규모를 가속화하고 확대하여 완전히 새로운 종류의 도시들과 노동과 여가 생활을 창출해 냈다. 이런 일은 철도의 가설 지역이 적도 지대나 한대 지대이냐와는 무관하게 일어났으며, '철도라는 미디어가 운반하는 화물이나 내용이 무엇인가?'와도 관계없는 일이었다. 다른 한편 어디에 사용되든

비행기는 수송을 가속함으로써 철도에 바탕을 둔 도시, 정치, 공동체 등을 해소하려 하고 있다.

헬레니즘 시기인 기원전 1세기에 알렉산드리아의 헤론(Heron)이 발명한 것들은 소방펌프, 제트엔진, 수압식 오르간, 압축공기로 작동하는 투석기 등 놀라운 것들이었다. 그러나 이것들 가운데 이용된 것들도 그 시기에만 쓰였을 뿐 또 다른 발전으로 이어지지는 않았다. 이는 당시의 풍족한 노동력 때문이기도 하겠지만 당시의 순환적 세계관의 영향도 컸을 것이다. 이러한 세계관이 지속적 발전이라는 직선적 세계관으로 바뀐 것은 16~17세기의 과학혁명에 의해서였다. 이제 자연은 과학의 힘을 빌려 가공할 수 있는 것으로 여겨졌고 그것이 오늘날의 세계관을 이루었다. 과학의 발전이 세계관을 이루었다는 것은 이제 과학의 발견/발명이 새로움을 드러내는 목소리, 즉 미디어가 되었다는 것이다.

초기 기계 기술의 발전은 인간을 단편화했다. 부품을 만드는 사람과 그것을 조립하는 사람은 각자의 영역으로 분리되어 있었다. 그러나 이러한 영역의 분리가 작업의 효율을 떨어뜨린다는 판단 아래 새로이 조직된 것이 벨트를 도입한 일관 작업방식인 포디즘(fordism)의 등장이다. 그러나 오늘날의 자동화 기술은 개인이 여러 대의 기계를 다룬다. CNC(컴퓨터 수치 제어)를 사용한 기계는 한 번의 프로그램으로 혼자서 여러 대의 기계를 다룰 수가 있다. 곧 전기가 정보이다. 이 정보에 담긴 것이 무엇이건 전기 그 자체는 단지 순수한 정보이다. 그러나 그것이 움직이는 것은 '메시지'이다. 기차와 비행기의 등장은 거리의 개념을 극적으로 줄여놓았다. 인터넷의 등장은 공간의 개념을 새롭게 정립했다. 언론매체의 등장으로 지금의 우리는 '공동의 사회'라는 개념을 갖게 된 것이다.

전깃불의 문제로 되돌아가 보자. 그 빛이 뇌수술을 위해 사용되느냐 아니면 야간의 야구 경기를 위해 사용되느냐는 중요하지 않다. 전깃불이 없으면 뇌수술이나 야간 경기를 할 수 없다고 할 때 뇌수술이나 야간 경기가 전깃불의 내용이라는 주장이 제기될 수도 있겠다. 그러나 이 같은 사실은 '미디어가 메시지다'라는 주장을 뒷받침한다. 왜냐하면 인간의 행위와 결사의 규모와 형태를 형성하고 제어하는 것이 바로 미디어이기 때문이다. 그런데 이런 미디어의 내용이나 용도가 너무 다양해서 인간이 결사의 형태를 갖추는 데 전혀 힘을 발휘하지 못하는 경우도 있다. 실제로 우리는 다름 아닌 미디어의 내용 때문에 그 미디어의 성격을 파악하는 데 방해를 받기도 한다.

전깃불은 내용을 갖고 있지 않다는 바로 그 점 때문에 커뮤니케이션의 미디어로 주목받지 못하고 있다. 이는 사람들이 어떻게 해서 미디어를 제대로 연구하지 못하게 되는지를 단적으로 보여주는 사례이다. 왜냐하면 전깃불은(네온사인 등에서처럼) 어떤 브랜드 이름을 나타내는 데 사용되고 나서야 비로소 하나의 미디어로 주목받고 있기 때문이다. 여기서 주목받고 있는 것은 전깃불이 아니라 내용이다. 전깃불의 메시지는 산업에서의 전력 메시지와 마찬가지로 매우 철저하고 광범위하며, 탈집중적(혹은 분산적)이다. 왜냐하면 전깃불과 전력은 용도 면에서는 서로 다를 수 있지만, 인간의 결사에서 시간적, 공간적 요인들은 제거한다는 공통점을 갖기 때문이다. 이런 점에서 그것들은 심도 있는 관여를 창출해 내는 라디오, 전보, 전화, 텔레비전 등과 같다.

미디어는 "인간의 행위와 결사의 규모와 형태를 형성하고 제어"한다. 그리고 이와 같은 미디어는 매우 다양하다. 인간의 행위를 묶어줄 수 있는 것은 모두 미디어이다. 자신이 관여하는 일의 종류를 안다는 것은 그것을 설명할 수 있다는 것이다. 만약 어떤 회사가 '비누'를 만들어 판다고 했을 때, 그 비누는 비누 본래의 목적에 충실하면 됐다. 이때의 비누는 그저 세탁제의 하나일 뿐이다. 그런데 20세기에 들어서 이 비누에 메시지를 부여하기 시작한다. 세탁물의 뽀송뽀송함은 풍요로운 삶과 겹치게 되는 것이다. 바로 비누에 상표가 부여되고 이 상표는 메시지를 담게 되는 것이다. 고형 세제의 명사는 '비누'이지만 이제 이 비누는 '어떤(내용)' 비누인가가 중요해진다. 마찬가지로 전깃불 역시 그것이 어떤 내용을 담고 있는가가 중요해진다. "빛의 마술"이라는 필름 영화는 텔레비전으로 변화하여 가정으로 파고들었다. 텔레비전은 관객을 불러 모을 필요 없이 하나의 영상으로 개별화되어 있는 시청자 개개인에게 전파된다. 즉 하나의 사안에 전혀 연관이 없는 사람들을 동시에 모이게 하는 것이다. 이런 면에서『미디어의 이해』는 전혀 새로운 것이었다. 사람들이 사회를 구성하고 그것을 통해서 문화를 쌓고 발전을 이루는 것이 아니라, '미디어'라는 매체가 인간과 그들의 세계관을 규정된다는 주장이다(김현진, 2020).

3. 핫미디어, 쿨 미디어

먼저 맥루한은 미디어(Media)를 '핫(hot)미디어'와 '쿨(cool) 미디어'로 나눈다. 한 가지 감각에만 의존하게 하는 매체를 '핫미디어'라고 규정하며, 여러 감각의 활용을 끌어내어 상대방으로 하여금 참여도를 높일 수 있게 하는 미디어를 '쿨 미디어'로 규정한다. 인쇄의 시대가 지나고 전자매체 시대가 열린 20세기에 핫미디어는 라디오나 영화처럼 일방적인 것을 말하고, 텔레비전이나 전화처럼 상대방의 반응을 유도하는 것을 쿨 미디어라고 말한다. 맥루한은 인간의 다섯 가지 감각 중 시각의 패권화를 경계했다. 그에 따르면 원시 부족 시대에 인간은 오감의 조화를 이뤄 감각의 균형을 유지하고 있었지만, 알파벳처럼 시각적으로 고도로 추상화된 인쇄 문자의 발명은 시각 중심의 사회를 구성하게 되었다고 보았다.

맥루한은 『미디어의 이해(understanding media)』에서 미디어를 핫미디어와 쿨 미디어로 구분했는데, 이는 정보량의 차이에 따라 나뉘는 것이다. 텔레비전과 전화, 만화 등은 겉으로 드러난 정보량이 많지 않아 사람들의 높은 참여를 요구하기 때문에 쿨 미디어로, 영화나 인쇄물 등은 정보량이 높아 사람을 수동적으로 이끌기 때문에 핫미디어로 구분한다.

즉 핫미디어를 단일 감각을 고밀도(高密度, high definition)로 확장하는 미디어로, 그리고 쿨 미디어를 복합 감각을 저밀도(低密度, low definition)로 확장하는 미디어로 보았다. 여기서 밀도가 높다는 고밀도란 의미는 데이터가 가득 찬 상태를 말하며, 밀도가 낮다는 저밀도란 그 반대의 경우를 말한다. 따라서 고밀도로 데이터가 구성되는 핫미디어의 경우 커뮤니케이션 하는 상대방이 텍스트의 의미에 대해 채워 넣거나 완성해야 할게 별로 없다. 반면 저밀도로 데이터가 구성되는 쿨 미디어의 경우 커뮤니케이션 하는 상대방이 텍스트의 의미에 대해 채워 넣거나 완성해야 할게 상대적으로 많다. 이에 핫미디어를 통해 텍스트를 전달받는 이용자는 텍스트의 새로운 의미구성에 있어 참여도(participation)가 낮을 수밖에 없고, 쿨 미디어를 통해 텍스트를 전달받는 이용자는 텍스트의 새로운 의미구성에 있어 참여도가 높을 수밖에 없다(장문정, 2019).

맥루한은 전자매체의 발전이 사람을 능동적이며 오감을 모두 활용할 수 있는 쿨 미디어의 세계로 이끌 것으로 생각했다. 그리고 쿨 미디어와 핫미디어를 구분하는 기본원칙인 정세도(精細度, definition)와 참여도의 기준은 상대적이다. 이는 동시대의 매체를 비교할 때만 성립하는 것이기도 하다. 문자 시대의 문자 중에서도 한자의 표의(表意)문자는 쿨 미디어이며 알파벳과 같은 표음(表音)문자는 핫미디어로 구별한다. 여기서 '정세도'는 명확하고 선명하게 알 수 있는 것을 말한다. 한자와 달리 알파벳은 그 뜻을 명확히 한다. 그러므로 사람들의 참여는 낮은 대신 하나의 시각만이 고도로 발달하는 '핫'의 시대를 맞이하게 되고 이를 가능하게 한 게 인쇄술이다.

나아가서 맥루한은 이를 문화적인 영역으로 넓혀 서구인이 동양적인 요소에 향수를 느끼고, 원시적인 음악에 영향을 받고, 전위적인 예술이 서구에서 인기를 끄는 이유를 인쇄 문명의 퇴조와 함께 텔레비전과 같은 전자문명의 출현에 의한 것이라고 주장했다. 이러한 면에서 그는 이후의 시대를 낙관적으로 봤지만, 또 "좋은 뉴스를 파는 나쁜 뉴스"라는 지적을 통해서 쿨 미디어의 핫미디어로의 전환을 경계했음도 분명하다.

영화 〈비디오 드롬〉은 이를 극단적으로 그려낸다. 앞서 살펴보았듯이 맥루한은 미디어를 '인간의 연장(Extention of Man)'으로 개념화했다. 책, 자동차, 전구, 텔레비전, 옷, 라디오 등 무엇이든 인간의 신체 또는 활동의 영역과 밀접하게 관련된 것은 모두 미디어로 볼 수 있다는 것이다. 이는 미디어를 인간 기능의 확장으로 보는 것이다. 영화는 이를 극단적으로 밀고 나가 현실과 환상의 경계를 지워버림으로써 미디어가 인간을 지배한 사회를 그린다. 인간은 비디오라는 핫미디어에 지배당하고, 이를 경고하는 미디어 전문가는 이미 비디오 자체로 그려진다. 결국 주인공은 자살을 선택하고 자신을 총으로 쏘는데 터지는 것은 텔레비전 브라운관이며 거기서 육체의 조각들이 튀어나온다. 미디어에 종속된 인간을 종말을 말하는 것이다. 맥루한의 낙관론 이면에는 이러한 쿨 미디어에서 핫 미디어로의 전환을 통한 인간 자체가 미디어에 종속되는 극단적인 상황까지도 담겨있다.

더군다나 뉴스 보도는 계몽적인 목적을 가지고 사건들을 배열한다. 어떤 객관성을 담보하고 있다고 은근히 드러내는 이러한 구성은 맥루한이 이제야 벗어나게 되었다는 인쇄 시대의 계몽주의 사상을 토대로 한다. 이렇게 텔레비전의 모든 프로그램은 가장 강력한 핫미디어의 성격으로 이동한다. 하버마스는『공론장의 구조변동』을 통해 맥루한과는 상반되지만 '공론장'이 자본의 집중과 집적에 따라 어떻게 광고에 침투하게 되었고, 공론장의 의미가 어떻게 변하는가를 살펴보았다. 맥루한의 시각에서 보자면 자본주의적 생산양식과 상업주의적 소비문화는 공론장을 점차로 파괴하고 변질시켰으며 쿨 미디어를 핫미디어로 사용한다.

미디어산업 측면에서 볼 때 맥루한의 미디어 이론적 관점은 테크놀로지 발전에 따라 결국 핫미디어(hot media)에서 쿨 미디어(cool media)로 발전하는 추세를 반영한다고 말할 수 있다. 또 쿨 미디어의 연장으로서 멀티미디어(multimedia)의 출현도 가능하다고 주장했다. 맥루한의 이런 미디어적 관점은 오늘날 스마트폰 발명으로 여실히 증명되고 있으며, 앞으로 스마트폰을 넘어 새로운 쿨 미디어의 출현까지 예고하고 있다. 현대문명의 특징 중 하나는 컴퓨터, 인터넷, 스마트폰 등으로 대표되는 미디어 테크놀로지의 급속한 발전인데 이는 맥루한의 미디어 이론으로 잘 설명된다. 따라서 미래 미디어도 마찬가지 방식으로 설명이 이루어질 것으로 보인다(장문정, 2019).

오늘날 테크놀로지의 발전에 따라 새로운 미디어가 계속해서 등장하고 있다. 작금의 미디어 테크놀로지의 발전 추세를 볼 때 핫미디어 중심에서 점차 쿨 미디어 중심으로 변화될 것으로 예상된다. 이처럼 핫미디어에서 쿨 미디어로 미디어 생태계가 급속히 바뀌고 있는 상황에서 과거 책과 라디오가 지배적이었던 시대의 낡은 텍스트 문법을 고집해서는 안 된다. 과거 책과 라디오가 지배적인 상황에선 미디어 텍스트 문법은 선형적 인과관계(linear sequential)에 기초했다. 이는 현재 문장을 이해하려면 반드시 앞의 문장을 이해해야만 비로소 가능하다. 이것이 인과관계에 따른 텍스트 구성 방식으로 기본적으로 논리에 기초해 있다. 하지만 선형적 인과 방식에 따른 텍스트 문법이 새롭게 등장하는 전자 미디어에 보편적으로 통용되지는 않는다. 전자 미디어는 복수 감각에 입각해서 커뮤니케이션이 이루어지기 때문이다. 그래서 단일 감각이 요구하는 선형적 인과관계에 따른 텍스트 구성 방식을 버리고, 새로운 문법 양식, 즉 비선형적이고, 또 비논리에 따른 텍스트 구성 방식으로 그 문법이 바뀌어야 한다. 이런 텍스트 문법에 따른 의미전달이 목표로 하는 게 바로 '선형적 명료성(linear vividness)'에서 '총체적 즉각성(feeling-all-at-onceness)'이다(김정탁, 2004).

따라서 맥루한의 미디어 이론에 있어서 '미디어가 메시지다(media is message)'라는 관점은 미디어를 넘어서 미디어의 문법 특징을 얘기하는 것이다. 이렇게 볼 때 맥루한의 미디어 이론은 미디어 메시지가 미디어 내용이 아닌 또 다른 미디어이며, 단순히 물리적 차원의 미디어가 아닌 미디어와 미디어 기술이 수반하는 생활방식과 소통 문화 그리고 인간의 감각 체계를 포함한다(박희석, 2016).

그리고 미디어가 바뀌면 문법 특성도 달라지고 텍스트 구성 방식도 달라진다고 했다. 즉 핫미디어는 핫 텍스트로 구성하고 쿨 미디어는 쿨 텍스트로 구성된다는 절대적인 관점을 제시한다. 따라서 핫 텍스트 구성 방식 중에 쿨 텍스트 요소가 배척되고 쿨 텍스트 구성 방식 중에도 핫 텍스트 요소가 배제되고 있다. 하지만 오늘날 미디어 테크놀로지의 발전에 따라 핫미디어의 구성 방식 중에 쿨 텍스트가 점점 들어가고 있고, 쿨 미디어의 구성 방식 중에도 핫 텍스트가 점점 들어가고 있다. 인쇄 시대에 있는 하나만의 감각을 쓰는 미디어가 점점 복잡화시키고 있다. 게다가 멀티미디어가 나타나고 스마트폰, 인터넷 같은 복합적인 감각을 연장하는 미디어 위주로 발전하고 있다. 이에 따라 미디어 감각의 복합화 현상이 이루어지고 있다.

검증과 발전

'미디어가 메시지다'의 의미는 미디어는 형식일 뿐이라는 이전의 견해와 달리 동일한 메시지(내용)라도 어떤 미디어를 통해 전달되느냐에 따라 수용자가 받아들이는 양상이 완전히 달라질 수 있으므로 내용보다 미디어의 특성이 중요함을 강조한 것이다. 그리고 미디어를 '인간 감각의 확장'으로 정의하면서 인간이 어느 미디어를 주로 사용하느냐에 따라 특정 감각의 상대적 의존도가 확대 또는 감소할 수 있고 이는 인간이 세계를 인식하는 방식에 영향을 미친다고 주장하였다.

특히 맥루한의 주장 중 '미디어가 메시지다'라는 주장에 대한 해석이 가장 중요하고 논쟁의 요소가 많다. 이에 대해 메시지를 이해하기 이해서는 먼저 '인간의 확장'이라는 주장에서 인간을 어떻게 파악하고 있는지에 대한 이해가 선행되어야 할 필요가 있다. 이를 위해 김상호(2013)는 메를로-퐁티의 시각을 적용하여 맥루한의 '인간의 확장'에서의 인간을 신체와 몸으로 바라보았다. 즉 맥루한이 주장하는 핵심은 몸의 연장이 매체라는 것이고, 매체의 변화는 감각 비율의 변화를 통해 몸의 영향력과 인지능력을 변형시키게 되는데 이는 다시 몸의 구체적인 성격에 영향을 미친다고 주장한다.

이를 메를로-퐁티의 시각으로 바꾸어보면, 몸의 확장으로서의 매체는 우리 인간이 지닐 가능성의 범위를 변화시키며 그것을 통해 세상과 대면하는 방식을 변화시킨다고 말할 수 있다. 이러한 맥락에서 보면 맥루한이 말하는 '인간의 확장'이란 인간이 지니는 의지와 욕망에 따라 도구를 단순히 사용할 수 있음을 말하는 것이 아니라 매체의 기술적 특성과 물리적 특성의 범위와 한계가 인간이 사고하고 지각하는 범위를 도리어 제약하게 됨을 의미한다고 보았다. 즉 매체를 사용하는 인간은 매체와 인간이 하나로 육화된 형태로 존재하는(인간-기술) 형태로 확장됨을 의미한다는 것이다.

칸트의 선험철학에 의하면 지각을 통해 바깥에 있는 것으로 경험되는 사물 대상 일반은 주관에 의해 마치 바깥에 있는 것인 양 외재화된 것으로 파악한다. 그러나 메를로-퐁티의 지향적 분석의 핵심 특징은 주제와 대상이 근본적으로는 분리될 수 없는 필연적인 상관관계로 묶여 있다는 것으로 보아야 한다. 어떤 종류의 대상 영역이라 할지라도 반드시 주체의 작용과 긴밀하게 연결되어 있을 수밖에 없다는 것이다.

이 점에서 '지향성'은 사물이 존재하는 의미의 지평을 만들어낸다. 즉 한 사물의 의미는 그 지평이 무엇인가를 염두에 두지 않고서는 알 수가 없다는 의미이다. 따라서 미디어의 의미가 무엇인지를 알기 위해서는 바로 이 지향성과 지평이라는 개념을 바탕에 두어야 하고, 개별 미디어의 의미는 결코 지평을 밝히기 전에는 알 수가 없다. 달리 말해 한 미디어가 무엇인지 알기 위해서는 그것의 메시지를 먼저 알아야 한다는 말이다. 그런데 여기에서 말하는 메시지는 한 미디어가 발현하게 되는 혹은 도입하게 되는 전체 미디어 지평의 변화라는 의미임을 이해하는 것이 중요하다. 개별 미디어의 의미나 특성은 그 미디어 자체를 들여다봐야 알 수가 없고, 그 미디어가 위치한 전체 미디어 생태계 즉 그 배경 혹은 메시지를 살펴봐야 개별 미디어를 정확하게 이해할 수 있다는 말이다(김상호, 2013).

또한 맥루한이 사용하는 "바퀴는 발의 연장"이며, "옷은 피부의 연장"이라는 은유는 한편으로는 기술을 통해 가능해진 신체적인 기능의 확장을 설명하는 것이고, 다른 한편으로는 기술이 지닌 전환과 변형을 끌어내는 힘을 강조하고자 한 것이다. 바퀴의 경우를 보면, 이것은 다른 기술이나 장치들과 함께 하나의 이동용 장치로써 쓰이는 경우에만 발처럼 보이지만 이 바퀴는 사람의 발처럼, 더 정확하게 말하면 능력이 대폭 증강된 발처럼 이동에 편리함을 가져다주지만, 사람의 발이 확장된 것 이상의 다른 잠재적 가능성을 가진다.

예를 들어 상품의 이동이나 일상적인 생활공간으로는 전혀 익숙하지 않던 공간을 일상적이고 친숙한 공간으로 만들어내는 힘이 있다. 예를 들면, 자전거가 도입되자 자전거를 타는 것은 걷는 것보다는 네 배 정도 빨라졌는데, 이는 단지 걷는 속도만 빠르게 한 것이 아니라 당시 젊은 사람들의 지각 능력 또한 빠르게 만들었다는 것이다. 즉 기술에 의해서 초래된 능력과 힘에 있어서의 변형만이 아니라, 인간의 확장으로서의 기술은 하나의 감각을 확장하고 다른 감각을 억누름으로써 감각의 비율에 변화를 초래한다. 따라서 기술 혹은 미디어는 '인간의 확장'이라는 맥루한의 주장에서 확장의 대상은 육체적인 기관 혹은 신체(corporal organ or body)만도 정신만도 아니라는 것이다. 어떤 미디어의 매개물도 없는 부족시대의 인간과 인쇄 미디어를 사용하는 인간 그리고 전자 미디어 시대의 인간이 지닌 물리적 신체는 동일하더라도 시대별로 사용하는 미디어를 통해 확장된 인간 신체의 범위는 다르므로 확장된 신체 혹은 몸은 몸을 통해서 구현할 수 있는 인간의 지각 가능성의 전환과 변형을 의미하는 것으로 해석해야 한다고 보았다(김상호, 2013).

맥루한의 이러한 견해는 현대문명이 무엇을 얻고 무엇을 잃었는지를 다룬 '구텐베르크의 은하계', 미디어가 인간의 촉각을 자극할 것이라는 견해를 담은 『미디어는 마사지다』의 출간으로 확장되었다. 그는 "지구촌(global village)"이라는 표현도 처음으로 사용하였는데 이는 전자 혁명이 소규모 공동체에서나 가능한 부족 단위의 사회적 상호작용 유형들을 재창출해 냄으로써 전 지구를 작은 마을처럼 만들고 있음을 의미한다.

이처럼 맥루한은 인류 역사의 핵심적인 전환은 새로운 커뮤니케이션 테크놀로지의 발명과 확산에 따라 발생하였다고 보았다. 그는 세 번의 미디어 기술혁신을 중요하게 보았는데 첫 번째는 문자, 두 번째는 구텐베르크의 인쇄술, 세 번째는 전신의 발명이다. 이 순서에 따라 인간의 문화 공간이 청각에서 시각으로, 시각 공간이 확장되다 다시 청각으로 바뀌었는데 TV가 개막한 전자 미디어 시대의 도래로 이성적이기보다는 감성적, 시각적이기보다는 촉각적이며, 파편화되지 않은 통합적 성격을 지녔던 문자 이전 시대의 인간형으로 변화될 것으로 본 것이다.

맥루한은 구술성이 지배적이었던 작은 부족 문화의 촌락들은 산업시대의 도시를 가능하게 만든 인쇄 커뮤니케이션 패턴과 대조적이므로 인류 발전을 이해하기 위해서는 커뮤니케이션 법칙을 밝혀내야 한다고 주장하였다. 이러한 의미에서 맥루한은 커뮤니케이션 기술인 미디어가 사회변동을 이끈다고 본 미디어 결정론자이자 보다 넓은 의미에서 기술 결정론자라고 할 수 있다(김정현, 2022).

이후 맥루한의 아이디어는 닐 포스트만(Neil Postman, 1992)의 저서 *Technopoly: The Surrender of Culture to Technology*와 메이로비츠(Joshua Meyrowitz, 1985)의 저서 *No Sense of Place*를 통해 계승되었다. 포스트만은 맥루한의 사상 중 어두운 측면에 집중되어 있다. 그는 기술이 인간의 사고와 행동에 지배적인 영향을 주는 문화의 부작용에 대해 설파한 바 있다. 원하든 원하지 않든 기술 지배적인 미디어가 안전과 구원을 가져올 것으로 생각하지만 우리의 인간성과 원칙과 이성이 상실되고 있다고 보았다. 즉 뉴미디어에 대한 성급한 개발과 채택으로 인류는 부지불식간에 도구를 이용하는 문화에서 도구 자체에 종속되는 전제적 문화로 이행된다고 비판했다. 이러한 세계는 기술 자체의 명령을 따르고 기술에서 만족을 추구하게 된다는 것이다(Griffin, 2004). 전체적으로 보았을 때 포스트만은 기술 종속적인 사회의 문제점을 제기했다는 점에서 맥루한과 일부 생각을 공유한다.

메이로비츠는 전자매체의 특성에 집중했는데 전자매체를 통한 고유한 장소적 감각 즉 물리적 공간의 상실에 대해 주로 이야기했다. 나아가서 전자매체가 사회적 뒷면을 소멸시키고 권위를 약화한다는 주장을 통해 기술결정론과 맥락을 같이하는 부분이 많다(West & Turner, 2004).

평가 및 의의

커뮤니케이션 기술과 사회의 중요한 특징을 연결하려는 시도는 긴 역사가 있다. 이러한 전통의 중요한 초기 이론가는 캐나다의 경제 역사학자로서 '토론토학파'를 창시한 이니스이다. 이니스는 고대문명에서 현대의 주도적 커뮤니케이션 양식의 등장에 이르기까지 이런 특징들은 사회적인 형태로서의 '편견'이 있다고 보았다. 예를 들어 돌에서 파피루스로 이르는 변화를 왕권에서 교권으로 권력이 이동되는 것으로 보았다. 고대그리스에서는 구전의 전통과 유연한 알파벳이 다양성을 선호했고 결과적으로 교권의 독점적인 도래를 막았다. 로마제국의 설립과 유지는 필기문화에 도움을 받았고 관료적인 조직이 이루어질 수 있었다. 이후 인쇄술의 발전은 권력의 관료적 독점에 도전했고, 개인주의와 민족주의를 고무했다고 주장했다.

맥루한은 이니스의 주장을 발전시켜 다른 종류의 커뮤니케이션 미디어를 통해서 우리가 세상에 대해 경험하는 과정에 대해 논의했다. 순전히 구전 커뮤니케이션에서 쓰는 언어의 변화가 가지는 함의에 주목하는데, 많은 문화 경험은 상대적으로 최근까지 주로 구전으로 남아있다. 맥루한은 우리가 무엇을 경험하는지보다 어떻게 세상을 경험하는지에 관해 주목했다. 새로운 매체는 그전에 존재하던 미디어가 경험하게 해주던 경계선을 넘어서서 더 많은 변화를 불러온다고 보았다는 면에서 기술의 영향력을 크게 평가한 것으로 보인다(맥퀘일, 2003). 이 같은 기술 결정론자, 그중에서도 맥루한 주장의 핵심은 인간에게 실제로 중요한 것은 그 시대의 메시지 내용이 아니라 지배적인 미디어라는 것이라는 문장으로 요약할 수 있다.

21세기 커뮤니케이션 미디어의 문제를 비판적으로 갈파한 한병철은 알고리즘, 인공지능을 통한 정보의 가공이 사회적, 정치적, 경제적 과정들을 결정적으로 좌우하는 구조를 새로운 정보체제라고 정의한다. 문제는 이러한 체제에서는 몸과 에너지가 아니라 정보와 데이터가 착취되는 전체주의적 특징을 가진다는 것이다. 정보체제는 정보 자본주의와 맞물려있고, 감시자본주의로 발전하여 사람들은 데이터 가축이자 소비 가축으로 격하된다는 것이다(한병철, 2023, 9쪽). 또한 궁극적으로 디지털 정보사회는 '인포크라시(infocracy)'로 대체되고 있는데, 이는 음모론과 가짜뉴스 양산, 선동과 증오를 퍼트리는 소셜 봇(bot)과 댓글부대, 그리고 종족주의를 강화하여 민주주의적 과정에 악영향을 미친다고 주장한다.

일찍이 푸코가 지적했던 원형 감옥 '파놉티콘(panopticon)'을 통한 감시가 정보체제에서는 데이터를 통해 이루어진다. 우리는 더 많은 데이터를 산출할수록 더 강렬하게 소통할수록 이와 같은 감시가 더 효과적으로 이루어진다. 정보사회에서는 규율체제의 감금 환경이 용해되어 열린 연결망으로 바뀌고, 디지털 정보 기술은 소통을 감시로 돌변시킨다. 휴대전화는 감시 장치이자 예속 장치의 역할을 하며 자유와 소통을 착취한다는 것이다. 이것을 디지털 감옥이라 표현했는데 여기서는 지배체제에 맞선 저항이 발생하지 않고, 스마트폰이라는 정보원이 우리를 지속해서 감시하게 된다. 따라서 신자유주의의 권력 기술은 자유를 억압하는 대신 착

취한다. 그런데 이러한 억압은 명령의 형태가 아니라 속삭이며 지휘하지 않고 푸코의 감시와 처벌은 동기부여와 최적화에 의한 필요에 따라 밀려난다. 즉 정보체제에서 지배는 '자유'로, '소통'으로, '커뮤니티'로 나타난다고 비판한다(한병철, 2023, 10쪽-18쪽).

기술 결정론적 시각에서 현대의 사회 변화 문제를 지적한 또 하나의 학자는 『생각하지 않는 사람들』(2011)의 저자 니콜라스 카(Nicholas Carr)다. 그는 인터넷의 하이퍼링크 기술이 인간의 사고 시스템에 영향을 미쳐 정보의 과부하로 인해 산만성, 부주의성, 비집중성을 초래한다고 보았다. 이와 비슷하게 윌리엄 데이비도(William Davidow) 역시 『과잉 연결 시대: 일상이 된 인터넷, 그 이면에선 어떤 일이 벌어지는가?』(2011)에서 과도한 연결성은 급격한 불안정 상태를 초래한다고 주장한 바 있다(정인숙, 2022).

결론적으로 미디어 기술결정론은 역사적, 문학적, 미학적 통찰에 가깝고, 다른 사회과학이론보다 오히려 창의적이다. 이런 이유로 미디어나 다양한 커뮤니케이션의 역동적 과정에 개입하는 변인에 대해서는 구체적인 설명이 부족하다. 따라서 전통적인 사회과학적 이론의 기준을 적용하면 매우 애매한 용어도 많고, 일반화 가능성이 떨어지고 엄밀성도 부족하다. 그렇지만 커뮤니케이션과 미디어가 기술 발전의 산물이라는 사실을 무시할 수 없고, 이에 따라 속속 출연하는 뉴미디어가 그 자체로 어떤 사회적 영향을 줄 수 있는지에 대해 거시적으로 통찰하고, 장단점에 대해서도 경고하고 있다는 면에서 결코 소홀히 할 수 없는 중요한 영감을 제공한다는 점은 분명하다.

참고문헌

강보영, 권상희(2023). 맥루한 이론에 관한 메타분석: 미디어학, 철학, 예술학 그리고 디자인학 중심으로. 〈한국콘텐츠학회논문지〉, 23(5), 484-497.

김상호(2013). 미디어가 메시지다: 메를로-퐁티의 현상학을 통해 살펴본 매클루언의 미디어론. 〈커뮤니케이션 이론〉, 9(3), 58-98.

김정탁(2004). 『禮&藝-한국인의 의사소통 사상을 찾아서』. 한울아카데미.

김정현(2022). 『설득 커뮤니케이션의 이해와 활용』. 커뮤니케이션북스.

김현진(2020). 마셜 맥루한, 『미디어의 이해』, https://blog.naver.com/kkimkj/222115413090.

맥퀘일(2003). Mass Communication Theory 4th ed. Dennis McQuail, 『매스커뮤니케이션 이론』, 양승찬 · 강미은 · 도준호(역), 나남.

박희석(2016). 미디어의 발달과 커뮤니케이션의 변화: 〈마이 리틀 텔레비전〉의 재매개 현상을 중심으로. 〈한국소통학보〉, 15(3), 83-131.

장문정(2019). 미디어 텍스트 구성 방식에 관한 연구. 성균관대학교 일반대학원 석사학위논문.

정인숙(2022). 『미디어 플랫폼의 이해-방송에서 메타버스까지』. 커뮤니케이션북스.

한병철(2023). 『정보의 지배』. 김영사.

Carr, N.(2010). *The Shallows-Wat the Internet Is Doing to Our Brains.* W.W. Norton & Company. 최지향 역(2011). 『생각하지 않는 사람들: 인터넷이 우리의 뇌구조를 바꾸고 있다』. 서울: 청림출판.

Davidow, W.(2011). *Overconnected: The Promise and Threat of the Internet.* Nnueva York: Delphinum. 김동규 역(2011). 『과잉 연결 시대: 일상이 된 인터넷, 그 이면에선 어떤 일이 벌어지는가?』. 서울: 수이북스.

Griffin, E.(2004). *A First Look at Communication Theory.* N.Y.: McGraw Hill. p. 350.

Meyrowitz, J.(1985). *No sense of place.* New York: Oxford University Press.

Postman, N.(1992). *Technopoly: The Surrender of culture to technology.* New York: Knopf.

West, R. & Turner, L.(2004). *Introducing Communication Theory: Analysis and Application.* 2nd Ed. N.Y.: McGraw Hill. 438-439.

16장
·
사회과학적 미디어 커뮤니케이션 이론의
과제와 전망

원래 과학이란 현상을 체계적으로 탐구하는 작업이다. 현상을 체계적으로 탐구한다는 것은 자연으로서의 현상이나 사회로서의 현상을 일정한 틀에 넣어 설명한다는 것이다. 과학에서 시도하는 방법은 인식론적 차원에서 다루는 절대적 사실의 서술이나 그 사실의 구조를 밝혀내려는 데 활용되는 것이 아니라(주관이 필연적으로 이미 개입된) 객관적인 사실을 체계적으로 설명하는 데 쓰인다. 그러므로 과학적 방법은 객관적인 사실을 있는 그대로의 현상으로 받아들이고, 이러한 의미의 현상을 파악하는 데 장애가 되는 주관적 가치의 개입을 최대한 배제하기 위해 가치중립성을 유지하려 노력한다. 이런 면에서 과학이 추구하는 가치중립성에서 가장 큰 문제가 되는 것은 객관적인 사실에 대비되는 개념으로서의 가치이다(김동일 외, 1985).

그런 의미에서 자연과학이 초기 단계에 가치의 중립을 지키기 어려웠던 만큼 오늘날 사회과학도 가치의 중립성을 유지하기는 매우 어렵고 거의 불가능하다. 페이겔(Feigl, 1964)은 자연과학은 법칙적 지식, 즉 법칙의 발견에 관여하고, 사회과학은 표의적, 즉 개인적 사건, 문화적 상황 등과 관계되는 개별적 사실에 관여한다는 점에서 서로 다르다고 주장한다. 따라서 사회과학에서 말하는 사실이 자연과학에서 말하는 사실과 별개임은 물론이고, 이러한 사실과 대비되는 가치의 개념 또한 달라야 한다.

사회과학의 계량적 접근은 모든 현상이 그것에 선행하는 원인이 있다고 전제하고, 과학의 목표는 그 원인을 밝혀내서 인과론적 법칙을 정립하는 것이다. 사회과학자들은 사회적 법칙의 정립 가능성에 대한 신념을 가지고 연구한다. 그런데 조사 기법에 대한 지나친 집착은 종종 사회과학자들이 자료의 정확성이나 신뢰성만을 중시해서 그것의 타당성에는 상대적으로 관심을 두지 못하는 결과를 초래했다는 비판도 있다.

일찍이 막스 베버(Max Weber)는 'verstehen(이해)'을 강조하면서 사회과학도 인과적 설명을 추구해야 함을 인정하면서도 이와 동시에 그 대상의 특성이 문화 현상, 그리고 역사 현상임을 고려할 때 의미 해석을 통한 이해가 필요로 한다는 점을 강조하였다. 즉 사회현상을 관찰자가 아닌 행위자의 관점에서 파악하려고 한다는 점이 특징이기도 하다. 이런 의미에서 사회과학적 접근 방법과 질적 접근 방법은 상호 배타적인 것으로 파악하기보다는 상호 보완적인 관계로 보는 것이 바람직하다. 윈터(Winter, 1960)에 의하면 계량적 접근에서 추구하는 인과론적 설명은 하나의 현상을 항상 그것에 선행하는 과정에 기초하여 일반화를 도모하고자 하는데, 사회과학은 인간의 주체적 결정이나 의도적 행위를 파악하기 어렵다는 한계가 있다(김동일 외, 1985).

커뮤니케이션 학문 분야에서 1983년 *Journal of Communication*(vol.33, no.3)에 실린 〈Ferments in the Field〉라는 주제로 실린 35개의 논문을 통해 양적 연구자와 질적연구와의 인식론적 차이에 오는 갈등이 증폭되었다. 이러한 인식론적 차원에서의 논쟁은 이보다 앞선 근본적으로 경험 실증주의를 주장한 포퍼(Popper)와 이에 반대한 아도르노(Adorno)의 논쟁과 동일 선상에 있는 것이었다. 이후에도 결론적으로 사회과학적 연구와 질적연구의 간극은 여전하다. 두 캠프(camp) 간의 논쟁은 현상을 인식하는 관점의 차이, 인식론의 커다란 차이에서 온 것이기에 이러한 간극은 오히려 당연하고 자연스러운 것이다. 지금도 그리고 앞으로도 커뮤니케이션 현상을 설명하는 것을 주된 목적으로 하는 사회과학과 이해하는 것을 주된 목적으로 삼는 질적연구의 지향성 차이로 각자의 길을 추구하며 공존할 것이다.

미디어 영향력 또는 효과가 발생하는 과정은 매우 복잡하고 다단하다고 볼 수밖에 없다. 다양한 사회구조와 특성, 개인적인 욕구, 성향, 그리고 대인(인간)커뮤니케이션 속에서 상호작용하며 작동한다고 보는 것이 가장 타당한 설명일 것이다. 인간은 목적 지향적인 존재라서 의도와 목표가 있다는 점을 알고 있다. 그렇다면 이론은 어떻게 일반적인 진술을 하고, 또 그 예측은 신뢰할 만한 것인가? 이것이 커뮤니케이션 이론의 중요한 문제 중 하나일 것이다. 만약 어떤 이론이 그 범위가 너무 일반적이라면 개별적인 선택과 변화에 대해 아예 설명하기가 불가능하다. 반면에 너무나 특수한 이론이라면 개별 사건의 관찰로부터 우리는 어떠한 것을 알기 힘들다. 이러한 문제에 대한 해답은 '중범위 이론(middle-range theory)'의 개발에 있다. 중범위 이론은 제한된 선택의 과정에 입각한다.

즉 사람들은 선택을 행사하고 목표를 달성하고자 행동하지만, 동시에 자유로운 선택에 의해 제한된다고 보는 것이다. 선택은 모든 종류의 인지적, 사회적, 문화적, 정치적인 상황에 제한되기 때문이다. 그래서 우리들은 일정한 대안의 범주 내에서만 선택이 가능하다. 중범위 이론은 서로 다른 상황의 사람들에게 유용한 선택의 범위를 구체화한다(리틀존, 1992). 본 저서에서 다룬 이론들은 대개 이러한 유형에 해당하는 이론들이다.

일반 이론이란 모든 커뮤니케이션의 필수적인 기본 과정을 정의하고 설명하는 것을 목표로 한다. 이것을 이른바 핵심 커뮤니케이션 이론이라고 볼 수 있는데, 커뮤니케이션의 핵심적인 개념과 과정은 다양하다. 이러한 핵심 과정에 대해서는 이견이 있을 수 있지만 대체로 모든 커뮤니케이션의 필수적인 요소인 5가지 요소로 요약할 수 있다. 첫째, 메시지의 개발이다. 모든 커뮤니케이션은 메시지로 구성되어 있으므로 어떤 방식으로든지 산출 혹은 만들어져야만 하기 때문이다. 핵심적인 커뮤니케이션 이론은 메시지들이 제기되는 방식을 설명하고자 한다. 둘째, 핵심 요소는 의미의 해석과 산출이다. 여기에서는 메시지 이해와 관련된 인지적, 사회적 및 문화적 과정을 고찰한다. 핵심 이론의 이러한 측면은 사람들이 심리적, 사회적, 혹은 문화적으로 어떻게 의미를 만들어내는가, 메시지가 정신적으로 어떻게 이해되는가, 그리고 모호성은 어떻게 제기되고, 또 어떻게 해결되는가와 같은 문제를 제기한다. 셋째는 메시지 구조이다. 텍스트가 조직화하는 방식과 메시지 조직 자체가 하나의 의미 표현이 되는 이유를 고찰한다. 메시지 구조는 한 메시지가 다른 것과 서로 연관되는 방식과 많은 메시지가 일관적인 전체로서 조직화하는 방식을 수반한다. 넷째 요소는 상호작용상의 역동성이다. 이것은 사람과 사람 간의 관계를 다룬다. 개인이 그들의 행위를 통합하고 혼합하는 방식, 즉 그들이 서로를 어떻게 인지하고 행동하는가와 관련이 있다. 이것은 시간에 따른 관계 패턴의 조직과 변화, 즉 모든 유형의 관계와 발전, 유지 및 소멸을 다룬다. 마지막 요소는 제도상의 역동성이다. 이것은 정치적이고 사회적인 커뮤니케이션 요소를 다룬다. 예를 들어 권력의 분배와 이러한 분배가 모든 수준, 즉 대인, 집단, 조직, 그리고 매스커뮤니케이션 수준의 커뮤니케이션 측면에 어떠한 영향을 미치는가를 다룬다. 따라서 커뮤니케이션 자체가 계층, 인종 및 성별 간의 권력관계를 포함한 사회적이고 문화적인 제도를 구조화하는 방식을 주로 탐색한다.

실제로 핵심적인 커뮤니케이션 이론은 대체로 결합적 성격이 있다. 이러한 5가지 요소들은 커뮤니케이션에 독립적 차원이 아니라 본질적으로 중복적으로 작용한다는 것이다. 결론적으로 이 5가지 요소들이 동일한 과정에서 간주되어야 할 필요가 있다. 하나의 이론이란 자체의 정해진 주제에 관해서뿐 아니라 그 이상의 많은 것을 제공해 주는데, 이것은 메시지 산출, 의미, 메시지 구조, 상호작용의 역동성, 그리고 제도상의 역동성에 관련된 일련의 변증법적 긴장의 입장에 있다(리틀존, 1992).

그런데 커뮤니케이션학을 포함한 사회과학에서 좋은 이론은 특성상 매우 광범위한 상황을 포괄하기 어렵기 때문에 제한된 범위에서 설명과 예측 그리고 통제를 지향하는 '중범위 이론'일 가능성이 높다. 비록 사회과학이론의 또 하나의 특성상 한시적인 가설이나 이론일지라도 지속적인 검증과 엄격한 반증을 이겨내고 통과한 이론은 살아남게 되고, 이를 통해 발전을 추구하는 것이 지고의 목적이기 때문이다. 따라서 앞으로도 커뮤니케이션학 분야에서 더욱 탄탄한 이론을 구축하기 위한 연구와 시도는 다양한 변인을 포함한 중범위 이론의 개발로 이어질 것으로 보인다.

수준 학문이 분과학문으로서 일정한 분석 수준(중범위, 대범위 혹은 미시 범위 수준)을 설정하고 그 안에서 타당성이 담보된 이론과 개념, 방법론, 축적된 연구 성과들을 연구 대상에 적용하고 검증하는 것이라면 변인 학 문(variable field)은 아직 수준 학문의 체제를 갖추지 못했거나 그 때문에 더욱 유연하고 다양한 접근을 허용하거나 요구하는 분과적 특성을 내재 한다. 예를 들어서 동일한 메시지에 노출되어도 수용자마다 다르게 해석 하는 것은 목표지식이 그것을 둘러싼 다른 등고선의 믿음, 상식, 희망, 기 대, 가정, 그리고 무지를 통해 수용되기 때문이다. 이 과정은 개인적이고 사적인 과정이기에 심리적이지만 집합적이기도 하다. 이러한 지식론은 사회과학 일반에도 해당하지만, 수용자, 독자, 소비자, 팬덤, 다중, 생산 자, 에이전트, 군중과 대중을 표적으로 하는 커뮤니케이션학에 상대적으 로 시사하는 바가 크다. 커뮤니케이션학이 미디어만을 대상으로 하는 것 이 아니라 '사회-미디어-인간'의 트라이앵글에 대해 규명하는 분야이기 때문이다(유선영, 2014). 이런 점에서 커뮤니케이션 이론은 사실 중범위 이론을 개발하기에도 태생적으로 매우 어려운 분야라는 한계도 있다.

그동안 커뮤니케이션 학문 분야는 외형적 성장에도 불구하고 학문영 역으로서 정체성이 확고하지 않다는 평가를 받고 있다. 그 이유 중 하나 는 커뮤니케이션학이 다양한 분석 수준에서 접근이 가능한 변인 분야 (variable field)이기 때문이라는 점에 기인한다(양승목, 1999). 두 번째 이유 는 미디어와 커뮤니케이션이 기술 발전 지향적 하드웨어에 일차적으로 규정되기 때문이다. 이에 따라 최선열(2001)은 커뮤니케이션학의 기술 추수적인 성향, 즉 기술혁신을 연구에 반영하는 역동성은 강하나 학계에서 학문으로서 정통성을 인정받지 못하고 있다고 비판했다. 타 학문 분야에서 언론학 논문을 인용하지 않는 채 다만 연구 영역(field) 정도로 인식되고 있다는 비판이다. 이에 대해 유선영은 미국에서 1940년대 구성된 사회학 및 사회심리학적 커뮤니케이션 모델에 기반을 둔 이론— 4 기능론, 대효과론, 여론과 선전의 설득 이론에서 시작한 언론학이 한국적 언론학의 정체성을 추스르기도 전에 기술 발전이 일으킨 토네이도에 휩쓸려 표류했기 때문이라고 예리하게 지적했다(유선영, 2014).

따라서 이렇게 커뮤니케이션 학문 분야의 기술 지향성과 분석 수준의 복잡한 다기성을 관리하기 위해서는 어떻게 해야 할까? 하나의 방법으로 박진우(2013)와 유선영(2014)은 커뮤니케이션 분야의 발견과 축적되는 지식의 불완전성이 필연적이라면, 커뮤니케이션학이 '사회-미디어-인간'의 전체성을 환기하고 인문학적 사유와 이해, 해석을 접목하여 그 불완전성에 대해 채움을 시도할 필요가 있다고 보았다(유선영, 2014).

그리고 매스커뮤니케이션의 영향력에 대한 믿음의 변화는 역사적 해석을 내포하고 있다는 캐리(Carey, 1988)의 지적은 일면 당연하지만 매우 중요한 관점이라 생각한다. 그는 강력한 미디어 효과에서 제한된 효과로 그리고 다시 더 강력한 효과 모델로 변한다는 주장의 기본적인 근거는 시대에 따라 사회가 변한다는 것에 있음을 지적했다. 20세기로 한정하면 사회변동으로 평화가 깨지기 전까지 예를 들어 1950년대와 1960년대가 안정적이었던 반면, 두 차례 세계대전의 격변기 동안에는 미디어가 강력한 효과를 발휘했음이 이를 증명한다.

20세기 초중반 이후 매스커뮤니케이션에 관한 연구는 활발히 연구되었고, 많은 사회적 관심을 모은 사회과학적 주제 중 하나임은 분명하다.

그러나 커뮤니케이션 연구자들은 아직 매스커뮤니케이션의 효과를 설명할 수 있는 하나의 통일된 이론을 도출해 내지는 못한 것으로 볼 수 있다. 그 이유 중 하나는 대중사회이론과 대중매체를 대표하던 전통적 매스미디어의 관점은 정교한 과학적 접근이 부족하기에 개인 차원보다는 집단으로서의 수용자 개념을 상정하였기에 이론적 한계가 많았고, 수용자 개개인의 특성에 적합한 미디어 상황이 아니었기에 개별적인 수용자의 효과를 설명하기에도 부족했다. 바로 이 점이 제한효과이론이 등장하게 된 배경이기도 하다.

이후 다양한 이론의 개발로 개별 수용자에게 주는 기능과 영향을 설명하려는 시도가 지속되고 있지만 이러한 이론들도 각기 매스커뮤니케이션의 특정 양상을 설명하고 있을 뿐이다. 커뮤니케이션 연구가 진전됨에 따라서 우리는 몇 가지 이와 같은 소이론들이 결합하여 매스커뮤니케이션 효과에 대한 하나의 포괄적 이론을 형성하게 되리라 기대할 수 있다. 아마 이러한 이론 중 몇몇은 경험적 연구의 검증을 견디지 못해 살아남지 못하고 선별되는 반면, 또 어떤 이론은 살아남을 것이다.

매스미디어의 효과에 관한 가장 최근의 이론적 작업은 대부분의 미디어 효과가 일률적으로 발생하지 않고 다른 변인들에 연계되어 발생한다고 본다. 페리는 가설의 진실은 경우에 따라 다르다고 주장하고, 연구 결과를 연구의 전후 맥락 속에서 해석하는 것이 필요하다고 주장한다. 도이치(Deutsch, 1986)는 사회과학 일반에 대해 논하면서 다음과 같이 언급했다.

사회의 구조와 대다수 사회적 산출물은 여러 가지 매우 다양한 상대적으로 약한 힘들과 과정들의 결과이다. 오랜 시간 동안 추구되었던 하나의 원인과 하나의 모델에 대한 탐색은 생각했던 것보다 그다지 좋은 결과를 낳지 못했음이 밝혀졌다. 특정한 종류에 관한 결과는 '모든 체계가 작동할 때'— 즉, 모든 약한 요인들, 혹은 적어도 임계 숫자의 요인들이 같은 방향으로 향할 때— 발생하는 것 같다. 한 걸음, 한 걸음 더 많은 이러한 약한 요인들이 규명되고 있다(pp. 11-12).

'경우에 따라 다르다'(It depends)라는 진술은 미디어 효과에 대한 많은 질문에 대한 정확한 대답일 수 있다. 그러나 '경우에 따라 다르다'라는 대답이 절망과 포기를 의미하지는 않는다. 또한 무엇이 일어나고 있는지 모른다는 것을 의미하진 않는다. 커뮤니케이션 연구가 과거에 알았던 것과는 달리, 지금 우리는 미디어 효과가 어떤 경우에 따라 다르게 나타나는지에 대해 보다 명확한 견해를 가지고 있기 때문이다. 예를 들어 카츠(Katz, 1980)가 지적한 바대로 선택적 지각과 대인관계는 매스커뮤니케이션 효과에 영향을 미치는 가장 중요한 두 변인이다(세버린, 탠카드, 2004).

따라서 최소한 이 책에서 서술한 사회과학이론과 연구는 20세기 초반의 탄환 이론 정도를 제외하고는 사회과학 나름의 엄밀성을 가지고 현상에 대한 설명과 예측을 시도했고, 한계도 있지만 많은 창의적인 발견도 이룩한 것으로 평가된다.

어차피 과학이란 시행착오가 불가피하고, 추측과 발전을 통해 진보한다. 포퍼(K. Popper)가 그의 과학철학에서 주장한 반증주의(falsification)에 의하면 이에 동의하든 안 하든 좋은 이론이란 한정된 주장에서 출발하지만, 그 이론이 일반화 가능성이 높을수록 반증의 범위도 넓고, 반증 가능성 또한 크다.

일찍이 리프만(Walter Lippmann, 1922)은 공중이 받고 해석하는 메시지는 두 가지 이유로 인해 저널리스트들과 정치 지도자들에 의해 의도된 부분적이거나 왜곡된 것이라고 주장했다. 그 첫 번째 이유는 다양한 해석과 맥락적 프레임이 되기 쉬운 아이디어와 사건 자체의 복잡성 때문이고, 두 번째 이유는 다양한 수용자들의 자의적인 해석 때문이라고 보았다. 이러한 맥락에서 인간 커뮤니케이션의 근본적 특징은 기계적 전송과 다르다(Carey, 1989). 다시 말해 아이디어와 정보를, 의도를 가지고 있는 각각의 수용자와의 공명(resonate)을 통한 복잡한 다기적(polysemic)인 교환으로 보는 것이 타당하다(Neuman, 2018).

이런 관점을 공유하는 연구로 광고의 역효과(Wolburg, 2006)와 자선 모금 촉진 캠페인이 오히려 기부 감소 효과를 발생(Small, Loewenstein, & Solvic, 2008)하거나 기후변화(Hart & Nisbet, 2012)나 금연 광고가 흡연 욕구를 오히려 상승시킨다는 것과 같은 공익캠페인의 역효과 등을 들 수 있다. 향후 사회과학 효과연구에서는 이와 같이 송신자의 의도와 다른 비의도적 그리고 잠재적 영향과 효과에 대해서도 고려해야 할 필요가 있다(Neuman, 2018).

마지막으로 앞으로의 커뮤니케이션 연구의 방향을 제시하면 다음과 같다. 첫째, 국가 간 문화 간 비교 연구가 더욱 활성화될 필요가 있다. 그간 주류를 이루었던 우리 분야에서 연구는 미국과 유럽에 치중되어 있다. 아시아와 기타 제3 세계 연구자의 참여와 이를 통한 이론에 대한 검증과 적용이 필요할 것으로 보인다. 둘째, 디지털 미디어에 대한 연구의 한계를 어떻게 극복해야 할 것인지에 대한 방향성이 필요하다. 디지털 미디어와 같은 뉴미디어 분야의 연구는 매우 파편적이고 협소한 영역에 치우쳐 있다. 게다가 빅데이터, 컴퓨터 사이언스 분야에 치중되어 있다. 이러한 경향은 방법론적으로 커뮤니케이션 이론을 구축하는 데 유용한 측면이 있지만 왜, 어떤 방향으로 디지털 미디어에서 커뮤니케이션이 이루어지는지, 그리고 온라인 미디어의 권력관계, 소유집중이 수용자와 사회에 주는 영향, 정치 경제적 관계, 도덕 및 윤리적인 질문을 포함한 철학적 문제와 같은 근본적인 질문을 사회과학 방법과 이론으로 '설명'하는 것은 한계가 많다.

특히 이 분야는 많은 초국가기업(transnational corporations) 그룹이 세계적으로 확산해 있어 하드웨어, 소프트웨어, 플랫폼, 콘텐츠와 데이터를 자본축적과 정치적 관리를 위한 수단으로 이용할 수 있고, 연구 지원을 통해 영향을 줄 수 있기 때문이다. 이런 측면에서 일찍이 아도르노(Adorno)가 라자스펠드(Lazarsfeld)와의 논쟁에서 밝혔던 행정적 연구와 비판적 연구의 구분과 차별적 역할은 필요하다(Fuchs, C., & Qiu, 2018). 따라서 사회과학 연구와 거시사회이론을 바탕으로 한 질적연구와의 공존과 연구자 간의 협력이 필요하다. 셋째, 커뮤니케이션 연구는 실용적 이론 개발을 통한 실천과 응용이 요구된다. Craig(2018)는 커뮤니케이션 분야가 하나의 독립된 학과이자 학문 분야로서 남기 위해서는 사회과학적 연구이든 비판적 연구이든 실용적인 이론(practical theory)을 통해 사회에 기여해야 할 필요가 있다고 주장한다. 윤리나 도덕을 포함하는 규범적인 이론은 상황별 솔루션을 제공하는 데 한계가 있고, 반면 기술적 이론은 어떤 이유로 또는 어떻게 무엇을 개발해야 하는가와 같은 문제에 대해 실용적인 지혜를 충분히 제공하지 못하기 때문이다. 이런 일은 이미 대다수 커뮤니케이션 학자가 실용적인 고려와 비판을 제공하는 이론 개발을 통해 이미 수행하고 있다고 보고 있다.

넷째, 효과연구에 대한 재고가 필요하다. 그동안 70여 년 주류(mainstream)를 이루어온 미디어 효과의 양과 인과관계의 증명을 위주로 진행된 사회과학적 미디어 효과연구는 앞으로 어떤 상황에서 미디어 효과가 발생하는지에 관해 더 집중해야 한다. 그리고 전통적 미디어의 신뢰도 상실 문제와 소셜 미디어를 포함한 온라인 매체와 같은 네트워크를 통한 정보 확산 과정에서 참여적 주제 프레임이 무엇인지에 관한 연구도 필요하다. 나아가서 주제와 사건과 같은 맥락적 조건과 통합 또는 분기를 일으키는 행위자들과 입장, 그리고 전통적 미디어와 온라인 미디어와 같은 뉴미디어 사이의 정보유통을 촉진 또는 저해하는 요인을 분석하는 연구들이 필요하다(Bennett & Pfetsch, 2018).

마지막으로 Burawoy(2007)가 "공적 사회학(public sociology)"이란 단어로 표현했듯이 민주주의와 참여 확장을 통해 더 좋은 세상을 만들기 위한 전환적 실천의 학문을 지향해야 한다. 이를 위해 커뮤니케이션 연구자들은 정보 중심 사회에서 비판적, 공적, 조직적 지식인의 길을 걸어가야 할 것이다(Fuchs, C., & Qiu, 2018).

사회과학적 이론을 전망하며 다음과 같은 화이트헤드(A.N. Whitehead)의 과학관으로 마무리하고자 한다. "과학은 신학보다 훨씬 더 변하기 쉽다. 어떠한 과학자도 갈릴레이의 신념이나 뉴턴의 신념, 또는 10년 전 자기가 품고 있던 과학적 신념에 무조건 동의하기는 힘들다."(화이트헤드, 1926, 296쪽).

참고문헌

김동일 외(1991). 『사회과학 방법론 비판』. 청람문화사.

박진우(2013). 어떤 인문학적 상상력이 필요한가: '언론학에 대한 새로운 접근으로서의 인문학'의 현실과 과제. 〈커뮤니케이션 이론〉, 9(30), 4-32.

세버린, 탠카드(2004). Severin, Werner J; Tankard, James W, Communication theories : origins, methods, and uses in the mass media(2004). 『커뮤니케이션 이론』. 박천일 · 강형철 · 안민호 역, 나남출판, 2004.

양승목(1999). 21세기를 위한 언론학: 디지털 시대의 언론학-새로운 패러다임의 모색. 서울대 언론정보연구소. 『언론정보연구』, 36호, 51-57.

유선영(2014). 한국의 커뮤니케이션학, 공통감각을 소실한 공생적 지식생산. 〈커뮤니케이션 이론〉, 10(2), 4-40.

최선열(2001). 한국 언론학의 정체성 위기: 이론과 방법론을 중심으로. 한국언론학회. 한국언론학회 심포지엄 및 세미나 발제집, 98-112.

Burawoy, M.(2007). For public sociology. In C. Clawson, R. Zussman, J. Misra, N. Gerstel, R. Strokes, D. L. Anderton & M. Burawoy(Eds.), *Public sociology*(pp. 23-64). Berkeley, CA: University of California Press.

Carey, J.(1988). *Communication as Culture*. Boston, MA: Unwin Hyman.

Craig, R.(2018). For a Practical Discipline. *Journal of Communication*. 68(2), 289-297.

Deutsch, K.(1986). What do we mean by advances in the social sciences? , in K. Deutsch, K., A. Markovits & J. Platt(eds.), *Advances in the Social Sciences 1900-1980: What, Who, Where, How?*, pp. 1-12, Cambridge, Mass.: Abt Books.

Feigl, H.(1964). *Philosophy of Science in Philosophy*. Engelwood Cliffs: Prentice Hall Inc.

Fuchs, C., & Qiu, J. L. (2018). Ferments in the Field: Introductory Reflections on the Past, Present and Future of Communication Studies. *Journal of Communication,* 68(2), 219-232.

Hart, P. S., & Nisbet, E. C. (2012). Boomerang effects in science communication: How motivated reasoning and identity cues amplify opinion polarization about climate mitigation policies. *Communication Research,* 39(6), 701-723.

Head, W. (1926). *Science and the Modern World.* Cambridge: Cambridge Univ. Press. 오영환 역(2008). 『과학과 근대세계』. 서광사.

Katz, E. (1980). On Conceptualizing Media Effects. *Studies in Communication,* 1, 119—141.

Lippmann, W. (1922). *Public opinion.* New York, NY: Free Press.

Neuman W. R. (2018). The Paradox of the Paradigm: An Important Gap in Media Effects Research. *Journal of communication,* 68, 369-379.

Small, D. A., Loewenstein, G., & Slovic, P. (2007). Sympathy and callousness: The impact of deliberative thought on donations to identifiable and statistical victims. *Organizational Behavior and Human Decision Processes,* 102, 143-153.

Winter, G. (1960). Elements for a Social Ethic. New York: Macmillan.

Wolburg, J. M. (2006). College student's responses to antismoking messages: Denial, defiance, and other boomerang effects. *Journal of Consumer Affairs,* 40, 294-323.

미디어
커뮤니케이션
이론
사회과학적 이론의 이해

초판인쇄 2025년 3월 28일
초판발행 2025년 3월 28일

지은이 유승관
펴낸이 채종준
펴낸곳 한국학술정보(주)
주   소 경기도 파주시 회동길 230(문발동)
전   화 031-908-3181(대표)
팩   스 031-908-3189
투고문의 ksibook1@kstudy.com
등   록 제일산-115호(2000. 6. 19)

ISBN   979-11-7318-317-1 93010